BIBLIOTHÈQUE

SCIENTIFIQUE INTERNATIONALE

PUBLIÉE SOUS LA DIRECTION

DE M. EM. ALGLAVE

XC

BIBLIOTHÈQUE SCIENTIFIQUE INTERNATIONALE

Publiée sous la direction de M. Ém. ALGLAVE

Volumes in-8, reliés en toile anglaise . . . . Prix : 6 fr

90 VOLUMES PUBLIÉS

DERNIERS PARUS :

Félix Le Dantec. ÉVOLUTION INDIVIDUELLE ET HÉRÉDITÉ, théorie de la variation quantitative. . . . . 6 **fr.**

J. Costantin. LES VÉGÉTAUX ET LES MILIEUX COSMIQUES. Adaptation, évolution, avec 171 figures. . . . . 6 **fr.**

G. Roché. LA CULTURE DES MERS EN EUROPE. Piscifacture, pisciculture, ostréiculture, avec 81 figures . . . . 6 **fr.**

G. de Mortillet. FORMATION DE LA NATION FRANÇAISE (Textes, Linguistique, Palethnologie), avec 81 figures et 18 cartes. . . . . . . 6 **fr.**

J. Demoor, J. Massart et E. Vandervelde. L'ÉVOLUTION RÉGRESSIVE EN BIOLOGIE ET EN SOCIOLOGIE, avec 81 figures. . . . . 6 **fr.**

J.-L. de Lanessan. PRINCIPES DE COLONISATION. . . . . 6 **fr.**

Le Dantec. THÉORIE NOUVELLE DE LA VIE. . . . . 6 **fr.**

Stanislas Meunier. LA GÉOLOGIE COMPARÉE, avec 36 figures. . . 6 **fr.**

Jaccard. LE PÉTROLE, L'ASPHALTE ET LE BITUME, au point de vue géologique, avec 70 figures. . . . . 6 **fr.**

A. Angot. LES AURORES POLAIRES, avec figures. . . . . 6 **fr.**

P. Brunache. LE CENTRE DE L'AFRIQUE (Autour du Tchad), avec 41 figures et 1 carte. . . . . 6 **fr.**

De Quatrefages. LES ÉMULES DE DARWIN, avec préfaces de MM. E. PERRIER et HAMY. 2 vol. . . . . 12 **fr.**

— DARWIN ET SES PRÉCURSEURS FRANÇAIS. 2ᵉ édition, augmentée. . . 6 **fr.**

André Lefèvre. LES RACES ET LES LANGUES. . . . . 6 **fr.**

A. Binet. LES ALTÉRATIONS DE LA PERSONNALITÉ, avec figures. . . . . 6 **fr.**

Topinard. L'HOMME DANS LA NATURE, avec 101 figures. . . . . . . 6 **fr.**

S. Acloing. LES VIRUS, avec 47 figures. . . . . 6 **fr.**

Starcke. LA FAMILLE PRIMITIVE. . . . . 6 **fr.**

Sir J. Lubbock. LES SENS ET L'INSTINCT CHEZ LES ANIMAUX, et principalement chez les insectes, avec 117 figures. . . . . 6 **fr.**

Berthelot. LA RÉVOLUTION CHIMIQUE, LAVOISIER, avec figures. . . . 6 **fr.**

Cartailhac. LA FRANCE PRÉHISTORIQUE, avec 162 figures, 2ᵉ édit. . . . 6 **fr.**

Beaunis. LES SENSATIONS INTERNES. . . . . 6 **fr.**

Richet (Ch.). LA CHALEUR ANIMALE, avec figures. . . . . 6 **fr.**

Sir John Lubbock. L'HOMME PRÉHISTORIQUE étudié d'après les monuments et les costumes retrouvés dans les différents pays de l'Europe, suivi d'une étude sur les mœurs et les coutumes des sauvages modernes, avec 228 figures, 4ᵉ édition. 2 vol. . . . . 12 **fr.**

Daubrée. LES RÉGIONS INVISIBLES DU GLOBE ET DES ESPACES CÉLESTES, avec 78 figures, 2ᵉ édition, revue et augmentée. . . . . 6 **fr.**

SOUS PRESSE :

Gellé. L'AUDITION ET SES ORGANES, avec figures.

J. Costantin. LA NATURE TROPICALE, avec figures.

Stanislas Meun'er. LA GÉOLOGIE EXPÉRIMENTALE, avec figures.

Georges Demeny. LES EXERCICES PHYSIQUES, avec figures.

LA CÉRAMIQUE

ANCIENNE ET MODERNE

PAR

E. GUIGNET

Directeur des teintures
aux Manufactures nationales des Gobelins
et de Beauvais

EDOUARD GARNIER

Conservateur du Musée
de la Manufacture nationale de Sèvres

AVEC 69 GRAVURES DANS LE TEXTE

ET LA REPRODUCTION DES PRINCIPALES MARQUES DE FABRIQUE

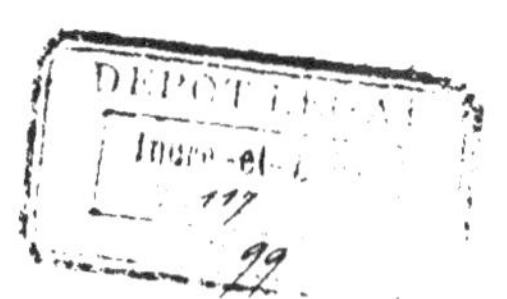

PARIS

ANCIENNE LIBRAIRIE GERMER BAILLIÈRE ET Cie

FÉLIX ALCAN, ÉDITEUR

108, BOULEVARD SAINT-GERMAIN, 108

1899

LA CÉRAMIQUE ANCIENNE ET MODERNE

INTRODUCTION

La *céramique,* c'est l'art du potier considéré d'une manière absolument générale.

Sur chaque point du globe, l'histoire nous prouve que la céramique est un des arts les plus anciens; toutefois, chez l'homme primitif, la poterie représente déjà un objet de luxe.

Le premier besoin de l'homme, c'est de se nourrir : le second de se fabriquer des armes pour se défendre contre ses ennemis.

Dans les pays chauds, le besoin de se vêtir et de s'abriter ne vient qu'en troisième ligne.

Enfin, la découverte et l'usage du feu, l'art de conserver et de faire cuire les aliments, n'apparaissent qu'après les moyens de parer aux nécessités les plus inéluctables. A l'époque actuelle, certaines peuplades de l'Océanie ne connaissent pas encore l'usage du feu : à part quelques vases grossiers façonnés avec l'argile séchée au soleil, on peut dire que la véritable poterie ne peut être fabriquée qu'à l'aide du feu.

On a souvent constaté des analogies frappantes entre les poteries primitives, d'origines très diverses. On a supposé que telles ou telles tribus avaient émigré d'un continent à l'autre, en y transportant leurs industries naissantes.

De semblables migrations ont certainement eu lieu, comme on peut l'établir sur d'autres preuves, mais ce n'est pas un cas absolument général.

Le monde entier est fait comme notre famille, dit avec raison le proverbe italien.

Tous les membres de la grande famille humaine, sans avoir aucune communication les uns avec les autres, arrivent à concevoir les mêmes formes générales, s'ils emploient les mêmes matières premières pour confectionner des ustensiles destinés à des usages identiques.

Quel fut le premier vase à boire ?

Dans l'intérieur des continents, ce fut une corne de bœuf ou de bouc : c'est ce qu'indique le mot *céramique*, qui vient de κέρας, *corne*, en grec.

Dans tous les pays, les fleurs à corolles profondes (lys, campanules, etc.), ou bien les fruits creux (gourdes, calebasses, etc.) ont servi de modèles aux potiers primitifs.

Il est donc impossible de soutenir que le bel art de la céramique a pris naissance chez un peuple pour se répandre de là chez les autres peuples.

En réalité, chaque population a eu sa céramique primitive qui a suivi les progrès de la civilisation ou qui est restée stationnaire comme la population elle-même. C'est ce que nous pouvons constater chez les tribus restées à l'état sauvage.

On a souvent fait l'histoire de la céramique chez les différents peuples : nous ne pouvons avoir cette prétention

Nous chercherons à exposer aussi clairement que possible les procédés employés par les céramistes anciens et modernes, sans négliger toutefois des détails historiques importants.

Notre époque est caractérisée par la recherche des produits de l'art ancien : cette recherche est poussée jusqu'à l'imitation servile chez les producteurs et jusqu'à la monomanie chez les amateurs. Les premiers donnent d'ailleurs toute satisfaction aux seconds ; car il est absolument impossible de distinguer les produits anciens des produits nouveaux, quand ceux-ci ont été convenablement *vieillis* par des procédés devenus vulgaires.

Les vrais connaisseurs étant excessivement rares, il est même facile de tromper les simples amateurs par des artifices absolument primitifs. Les paysans de Bretagne ou de Normandie reçoivent en dépôt des bahuts de vieux chêne fabriqués au faubourg Saint-Antoine et garnis de vieilles faïences sortant du four : tout cela vient du grand-père, sinon du bisaïeul, et se vend à des prix fort rémunérateurs ; les dépositaires reçoivent une commission et renouvellent aussitôt leur mobilier pour les amateurs de la saison suivante.

A force d'imiter les produits anciens, nos artistes et ouvriers se forment le goût et finissent par créer des productions originales : on les classe dans les œuvres de style Henri II ou Louis XV, peu importe ; c'est en réalité du xixe siècle. On rencontre ainsi (rarement, il faut l'avouer) des œuvres du plus grand mérite : mais elles perdraient toute valeur aux yeux du public, si on les savait modernes.

Il est nécessaire de rappeler que nous n'avons absolument rien à envier aux anciens au point de vue des procédés techniques : loin de là, nous avons des moyens d'action qui leur étaient complètement inconnus. Nous pouvons donc faire aussi bien et mieux qu'ils n'ont jamais fait, si nos artistes sont suffisamment inspirés. Mais quand une œuvre d'art a du succès, on la reproduit mécaniquement de toutes les façons, de manière à contenter les amateurs de luxe à bon marché ; et la plus belle œuvre fatigue et irrite l'homme de goût quand il la rencontre sous les formes les plus vulgaires.

Des esprits chagrins affirment qu'à notre époque *l'art industriel tue l'art véritable :* c'est une erreur complète. Pour créer les modèles de l'art industriel, il faudra toujours des artistes de mérite ; et, en dehors des masses qui ne peuvent s'offrir que du luxe à bon marché, il y aura toujours des amateurs capables d'apprécier les œuvres d'art et de les payer à des prix rémunérateurs.

Sous ce dernier rapport, notre époque est tout à fait en progrès sur les siècles précédents : jamais les œuvres d'art n'ont atteint des prix comparables à ceux que paient les amateurs contemporains ; même quand il s'agit de productions destinées à l'éternel oubli, après la disparition des amis, des journalistes complaisants et du bon public entraîné à leur suite.

PREMIÈRE PARTIE [1]

FABRICATION

—

CHAPITRE PREMIER

LES MATIÈRES PREMIÈRES

I. Les argiles. — Sous le nom générique d'argile, on a souvent confondu des matières fort différentes.

Une terre argileuse (*terre grasse, terre glaise, terre forte*, etc.) forme avec l'eau une pâte plus ou moins liante, devenant quelquefois très dure par le simple desséchement à l'air, et reprenant sa mollesse primitive quand on la laisse tremper dans l'eau.

L'argile sèche exhale une odeur particulière quand on la mouille : c'est l'odeur bien connue que dégage la terre desséchée pendant l'été au moment de la chute de la pluie.

Toutes les argiles durcissent par la cuisson et d'autant plus que la température est plus élevée. Chauffées même

—

(1) La première partie (*Fabrication*) de cet ouvrage est écrite par M. Guignet, et la seconde partie (*Histoire de la Céramique*) par M. Edouard Garnier.

au-dessous du rouge, vers 400°, les argiles perdent la propriété de *faire pâte* avec l'eau.

Les argiles diminuent beaucoup de volume quand on les dessèche après les avoir mises en pâte avec l'eau. Cette contraction, ou *retrait*, de l'argile est bien connue de tout le monde. C'est ainsi qu'une pièce de porcelaine diminue d'un douzième environ dans tous les sens, depuis la simple dessiccation jusqu'à la cuisson complète.

Soit un cube de porcelaine de 12 millimètres de côté, mesurés sur la pâte crue : après la cuisson, il n'aura plus que 11 millimètres sur chaque arête. Le volume était d'abord de 1.728 millimètres cubes : il ne sera plus que de 1.321 millimètres cubes.

Au siècle dernier, le célèbre potier anglais Wedgwood a imaginé le *pyromètre* qui porte son nom, instrument destiné à mesurer des températures très élevées. Il est fondé sur la mesure de la contraction plus ou moins forte qu'éprouvent des petits cylindres d'argile portés à des températures de plus en plus hautes.

Complètement abandonné de nos jours, cet ingénieux instrument a rendu des services assez importants.

Les éléments essentiels de l'argile sont l'*acide silicique* (ou *silice*) SiO^2, plus l'alumine Al^2O^3 : c'est un véritable *silicate d'alumine;* mais la plupart des argiles contiennent des substances étrangères, souvent en grande quantité.

1° KAOLIN, TERRE A PORCELAINE. — C'est la plus pure de toutes les argiles.

Le kaolin est une matière blanche, douce au toucher, formant avec l'eau une pâte fort peu liante. Elle est très abondante sur certains points du globe, en Chine, au Japon, en Allemagne, en Angleterre, en France. Mais aucun potier européen n'aurait songé à employer cette matière si peu plastique, tandis que les Chinois s'en servaient couramment pour fabriquer leurs superbes porcelaines, dès le vi° siècle avant l'ère chrétienne.

Le kaolin peut être représenté à peu près par la formule Al^2O^3, $2SiO^2 + 2H^2O$, mais ce n'est pas un silicate d'alumine pur. Par un examen microscopique attentif, il est facile de trouver dans le kaolin de petits cristaux de *feldspath vitreux* (silicate d'alumine et de potasse) provenant de la décomposition du *pétrosilex* (le *pétuntsé* des Chinois), roche formée de feldspath et de quartz que l'on trouve en place dans les carrières de kaolin (Saint-Yrieix, etc.).

Le kaolin retient aussi de petites quantités de silicate de potasse et même de silicate de soude ; des traces de fer, etc.

La plus haute température de nos fourneaux (1.500 à 1.600°) détermine un commencement de fusion dans le kaolin, qui devient translucide. Mais, pour le fondre complètement, il faut recourir à la flamme du chalumeau oxhydrique qui permet de dépasser 2.000°. A l'aide de cet instrument, on peut fermer un tube de porcelaine en le fondant comme on ferme un tube de verre à l'aide du chalumeau à gaz ordinaire.

On emploie le kaolin, non seulement pour fabriquer la porcelaine, mais pour composer des pâtes pour faïences fines, etc. De plus, le kaolin sert à *charger* les papiers, à fabriquer le sulfate d'alumine et les aluns, le bleu d'outremer, etc.

2° ARGILES PLASTIQUES, TERRES DE PIPE, ETC. — Ces argiles sont presque aussi blanches que le kaolin, surtout quand on ne les cuit qu'à une température peu élevée.

Elles donnent avec l'eau une pâte très liante, se prêtant à toute espèce de façonnage.

Tous les produits *réfractaires* (pouvant résister à de très hautes températures) briques de fours à porcelaine, creusets de verrerie, cornues à gaz, etc., sont toujours fabriqués avec l'argile plastique.

On ne doit pas juger une argile d'après sa couleur : certaines argiles réfractaires de première qualité sont de couleur noirâtre, mais elles deviennent blanches par la cuisson. La coloration est due à des matières organiques qui se détruisent par l'action de la chaleur.

3° ARGILES FIGULINES. — On comprend sous ce nom toutes les argiles les plus communes ou *terres glaises* qui servent à la fabrication des poteries ordinaires, au modelage, etc. Elles sont le plus souvent grisâtres ou jaunâtres, parce qu'elles contiennent du peroxyde de fer hydraté ; par la cuisson, cet oxyde devient anhydre et prend une couleur rouge. D'autres fois, les argiles communes sont rouges parce qu'elles sont mêlées de peroxyde de fer anhydre. Enfin cette couleur passe quelquefois au brun violacé qui est celle de l'oxyde de fer ayant subi l'action d'une très forte chaleur.

Les argiles fortement colorées sont souvent employées comme couleurs : telles sont les *ocres jaunes*, les *ocres rouges naturelles* ou les ocres obtenues par la calcination des précédentes ; la *sanguine*, le *bol d'Arménie*, les *terres de Sienne* (naturelle et *brûlée*), les *terres d'Italie*, etc. Il ne faut pas confondre avec les ocres la *terre de Cassel*, qui est une espèce de *lignite*.

Les argiles communes ne sont pas réfractaires : elles fondent à la chaleur du four à porcelaine et donnent un verre semblable au verre à bouteilles ordinaire.

4° MARNES. — Ce sont des mélanges naturels d'argile et de carbonate de chaux, dont la composition et les propriétés varient à l'infini, même dans un seul gisement.

On emploie les marnes pour améliorer certaines terres cultivables. Les *marnes calcaires* conviennent pour les terres trop *fortes*, trop argileuses : tandis que les *marnes argileuses* produiront les meilleurs effets sur des terres trop sablonneuses, comme celles de la Sologne. Dans ce cas, il faut bien se garder de confondre la marne avec le silicate de magnésie, terre absolument stérile : on distingue aisément la marne par l'*effervescence* qu'elle produit quand on l'a délayée avec une petite quantité d'eau et qu'on l'arrose avec du vinaigre ou tout autre acide.

Les marnes sont fréquemment employées à la confection des briques ou des poteries communes, soit seules, soit associées avec des argiles, quand elles ne sont pas suffisamment plastiques.

5° Les ARGILES smectiques ou *terres à foulon* sont très peu employées pour la fabrication des poteries ; on s'en sert presque exclusivement pour le *foulage* des draps

PRÉPARATION DES ARGILES. — Pour les poteries les plus grossières (briques communes, etc.), les argiles ne subissent le plus souvent aucune préparation.

Mais les kaolins, les argiles plastiques sont fréquemment mêlés de cailloux. On fait tremper les argiles dans de l'eau ; et, quand elles sont bien délayées, on les fait passer à travers des toiles métalliques.

Pour obtenir des pâtes tout à fait fines, on a recours à la *lévigation* : l'argile est mise en suspension dans l'eau ; on laisse d'abord déposer les parties sableuses ; on *décante* l'eau qui tient l'argile en suspension. Cette argile se dépose complètement au bout de quelque temps ; elle ne contient plus que des parties sableuses extrêmement fines : ce qui est sans inconvénient.

Les argiles très fines qui entrent dans la composition des vernis ou *couvertes* sont toujours soumises à une lévigation minutieuse, du moins quand il s'agit de la fabrication des poteries fines.

II. Les matières dégraissantes. — Pour les briques, les tuiles, les poteries les plus communes, on emploie presque toujours les argiles figulines sans addition d'aucune autre matière.

Mais, pour la plupart des poteries fabriquées avec les argiles plastiques, il est nécessaire d'ajouter des matières dites *dégraissantes*, afin de rendre la pâte moins plastique et d'empêcher les objets de se déformer pendant le séchage et surtout pendant la cuisson.

Les matières dégraissantes sont presque toujours des débris de poterie cuite broyés et tamisés assez fin. C'est ainsi que les briques et les creusets réfractaires, les cornues à gaz, etc., sont fabriqués avec une pâte formée de parties égales d'argile plastique et de débris pulvérisés.

Quand les débris viennent à manquer, on fait cuire de l'argile au rouge et on la réduit en poudre.

On emploie aussi du sable siliceux comme celui de Fontainebleau, Étampes, etc.

Enfin, pour la fabrication des faïences fines, dites *anglaises*, on fait usage de silex ou cailloux pulvérisés. De là le nom de *cailloutages*, souvent donné à ces produits.

Pour broyer facilement le silex, on le chauffe au rouge et on le jette dans l'eau froide : c'est ce qu'on appelle *étonner*. Le silex, ainsi étonné, se réduit en poudre très fine sous des meules ordinaires de moulins à blé.

Les fabricants de poteries emploient soit les galets de silex, communs sur les côtes de la Manche (notamment à Saint-Valery-en-Caux) ; soit le quartz d'Auvergne qui est d'un beau blanc laiteux et forme des *filons* très importants. Quant aux silex noirs, ils perdent leur couleur par la calcination et peuvent servir au même usage.

III. Les vernis, glaçures ou couvertes, les émaux. — Toutes ces matières qui jouent un rôle si important dans la fabrication des poteries sont de véritables *verres*, c'est-à-dire des *silicates multiples*, des silicates formés par plusieurs bases.

Rappelons à ce sujet la composition des principaux verres :

A. — *Verre à vitres ordinaire ; verre à glace ; verre employé pour la confection d'une foule d'objets vulgaires :* silicate de chaux et de soude.

Ce verre paraît toujours verdâtre quand on le regarde sur une grande épaisseur, par exemple sur la tranche d'une vitre.

B. — *Verre de Bohême : crown-glass des instruments d'optique* (quand il est fabriqué avec beaucoup de soin): silicate de chaux et de potasse.

Ce verre est presque incolore, à peine un peu jaunâtre.

Il est bien moins fusible que le verre à vitres. On peut fondre du verre ordinaire en poudre dans un gobelet de Bohême sans que celui-ci se déforme sensiblement.

C. — *Cristal : flint-glass des instruments d'optique* (quand la fabrication est très soignée) : *strass*, incolore ou diversement coloré pour les imitations de pierres précieuses, etc.

Silicate de potasse et de plomb.

Ce verre est beaucoup plus fusible que les précédents,

plus lourd, plus brillant, plus sonore. Il est presque incolore.

D. — *Verres à bouteilles, d'une teinte vert foncé ou brun jaune :* silicate d'alumine, de chaux, de potasse, de soude, d'oxyde de fer. La composition est très variable, suivant les localités.

Pour la fabrication des verres, on fait usage de sable très blanc qui représente la *silice* ou *acide silicique* SiO^2. Le sable de Fontainebleau ou d'Étampes convient très bien pour les verreries. Mais, pour la fabrication des bouteilles, on emploie les sables jaunes ferrugineux les plus communs : il est prouvé d'ailleurs que le vin ne se conserve pas bien dans des bouteilles de verre incolore ; il est altéré par la lumière.

Pour la composition de ses *vernis* ou *couvertes*, le potier remplace souvent la silice par l'argile, en ajoutant de l'oxyde de plomb, de la chaux, etc.

Dans la fabrication des faïences et autres poteries fines la couverte est préparée et *frittée* (à demi fondue), puis broyée et appliquée sur les pièces après qu'on l'a réduite en poudre très fine.

La porcelaine est vernie avec une sorte de verre naturel, très peu fusible, le *feldspath orthose* (silicate d'alumine et de potasse).

On croit volontiers que les vernis à base de plomb sont dangereux : c'est une erreur ; quand ces vernis sont fusibles à une température très élevée, ils sont durs et résistants à toutes les causes ordinaires d'altération. C'est ainsi que le cristal est tout à fait inoffensif, bien qu'il contienne beaucoup d'oxyde de plomb.

Au contraire, les poteries communes, vernissées au plomb, s'attaquent aisément par les acides et les corps gras : elles sont réellement dangereuses.

On ajoute souvent aux vernis des poteries modernes de l'*acide borique*, sous forme de borate de soude ou borax ; de sorte que beaucoup de vernis sont des *boro-silicates* plutôt que des silicates ordinaires.

Ces vernis sont beaucoup moins sujets à se fendiller que les vernis employés par les anciens.

L'acide borique donne aux vernis de la souplesse, de l'élasticité et en même temps du brillant.

On extrait de grandes quantités d'acide borique des *soffioni* de Toscane ; ce sont des jets de vapeur d'eau qui jaillissent des profondeurs de la terre et entraînent avec eux de l'acide borique. Cet acide est soluble dans l'eau ; chacun le connaît maintenant, car il est très employé comme *antiseptique* ou destructeur des microbes. Il n'a pas d'odeur et il n'a qu'une saveur très faible ; il est impossible cependant de l'employer pour les conserves alimentaires, car il est assez vénéneux quand il est absorbé en grande quantité.

Non seulement l'acide borique est soluble dans l'eau, mais il est facilement entraîné par un courant de vapeur d'eau. On établit autour de chaque soffione un bassin rempli d'eau qui se charge d'acide borique ; cette eau est évaporée à l'aide de la chaleur fournie par les soffioni.

L'industrie de l'acide borique a été créée en Toscane par un Français nommé Larderel (de là le nom de *Larderello*, donné au village qui a pris naissance au centre de l'exploitation).

On trouve aussi beaucoup de borates de chaux naturels au Pérou, en Californie, etc. ; ces produits donnent aussi de l'acide borique.

Il existe également à l'état de borate de soude (borax) dans certains lacs salés de l'Asie Mineure et de la Perse ; c'est de là que les anciens le retiraient. Ils s'en servaient pour souder les métaux précieux ; de là le nom de *chrysocolle (colle d'or)* qu'ils attribuaient au borax.

Les *émaux* ne diffèrent des verres proprement dits que par leur opacité et par des colorations toutes spéciales ; on dit souvent (à tort) *émaux transparents* au lieu de *verres colorés*.

On dit même, dans les fabriques de poteries, l'*émail* pour la *couverte* ou le *vernis*.

Parmi les matières premières employées pour les *glaçures*, *couvertes* ou *émaux*, il faut encore citer le *spath fluor* ou *fluorure de calcium*. C'est un corps qui fond au rouge vif et s'associe très bien aux silicates et aux borosilicates.

Le spath fluor est très abondant ; c'est une matière *stérile* qui accompagne dans les filons les minerais de plomb, de zinc, de cuivre ; le prix ne dépasse pas 15 à 20 francs la tonne sur le carreau des mines. Les fabricants allemands font entrer de grandes quantités de spath fluor dans la composition des couvertes de poteries.

Il en est de même de la *cryolithe*, minéral d'un blanc laiteux fort abondant sur les côtes du Groenland. C'est un *fluorure double d'aluminium et de sodium*, qui présente l'aspect de l'émail blanc à base d'étain, avec un peu plus de transparence. Il sera certainement employé par les fabricants de poteries.

La cryolithe est amenée dans nos ports à très bon marché et a déjà reçu de nombreuses applications.

IV. Les couleurs vitrifiables. — Toutes ces couleurs ne sont autre chose que des verres ou des émaux colorés par des oxydes métalliques : ce sont donc des silicates ou des borosilicates de composition très variable.

Les couleurs sont fondues dans des creusets, puis

broyées avec de l'eau sur une glace à l'aide d'une *molette* de verre.

La poudre fine ainsi obtenue est délayée avec de l'essence de térébenthine et appliquée au pinceau ou par voie d'impression sur la pièce de poterie.

La pièce décorée est soumise à une cuisson convenable pour bien vitrifier ou *glacer* la couleur.

La fabrication des couleurs vitrifiables est extrèmement délicate ; chaque fabricant conserve avec soin ses recettes et *tours de main* particuliers. S'il est facile de fabriquer les couleurs ordinaires, il est fort difficile, à moins d'études spéciales, d'obtenir les roses et pourpres d'or, etc.

Les couleurs employées pour peindre sur verre, sur porcelaine, sur faïence, sur émaux, sont extrèmement différentes les unes des autres : elles doivent bien *glacer* et bien adhérer sur la pièce, sans *écaillage* ni autres accidents.

De très habiles fabricants se sont fait des spécialités des couleurs vitrifiables pour faïences, porcelaines, etc.

On distingue d'abord les *couleurs de grand feu*, en très petit nombre jusqu'à présent ; ces couleurs résistent à la plus haute température du four à porcelaine (plus de 1.500°). En voici l'énumération :

1° *Le bleu de grand feu*. — On applique sur la pièce de porcelaine déjà cuite un mélange de pegmatite finement broyée avec de l'oxyde de cobalt parfaitement pur, c'est-à-dire exempt d'arsenic, de fer, de manganèse, de chrome, de nickel ; toutes ces matières terniraient la nuance.

Pour bien réussir, on fait d'abord *fritter* le mélange de 85 parties de pegmatite broyée avec 15 parties d'oxyde de cobalt. La température doit être suffisante pour agglomérer le mélange sans le faire fondre complètement. Cette fritte, d'un gris foncé, est réduite en poudre impalpable : elle est délayée avec un mélange d'essence grasse et d'essence de térébenthine et appliquée sur les pièces cuites et vernies.

Le bleu de grand feu, employé sur dégourdi (*sous couverte,* par conséquent), ne donne pas de bons résultats ; les traits s'étendent comme l'encre sur du papier buvard, parce que la pâte et la couverte dissolvent en quelque sorte le bleu, à une température très élevée.

La cuisson du bleu de grand feu est sujette à de nombreux accidents, étudiés avec le plus grand soin par M. Ch. Lauth, ancien administrateur de la manufacture de Sèvres. A la suite de longues recherches scientifiques et expérimentales, il a pu indiquer les moyens de prévenir ces accidents.

Sur les pièces *grésillées* ou *bouillonnées*, la couverte est traversée d'une multitude de petits trous qui rendent la surface rugueuse. Cet accident se produit quand les pièces sont cuites *dans les flancs* des fours ordinaires, là où se forment des *remous* de gaz réducteurs au moment où le bleu commence à fondre. Pour l'éviter, il faut toujours cuire le bleu *en bonne place*, c'est-à-dire dans les parties des fours où les gaz circulent librement, ou bien opérer dans les fours de construction nouvelle où toutes les régions chauffent d'une manière égale.

Les *déplacements* de bleus sont dus à la décomposition par la chaleur de l'essence grasse qui donne des vapeurs capables d'*entraîner* le bleu et de le déposer sur les parties voisines. Ce singulier effet se produit surtout dans les cazettes où l'on entasse un grand nombre de petites pièces, des assiettes par exemple. Les grandes pièces sont très peu sujettes à cet accident.

Pour l'éviter, il suffit de cuire d'abord en moufle les pièces recouvertes de bleu. Les vapeurs d'essence peuvent alors se dégager dans un espace plus grand. Il faut avoir soin de vérifier, au sortir du moufle, si quelque partie de bleu ne s'est pas détachée afin de la réparer au pinceau. On passe ensuite au grand feu.

Le *noir* ou la *métallisation* proviennent de ce que le bleu, quoique bien *glacé*, n'a pas été cuit à une température suffisante. Ce défaut disparaît quand on fait recuire les pièces au grand feu.

C'est à Sèvres qu'on a obtenu, dès le siècle dernier, les plus beaux bleus de cobalt. Cette magnifique couleur est souvent désignée sous le nom de *bleu de Sèvres :* elle a été imitée dans toutes les principales fabriques.

La mode actuelle n'est plus aux couleurs vives et franches ; on recherche au contraire les tons *rabattus*, c'est-à-dire mêlés de noir en proportions variables.

Il en résulte que les *critiques d'art* attaquent violemment le *bleu de Sèvres*, qu'ils opposent de parti pris aux bleus de Chine et du Japon. Rien de plus facile que d'imiter ces bleus en ajoutant à l'oxyde de cobalt un peu d'oxyde de manganèse, ou bien en faisant usage de l'oxyde de cobalt brut, comme on fait dans l'Extrême-Orient ; mieux encore, en ajoutant au bleu un peu de *brun écaille* (dont nous parlons plus loin).

2° *Brun écaille*, obtenu par un mélange d'oxyde de fer et d'oxyde de manganèse.

Cette couleur est très décorative, surtout quand on l'emploie sous forme de marbrures ou *jaspures* variées avec goût.

Pour les *porcelaines* les plus communes, on l'applique d'ordinaire avec une éponge ; cela suffit pour donner des marbrures assez réussies.

Pour les porcelaines dures, surtout pour les grandes pièces destinées à recevoir les riches décors, il est assez difficile de bien réussir la couleur écaille.

M. Ch. Lauth, ancien administrateur de Sèvres, avec l'aide de M. Dutailly, a complètement élucidé cette question.

Pour obtenir la couleur écaille avec une belle teinte rouge, on peut ajouter un petit excès de bases alcalines ; mais elle est alors sujette à écailler.

Voici la formule définitive à laquelle on s'est arrêté, afin d'éviter les bases alcalines qui existent dans la couverte de la porcelaine et doivent être remplacées par les oxydes de fer et de manganèse.

On mélange intimement :

Sable.	37,69
Kaolin	35,38
Peroxyde de manganèse	21,54
Peroxyde de fer (colcothar)	5,39
	100,00

La matière est fondue au rouge blanc de manière à obtenir une fusion aussi complète que possible. Puis on réduit en poudre cette espèce de verre ; on calcine de nouveau et on pulvérise finement pour l'usage.

3° *Vert céladon*, produit par l'oxyde de chrome, mêlé d'un peu d'oxyde de cobalt.

C'est un vert grisâtre qui se prête fort bien à des décorations ultérieures.

L'oxyde de chrome seul donne un ton plus franchement vert, mais il est sujet à écailler.

4° *Jaune*, donné par l'oxyde de titane.

5° *Noir* pur, obtenu avec l'oxyde d'uranium ; *noir bleuâtre*, avec oxydes de cobalt et de manganèse.

6° *Gris de toutes nuances*, par le platine.

Le nombre des couleurs de grand feu est donc très restreint : on s'en sert le plus souvent pour produire des *fonds*, destinés à recevoir d'autres décorations.

Les *couleurs de moufle dures* sont des verres ou émaux colorés fusibles seulement à une température élevée, environ 1.000°. Elles sont fort variées et peuvent aussi servir de fonds.

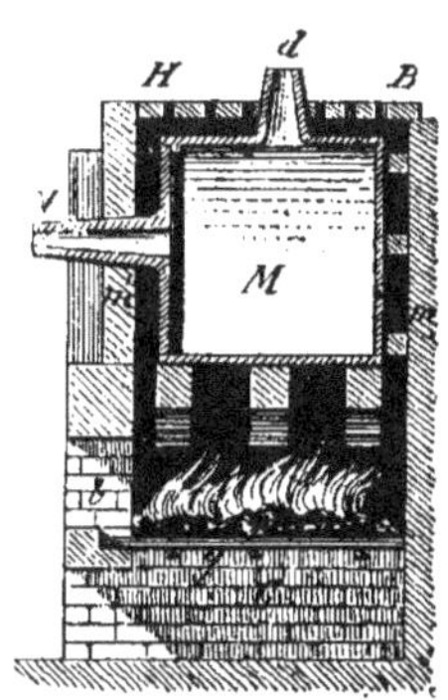

FIG. 1. — Moufle.

Les *couleurs de moufle ordinaires* sont fusibles vers 600 ou 700° ; elles sont innombrables et s'appliquent sur les verres et sur les poteries.

Le moufle (on dit aussi *la moufle*) est une sorte de caisse de terre réfractaire contenant les poteries décorées. Le moufle est fermé par une porte munie d'un tuyau qui se prolonge jusqu'au dehors du fourneau. Avant de cuire les poteries, on ajuste la porte en jointoyant avec de l'argile ordinaire. En avant du moufle, on établit un mur avec des briques et de l'argile. Le tuyau qui part du centre de la porte traverse le petit mur ; le chauffeur y introduit des *montres*, c'est-à-dire de petits morceaux de poterie portant des couleurs ou de l'or, attachés à l'extrémité d'un long fil de fer, de 2 millimètres de diamètre environ.

Toutes ces dispositions prises, le chauffeur allume sous le moufle un feu de bois qui doit être d'abord très doux : et, d'autant plus, que les pièces à cuire sont plus épaisses. Sous l'action d'un chauffage un peu brusque, les pièces épaisses casseraient infailliblement.

Pendant la cuisson, les essences de térébenthine, de lavande, etc., employées pour la peinture se dégagent en vapeurs, plus ou moins décomposées, par une petite cheminée que porte le moufle à sa partie supérieure.

Le chauffeur retire les montres de temps en temps ; il arrête le feu lorsque les couleurs des montres sont bien *glacées* et que l'or est bien adhérent, ou plutôt un peu avant, parce que la température s'élève encore après qu'on a *débraisé* le foyer et qu'on a fermé la porte.

On laisse ensuite refroidir lentement jusqu'au lendemain. Les poteries brusquement refroidies sont sujettes à se fendre, surtout quand elles sont très épaisses.

Pour les essais en petit, on se sert très bien de moufles chauffés au gaz ou même de tout petits moufles chauffés au charbon de bois.

COMPOSITION DES COULEURS VITRIFIABLES. — Pour obtenir des couleurs plus ou moins fusibles, on ajoute un *fondant*, c'est-à-dire une sorte de cristal très fusible, c'est un silicate ou un borosilicate de plomb et de soude.

Le tableau suivant donne la composition des principaux fondants qu'on a coutume d'ajouter aux couleurs vitrifiables :

	FONDANT rocaille	FONDANT aux gris et aux rouges	FONDANT aux carmins	FONDANT aux pourpres	FONDANT aux violets	FONDANT aux bleus	FONDANT à l'or
Sable blanc d'Étampes . .	1	2	3	4	1	1	»
Minium	3	6	1	3	4	6	»
Acide borique.	»	»	»	»	4	3	»
Borax fondu.	»	1	5	6	»	»	1
Sous-nitrate de bismuth. .	»	»	»	»	»	»	12

Voici la composition d'un autre fondant indiqué par Salvétat, ancien chimiste de la manufacture de Sèvres, auquel on doit d'importants travaux sur les couleurs vitrifiables :

Sable blanc.	1.000 parties en poids	
Minium.	2.000 —	—
Borate de chaux. . . .	500 —	—

En ajoutant à ce fondant divers oxydes métalliques, Salvétat obtenait des émaux très variés comme couleurs et résistant à une température élevée. On pourrait donc les employer comme *couleurs de moufle dures.*

Pour appliquer les métaux sur les poteries, on se sert de ces métaux en poudres très fines, obtenues d'ordinaire par des procédés chimiques, et on les mélange avec du fondant qui adhère à la poterie par la fusion et retient les parcelles de métal.

Pour la porcelaine; on emploie comme fondant le sous-nitrate de bismuth ; sous l'action de la chaleur, ce composé donne de l'oxyde qui forme un silicate fusible avec le vernis de la porcelaine. On ajoute un peu de borax au sous-nitrate de bismuth.

L'or très divisé s'obtient aisément en versant peu à peu du chlorure d'or en solution étendue dans une solution chaude de sulfate de protoxyde de fer ou de nitrate de sous-oxyde de mercure. Il se forme un précipité brun foncé qui n'est autre chose que de l'or très divisé. Il faut éviter de frotter ce dépôt avec une baguette de verre ; l'or se *brunirait*, formerait des paillettes brillantes et serait d'un emploi très difficile. On lave ensuite à l'eau chaude au moins cinq ou six fois et on sèche dans la capsule où on a fait l'opération : il ne faut pas recueillir l'or sur un filtre, il en resterait beaucoup sur le papier.

Après la cuisson, l'or est mat ; pour lui donner du brillant, il faut le *brunir*, c'est-à-dire le frotter d'abord avec une agate polie, puis avec un brunissoir d'hématite.

On a trouvé moyen d'obtenir des effets décoratifs remarquables en brunissant *à l'effet*, c'est-à-dire en laissant certaines parties à l'état d'or mat.

L'or brillant *sans brunissage* est une invention moderne fort remarquable. Elle repose sur l'emploi de l'or fulminant et surtout du sulfure d'or précipité.

L'or sans brunissage manquait de solidité ; mais il a été perfectionné et, à l'aide de moyens tenus secrets, on lui donne une solidité suffisante (or de Meissen).

Le platine et l'argent s'appliquent aussi sur les poteries, mais beaucoup plus rarement que l'or.

Depuis cinquante ans, on emploie des couleurs qui étaient complètement inconnues dans les siècles précédents : par exemple les jaunes d'urane, le rouge corail (dit *cornalia*) qui n'est autre chose que du chromate de plomb basique, etc.

Il arrive assez souvent qu'on fabrique des imitations de vieilles faïences en les surmoulant et les décorant à la façon des anciennes. Mais le décorateur oublie quelquefois qu'il ne doit employer aucune couleur moderne, ce qui permet à l'expert de reconnaître la fraude.

Une pièce de faïence assez riche avait été présentée à l'un de nous comme datant de 1760 : or l'émail contenait de l'acide borique et les fleurs du décor étaient peintes avec du rouge cornalia. Conclusion : cette pièce n'avait pas cinquante ans.

Cependant la pièce était fortement craquelée et paraissait avoir longtemps servi.

Ces craquelures s'obtiennent assez facilement en passant la pièce dans l'eau chaude et dans l'eau froide alternativement ; ou encore en passant rapidement une large flamme de gaz à la surface de la pièce. Il faut ensuite *vieillir* les craquelures ; on chauffe la pièce et on la frotte vigoureusement avec un chiffon enduit d'encre d'impression (de préférence, d'*encre à vignettes*). Les fentes, dilatées par la chaleur, se remplissent de noir qu'il est ensuite impossible d'enlever.

L'imitation ne serait pas complète si l'on n'apercevait pas quelques rayures ou traces d'usure aux angles de la pièce. On le produit aisément à l'aide d'un burin de graveur et d'une lime à gros grains ; le burin sert à faire des rayures au fond des assiettes ; et la lime s'emploie pour *vieillir* les angles.

Lorsque l'encre d'impression a passé sur tout cela, les connaisseurs sont aisément trompés.

COMPOSITION DES COULEURS VITRIFIABLES. — *Bleus.* Les *bleus de cobalt* sont d'un emploi général. Ils étaient connus des Chinois dès la plus haute antiquité. En Europe, on assure qu'un verrier saxon, Christophe Schurer, s'en servit le premier.

Quand on fait fondre du verre avec de l'oxyde de cobalt, on le colore en bleu tellement foncé qu'il paraît noir. C'est ce qu'on nomme le *smalt*, préparé en fondant du sable blanc avec de l'oxyde de cobalt et du carbonate de potasse.

Réduit sous des meules en poudre impalpable, le smalt donne le *bleu d'azur*, si employé autrefois pour l'azurage des tissus, du papier, du linge, etc.

On désigne les différentes nuances des bleus d'azur sous les noms bizarres d'azur du premier, deuxième, troisième, quatrième feu, ou simplement *azur des quatre feux*.

Les bleus d'azur peuvent servir à colorer en bleu certaines poteries. Le *bleu d'outremer* les a remplacés presque complètement pour l'azurage des tissus, des papiers, etc. C'est une brillante conquête de la science française, due à M. Guimet, en 1828. L'outremer se produit à très bon marché en chauffant un mélange de kaolin, de soufre et de carbonate de soude. On obtient un très beau bleu, après avoir épuisé le mélange par l'eau. Mais l'outremer se décompose au rouge vif et ne peut être employé comme couleur vitrifiable.

Les bleus de cobalt varient depuis le bleu de ciel clair jusqu'aux tons les plus foncés, se rapprochant du bleu d'indigo.

Pour les bleus de ciel, on ajoute de l'oxyde de zinc qui forme avec l'oxyde de cobalt une combinaison verte, de sorte que le mélange prend un ton se rapprochant du bleu pur. En effet, toutes les personnes habituées au mélange des couleurs savent que le vert mêlé de violet donne du bleu, et c'est précisément le cas du bleu de cobalt pur qui est naturellement violeté.

Pour les bleus foncés, on ajoute du peroxyde de manganèse qui augmente encore la dose de violet et rapproche la nuance de celle de l'indigo.

Il faut remarquer d'ailleurs que les plus beaux bleus de cobalt sont formés de combinaisons d'alumine et d'oxyde de cobalt, comme celui qui sert à imprimer les billets de banque, et que ces bleus sont simplement mêlés avec le fondant qui les fixe sur la couverte de la poterie.

Le peintre sur poteries agit très souvent comme l'artiste qui emploie les couleurs broyées à l'huile ; le fondant représente une huile qui n'est liquide qu'à la température rouge, suivant l'heureuse expression du célèbre chimiste Dumas.

Le bleu de cobalt obtenu au grand feu est de nature toute différente ; il n'est pas maintenu sur la couverte à l'aide d'un fondant ; il est formé par de l'oxyde de cobalt combiné avec la couverte elle-même, de manière à constituer un silicate multiple.

Verts. — C'est l'oxyde de chrome ou le protoxyde de cuivre CuO qui forme la base des couleurs vitrifiables vertes.

Les verts de chrome doivent s'employer sur des couvertes peu alcalines, formées par des borosilicates, autrement ils tendent à jaunir.

Au contraire, les verts de cuivre ne se développent bien que sur les couvertes alcalines.

Ces verts sont d'ailleurs additionnés d'oxyde de cobalt ou de zinc ou encore de jaune d'antimoine.

Jaunes. — C'est surtout l'antimoniate de plomb qui forme la base de presque tous les jaunes vitrifiables, avec addition d'oxyde de zinc, d'oxyde de fer, etc.

Rouges. — En calcinant avec précaution du sulfate de fer, on obtient des sulfates basiques de peroxyde de fer, plus ou moins mêlés d'oxyde de fer ; on épuise par l'eau et on obtient les rouges variant du rouge capucine jusqu'au rouge brique assez riche.

On mélange ensuite ces couleurs avec un fondant approprié.

On emploie de la même façon les ocres rouges naturelles, la terre de Sienne, etc., pour obtenir les bruns rouges de toute nuance.

L'oxyde de fer très fortement calciné donne le *violet de fer*, brun violacé assez riche de ton.

Le *rouge cornalia* est un chromate de plomb basique dont la couleur rappelle le vermillon, plus orangé cependant. Il ne peut servir que comme *couleur de moufle tendre*, c'est-à-dire qu'il ne supporte pas une température un peu élevée.

Les Anglais emploient depuis longtemps un rouge couleur d'œillet foncé (*pink colour*) qui est très solide. Malaguti a reproduit cette couleur en chauffant au rouge vif pendant plusieurs heures un mélange d'acide stannique, de craie, de silice et d'alumine, avec une petite quantité d'oxyde de chrome. Le produit, traité par l'acide chlorhydrique étendu, donne une matière rose qui prend l'aspect du *pink colour* quand on l'applique sur une poterie.

Quel est l'oxyde de chrome qui donne cette coloration ? Il est possible que ce soit le protoxyde CrO; mais la question réclame de nouvelles recherches ; elle est loin d'être élucidée complètement.

Roses, pourpres et violets. — La base de toutes ces couleurs, c'est le *pourpre de Cassius*, découvert en 1668 par André Cassius, médecin et chimiste à Hambourg. Il était né à Sleswig.

Cette magnifique couleur était donc complètement inconnue des anciens, même des Chinois.

Elle s'obtient facilement en faisant dissoudre de l'or dans de l'*eau régale* (mélange d'acides chlorhydrique et nitrique), puis en introduisant une lame d'étain.

Il se forme un précipité pourpre qui acquiert beaucoup d'éclat par la vitrification.

Le pourpre contient de l'acide stannique (bioxyde d'étain), plus de l'or excessivement divisé, peut-être combiné à l'état d'oxyde avec l'acide stannique. On ne connaît pas bien la nature de cette combinaison ; et chaque fabricant conserve avec grand soin les secrets qui lui donnent ses produits exceptionnels.

Il est facile en effet de préparer du pourpre de belle qualité, mais on n'arrive pas à égaler les produits de grande réputation.

Le pourpre mêlé de chlorure d'argent donne les magnifiques *carmins* si employés dans la décoration des verres et des poteries.

La préparation du carmin est elle-même fort difficile : le chlorure d'argent, et le pourpre lui-même, étant facilement altérés par la lumière, il est nécessaire d'opérer dans un atelier éclairé par la lumière jaune ou rouge.

Le carmin, une fois préparé, est d'un violet sale ; *il doit être gardé à l'abri de la lumière* (précaution trop négligée par les artistes et même par les marchands).

Quand le carmin est cuit, il prend une fort belle teinte rose ; et, chose extraordinaire, il n'est plus sensible à l'action de la lumière.

Des recherches scientifiques sérieuses seraient nécessaires pour éclairer complètement la question des couleurs d'or, qui est encore fort obscure.

Ainsi le pourpre se décompose quand on le cuit avec les bleus de cobalt ; et il est impossible d'en donner la raison.

Noirs. — On les obtient facilement par un mélange d'oxydes de cobalt, de fer et de manganèse, additionnés de fondant.

Les *gris* ne sont autre chose que des noirs avec un excès de fondant.

On fait aussi de très beaux noirs et des gris avec l'iridium.

Blancs. — Il suffit, pour obtenir un blanc, de rendre opaque un fondant ordinaire en le mêlant avec de l'acide stannique ou de la *potée d'étain* (stannate de plomb préparé en chauffant à l'air un mélange de plomb et d'étain).

Le blanc a donc la même composition que l'émail de la faïence ancienne.

On peut remplacer l'acide stannique par les os calcinés, l'acide arsénieux, etc.

Ce dernier produit donne un émail blanc laiteux, difficile à obtenir d'une autre façon ; c'est lui qui sert à émailler les cadrans de montres et de pendules; on le trouve tout préparé dans le commerce.

Il faut bien se garder d'employer cet émail pour les ustensiles de cuisine ; car il s'attaque assez facilement et ne serait pas sans danger.

LUSTRES MÉTALLIQUES. — On obtient, à l'aide des métaux très divisés, des enduits brillants très minces, présentant l'aspect métallique ou des nuances irisées fort remarquables.

Le *lustre d'or* s'obtient en appliquant sur la poterie de l'or fulminant délayé avec de l'essence de lavande. La préparation de cet or fulminant est dangereuse; elle se fait en traitant le chlorure d'or par l'ammoniaque. On peut aussi faire usage du sulfure d'or et de potassium.

Quand le lustre d'or est assez épais, on obtient une véritable dorure (or de Meissen) brillante sans brunissage, au sortir du moufle.

Le *lustre Burgos* est aussi à base d'or. On le prépare en précipitant par un acide le sulfure d'or et de potassium délayant le précipité avec du fondant et de l'essence de lavande et appliquant en couches très minces.

Le lustre Burgos est transparent ; il possède un double reflet, jaunâtre et rosâtre.

Le *lustre cantharide* s'obtient en appliquant sur un fond bleu du lustre d'argent préparé en mêlant du chlorure d'argent avec un fondant à base de plomb.

Enfin, citons encore les *lustres de bismuth*, découverts par M. Brianchon.

Les effets sont très variés et rappellent ceux de la nacre.

On prépare un *fondant* composé de :

        Sous-nitrate de bismuth . . . . 10 parties
        Arcanson (résine) 30   —
        Essence de lavande   75   —

En ajoutant à ce fondant du nitrate d'uranium, on a un lustre jaune brillant.

Avec le nitrate de fer, un rouge orangé.

Le mélange des deux sels précédents donne un lustre ayant l'aspect de l'or.

Un autre procédé de décoration donne les *flowings colours* des Anglais ; il s'applique au grand feu et consiste à enduire l'intérieur des cazettes de composés métalliques un peu volatils : chlorures de plomb, de cobalt, de cuivre, etc., de manière à donner des teintes moyennes extrêmement légères.

C'est l'application de ce fait connu depuis très longtemps : une pièce blanche cuite dans la même cazette à côté d'une pièce bleue prend une teinte azurée très légère.

V. Les engobes. — On donne ce nom à des matières opaques très diverses, blanches ou diversement colorées, qu'on applique à la surface des poteries après qu'on les a mélangées avec un fondant.

Par la cuisson, le fondant fixe les engóbes sur la poterie.

On peut obtenir ainsi des effets décoratifs très variés, l'engobe faisant relief et opposition de couleurs sur le fond de la poterie.

D'autres fois, l'engobe recouvre toute la surface de la pièce et reçoit la décoration.

VI. La barbotine. — On donne ce nom à la pâte de la poterie elle-même, délayée avec de l'eau jusqu'à consistance de bouillie épaisse.

La barbotine s'emploie au pinceau ou à l'ébauchoir de manière à obtenir des ornements en relief qui peuvent avoir toute la finesse désirable ; car rien n'empêche, quand la barbotine est sèche ou presque sèche, de *revenir* sur le travail par des touches délicates.

De plus, les barbotines peuvent être diversement teintées par le mélange avec des couleurs vitrifiables, ce qui n'empêche pas l'artiste de donner encore quelques rehauts de couleurs après que l'ouvrage est terminé, et avant la cuisson.

CHAPITRE II

TUYAUX DE DRAINAGE. — LES TERRES CUITES. — BRIQUES
ET TUILES, POTERIES DE BATIMENT

Les terres cuites sont fabriquées avec les argiles figulines ou *terres glaises ordinaires*. Pour les œuvres un peu artistiques, on emploie de préférence les argiles qui prennent le plus beau rouge par la cuisson. Telle est l'argile d'Arcueil, près de Paris.

Les anciens nous ont laissé de fort belles terres cuites : telles sont les célèbres figures de Tanagra, dont nous admirons encore le caractère éminemment artistique, bien que ces produits fussent de fabrication courante.

Les vases grecs, qualifiés à tort de *vases étrusques*, étaient de véritables terres cuites, fabriquées avec une argile rouge de nuance agréable.

Cette couleur rouge était souvent rehaussée de figures et d'ornements noirs tracés fort habilement avec une terre noire additionnée d'un peu de carbonate de potasse ou de soude. Il se formait à la cuisson un véritable fondant qui fixait suffisamment la terre noire à la surface de la poterie.

Les modernes (et même les contemporains) ont exécuté d'admirables œuvres en terre cuite, statues et bas-reliefs, etc. Mais, comme il est rare que l'argile cuite offre une teinte rouge convenable, on frotte la pièce avec de l'ocre rouge (mêlée d'ocre jaune) et délayée avec un peu de colle de peau (comme celle qu'on emploie pour les papiers peints). Il en résulte que les finesses du travail sont souvent un peu empâtées ; et d'ailleurs cette espèce de badigeon ne résiste pas aux intempéries. C'est un léger inconvénient, en somme, car le climat de Paris ne permet pas de laisser au dehors des terres cuites d'une certaine valeur artistique.

Les *alcarazas, gargoulettes*, etc., sont des vases de terre très poreuse, au point de laisser filtrer l'eau à travers leur épaisseur. L'évaporation de l'eau à la surface extérieure abaisse la température, de façon à donner une certaine fraîcheur à l'eau. Quand la température de l'air s'élève de 30 à 35°, celle de l'eau se maintient à 24° environ dans les alcarazas.

C'est aussi dans la catégorie des terres cuites que rentre la fabrication des pots à fleurs, des creusets, des pots de verrerie et des cornues à gaz ; enfin des innombrables poteries de bâtiment (briques, etc.).

Façonnage a la main. — Un grand nombre de ces produits se fabriquent à la main, en s'aidant simplement d'une *batte* de bois dur et poli et de moules très primitifs.

Prenons pour exemple la confection d'une *cornue à gaz* qui a la forme d'un demi-cylindre long de 3 mètres sur 30 centimètres de hauteur intérieure et 50 centimètres de largeur. Enfin l'épaisseur de la paroi est de 5 centimètres.

L'ouvrier commence par établir le fond de la cornue sur le sol de l'atelier saupoudré de sable. Il emploie de l'argile plastique bien corroyée avec une à deux fois son poids de *ciment* (débris de cornues bien pulvérisés).

Il entoure le fond d'un moule de bois haut de 5o centimètres et présentant à l'intérieur la forme de la cornue. Il appuie contre l'intérieur du moule le *colombin* que lui passe un aide ; ce colombin n'est autre qu'un long cylindre de pâte de la grosseur du bras.

Quand le premier colombin a été bien battu de manière à faire corps avec le fond, l'ouvrier pose un deuxième colombin, et ainsi de suite.

Le premier moule étant rempli, on place un deuxième moule au-dessus ; les moules sont munis de larges rebords, de sorte que l'ouvrier construit de cette façon une véritable tour à l'intérieur de laquelle il continue son travail de *pigeonnage :* c'est le nom qu'on donne à ce genre de façon.

L'ouvrage étant terminé et suffisamment ressuyé, on enlève tous les moules, ce qui est facile, car chacun d'eux s'ouvre en deux parties. La cornue est ensuite séchée très lentement avant la cuisson.

Les briques sont aussi façonnées à la main, ou plutôt à l'aide des pieds, en piétinant la terre dans un moule formé d'un cadre de bois ou mieux de bronze.

Façonnage au tour. — Le tour à potier a été inventé chez les différents peuples à des époques très reculées. Les Grecs, qui ont créé tant de légendes ingénieuses sur l'origine de toutes choses, ont attribué l'invention du tour à potier à un certain Talus, de Samos.

Cette machine très primitive consiste en une roue horizontale tournant autour d'un arbre vertical. Elle est actionnée directement par les pieds de l'ouvrier ; elle est toujours assez massive pour conserver longtemps sa vitesse, à la façon d'un volant.

Dans les fabriques importantes, les tours sont mis en mouvement par un moteur hydraulique ou à vapeur.

L'extrémité supérieure de l'arbre porte un petit plateau circulaire appelé *girelle*.

L'ouvrier applique sur la girelle une *balle* de terre bien *corroyée*. Les mains doivent toujours être bien mouillées avec de la *barbotine* claire (terre délayée dans

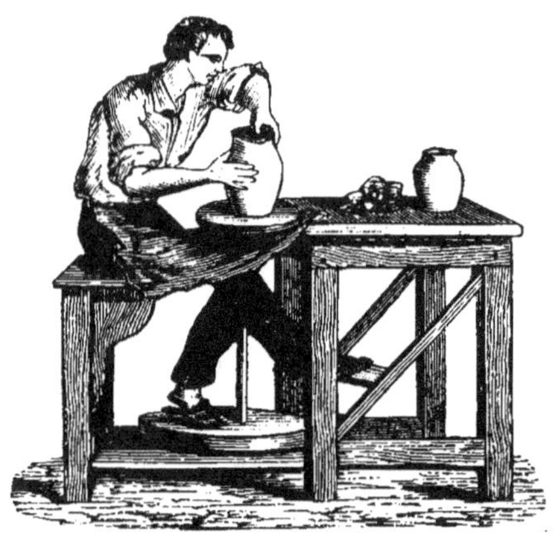

Fig. 2. — Tour à potier.

de l'eau), de façon qu'elles n'adhèrent pas à l'ouvrage.

Pour faire un vase cylindrique, par exemple, l'ouvrier enfonce les pouces au centre de la balle de terre ; il les éloigne peu à peu en pressant la terre avec les autres doigts et en levant les bras. Il fait ainsi monter la terre et le cylindre est ébauché.

Par suite des deux mouvements combinés du tour et des mains de l'ouvrier, les parcelles de terre décrivent des hélices ; mais si le tourneur a soin d'élever les bras très lentement, les hélices ont un *pas* très petit et donnent par leur superposition une surface sensiblement cylin-

drique. Telle serait la surface formée par une ficelle en-
roulée à plis très serrés sur une surface cylindrique.

Les meilleurs tourneurs sont ceux qui *vissent* le moins ;
mais il est impossible de ne pas *visser* du tout, d'après
ce que nous venons d'expliquer.

Pour faire disparaître les traces des doigts, le tourneur
se sert d'une *estèque ;* c'est une lame de bois dur ou de
métal bien polie et dont les arêtes sont *mousses ;* le profil varie selon les pièces à exécuter. En appuyant l'estèque
à l'intérieur et à l'extérieur successivement, l'ouvrier obtient des surfaces bien unies.

Si l'on veut faire une pièce évasée, une terrine par
exemple, au lieu de maintenir l'écartement primitif des
pouces, on les éloigne de plus en plus, tout en élevant
les bras ; on réalise ainsi une surface conique ou hémisphérique.

Pour le rebord, on appuie légèrement les doigts sur le
bord de la pièce de façon à faire refluer la terre sur elle-
même.

Pour faire le bec, on arrête le tour ; on appuie sur le
bord avec un doigt en même temps qu'on soutient la terre
avec les deux doigts voisins.

La pièce est alors terminée ; on la sépare de la girelle
à l'aide d'un fil de laiton et on la reçoit sur un *rondeau*
(disque de plâtre ou de terre cuite). Il n'y a plus qu'à
laisser sécher à l'air libre.

Le façonnage sur le tour offre des ressources très variées.

Quand on veut faire une bouteille, on monte d'abord
un cylindre et on passe l'intérieur à l'estèque ; puis on
rapproche les doigts en appuyant légèrement sur les bords
du cylindre et en élevant un peu les mains ; on arrive
ainsi à *rétreindre* le col de la bouteille. Le bourrelet au-

tour du goulot s'obtient en appuyant le doigt légèrement comme pour le rebord d'une terrine.

Pour les bouteilles très grandes, *louries* ou *bonbonnes*, on façonne à part les deux moitiés (hémisphériques à peu près) ; on les réunit par un assemblage à *mi-terre*. Les deux pièces étant raffermies par le séchage, on les applique l'une sur l'autre en interposant un peu de barbotine ; on frappe légèrement à l'extérieur sur le joint, en ayant soin de *porter coup* à l'intérieur à l'aide d'un tampon fixé à l'extrémité d'une baguette.

Cette espèce de soudure est si bien faite qu'on n'en trouve plus trace après la cuisson.

On peut aussi pratiquer deux rainures sur les deux bords des pièces à réunir. On coupe sur le tour une des *joues* de l'une de ces rainures, et on amincit l'autre joue avec les doigts en pressant de manière à en faire une *languette*, qui occupe le milieu de l'épaisseur de la pâte. On applique alors l'autre partie de manière à faire pénétrer la languette dans la rainure de celle-ci. On termine comme nous l'avons dit plus haut, et on obtient un assemblage à languette et rainure, si employé dans la menuiserie.

Les anses, les becs, etc., sont façonnés à part et collés à l'aide de la barbotine.

Pour les poteries fines, on ne se borne pas à ébaucher sur le tour.

Lorsque la pièce est raffermie par la dessiccation, on la remet sur le tour et on la *tournasse* avec des outils tranchants de formes variées (*tournassins*) que les tourneurs façonnent le plus souvent eux-mêmes en limant des lames d'acier fixées perpendiculairement à l'extrémité d'un manche de fer.

LE MOULAGE. — Pour les poteries, on emploie presque toujours des moules de plâtre ou de terre cuite.

On procède de différentes façons.

Le *moulage à la balle* consiste à forcer avec la main des balles de terre dans les différents creux du moule. Lorsque le moule est en deux moitiés (ce qui est le cas général), on met un peu de barbotine sur les bords des deux parties moulées afin de bien les réunir par la pression.

L'intérieur des pièces doit toujours être creux. Comme

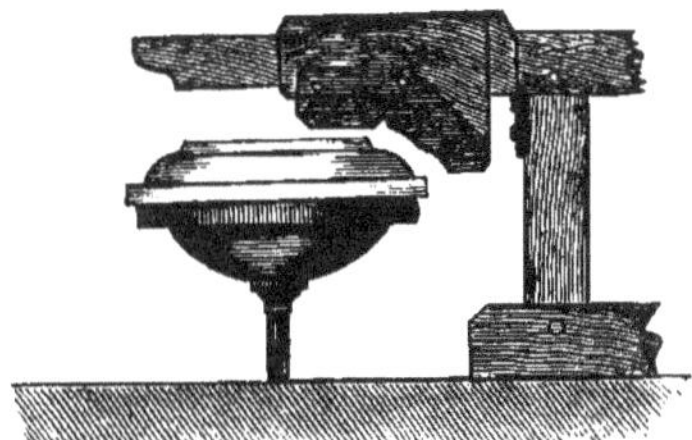

FIG. 3. — Fabrication des assiettes.

le plâtre est très absorbant, le démoulage se fait avec facilité.

Lorsque les pièces moulées sont sèches, on enlève les *rébarbes* avec une sorte de grattoir.

Pour les statues, pour les groupes, on moule le plus souvent par parties et on raccorde avec la barbotine.

Le *moulage à la croûte* se fait en appliquant une feuille épaisse de pâte sur un moule fixé à l'extrémité d'un tour. On appuie fortement la croûte à l'aide d'une éponge mouillée; on termine avec une estèque de profil convenable.

Le moule est alors enlevé et abandonné au séchage. La croûte moulée se sépare facilement du moule quand elle est sèche.

C'est ainsi qu'on fabrique les plats et les assiettes ; mais les pièces ovales ne peuvent être mises sur le tour.

LE COULAGE. — Cet ingénieux procédé, découvert à la manufacture de Sèvres il y a cinquante ans à peine, ne s'emploie que pour la porcelaine ; mais c'est une méthode générale, qui s'appliquerait tout aussi bien (et même plus facilement) à la fabrication d'une poterie quelconque.

On verse dans l'intérieur d'un moule de plâtre de la barbotine claire. Au bout de quelques minutes, il s'est déposé une couche d'argile à la surface du moule. On décante alors la barbotine en excès et on laisse sécher ; la couche mince d'argile déposée a pris alors assez de consistance pour qu'on puisse la manier, pour terminer et cuire la pièce.

On peut ainsi obtenir des pièces d'une légèreté merveilleuse, et transparentes, quand il s'agit de la porcelaine.

Les anses de ces pièces doivent être coulées à part et collées à la barbotine ; des anses pleines seraient trop lourdes et *s'arracheraient* pendant la cuisson.

A la manufacture de Sèvres, on ne s'est pas contenté de faire des petites pièces par le coulage, ce qui est relativement facile.

On a créé un admirable *atelier de grand coulage*, où M. Constantin Renard, qui l'a dirigé longtemps avec la plus grande habileté, a produit de très grandes pièces, d'une épaisseur quelconque.

Les pièces coulées sont d'une régularité parfaite ; elles ne sont pas sujettes au *vissage* comme les pièces tournées.

Voici comment on procède à l'atelier du grand coulage :

La barbotine, parfaitement délayée, arrive par un conduit spécial à la partie inférieure du moule; elle monte rapidement de façon à remplir tout le moule et la pâte se dépose sur le plâtre.

Mais aussitôt qu'on ferait écouler l'excès de barbotine, la couche de pâte retomberait sur elle-même, sous l'action de son propre poids.

Pour maintenir cette couche molle contre la surface du plâtre, on ferme le moule par un couvercle de plâtre muni d'un orifice par lequel on introduit de l'air comprimé; à mesure que la barbotine s'écoule, la pression de l'air agit à la façon d'une main qui appliquerait la pâte sur l'intérieur du moule.

On opère aussi d'une façon inverse : le moule est entouré d'une caisse métallique où l'on fait le vide ; l'ouverture du moule est seule en libre communication avec l'air extérieur. Dans ce cas, c'est la pression atmosphérique qui agit pour appuyer la pâte molle sur les parois intérieures du moule.

Le *travail par le vide* présente cet avantage qu'on peut toujours suivre le travail à l'intérieur du moule.

Au contraire, quand le coulage se fait à l'air comprimé, le moule est exactement fermé ; et même, pour obtenir une fermeture bien exacte, on laisse monter la barbotine un peu au-dessus des bords de l'ouverture du moule.

Il se fait ainsi un bourrelet de pâte qu'on serre à l'aide d'une presse à vis entre le moule et son couvercle et qui empêche la déperdition de l'air comprimé.

Les ingénieux procédés du grand coulage peuvent donner des pièces dont l'épaisseur varie à volonté suivant la durée de l'opération (depuis une heure jusqu'à cinq heures). Quand la couche de pâte commence à sécher, on fait arriver de nouveau la barbotine, et ainsi de suite, jusqu'à ce que la pièce ait atteint l'épaisseur voulue.

Pour faciliter le grand coulage, M. Renard a eu l'idée très ingénieuse d'appliquer sur toute la surface du moule, à l'aide de barbotine claire, des bandes de grosse mousseline sans apprêt. Cette mousseline donne à la pièce beaucoup plus de solidité.

LES MACHINES A PRESSION. — Pour fabriquer les assiettes, on emploie en Angleterre une presse très puissante qui comprime de l'argile *presque sèche* entre deux pièces métalliques bien polies.

Sous l'influence de cette pression très énergique l'argile s'agglomère suffisamment pour donner des produits bien homogènes.

Il paraît que cette machine donne de bons résultats au point de vue économique.

On a essayé de fabriquer des briques, tuiles, etc., en comprimant très fortement de l'argile presque sèche ; mais les produits sont inférieurs à ceux que donne la terre travaillée à l'eau.

C'est au moyen d'une presse énergique que la maison Bapterosse fabrique depuis longtemps, avec tant de succès, les boutons de pâte céramique que tout le monde connaît.

Un seul coup de presse moule 500 boutons, qui sont étalés mécaniquement sur une feuille de papier.

La feuille est portée dans un moufle chauffé au rouge ; elle se carbonise et le charbon déposé empêche les boutons de se coller à la plaque de terre cuite qui sert de support.

Cette fabrication est si bien installée et donne de tels résultats économiques que les nations étrangères ont essayé vainement jusqu'ici de faire concurrence aux boutons céramiques français.

On a essayé (employé même) un grand nombre de machines à mouler les briques.

Celle qui donne les meilleurs résultats, aussi bien pour les briques ordinaires que pour les briques creuses, c'est une machine à double piston qui force la terre à passer, d'abord à travers une sorte de tamis destiné à retenir les corps étrangers (cailloux, pyrites, etc.) de plus de 5 millimètres de diamètre, souvent mêlés aux argiles, puis à travers une *filière* disposée comme une filière à macaroni ; avec cette différence qu'elle est pourvue de plusieurs tiges directrices de manière à donner à la matière qui sort la forme d'un long prisme portant plusieurs parties vides dans le sens de la longueur.

A mesure que ce prisme sort de la filière, on le coupe en morceaux de la longueur d'une brique.

Pour les briques pleines, il suffit de supprimer la filière et de la remplacer par une ouverture rectangulaire ; au lieu d'un prisme évidé, on obtient un prisme plein qui est débité en plusieurs briques pleines.

Quand la provision de terre est épuisée, le double piston agit en sens contraire sur un deuxième compartiment rempli de terre ; pendant le travail, on remplit le premier compartiment, et ainsi de suite.

C'est avec une semblable machine qu'on fabrique les tuyaux de drainage de diverses dimensions.

Mais quand il s'agit d'obtenir de gros tuyaux comme les *wagons* qu'on emploie pour les coffres de cheminées, on se sert d'une machine dont le piston agit dans le sens vertical, afin que les pièces sortant de la filière ne s'aplatissent pas sous leur propre poids (fig. 4).

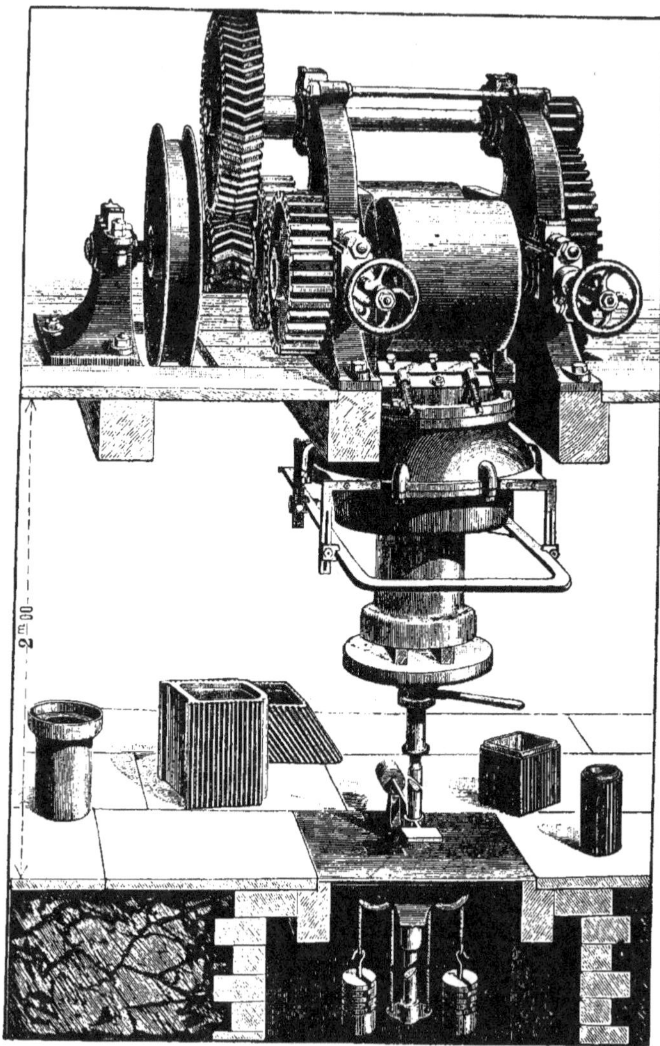

Fig. 4. — Machine à fabriquer les gros tuyaux.

Pour les tuiles moulées, les machines fonctionnent d'une façon toute différente.

La pâte est fortement comprimée entre deux moules de

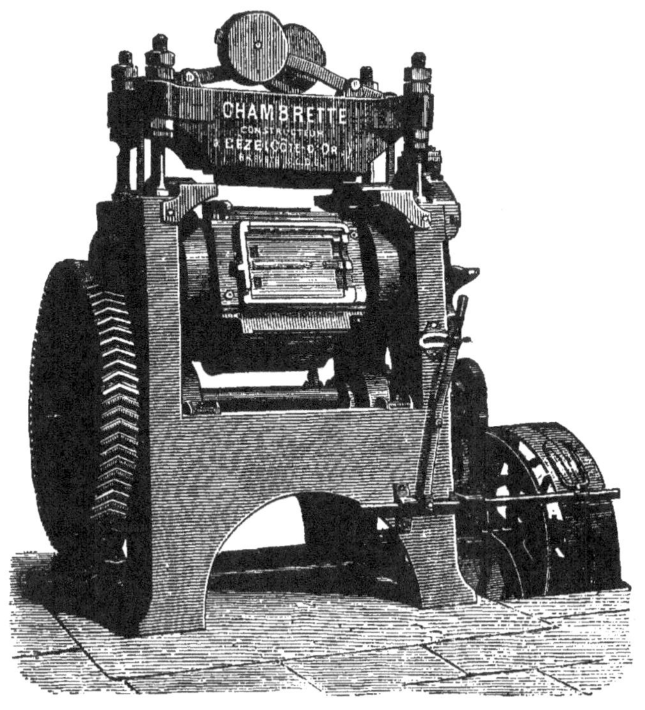

Fig. 5. — Fabrication des tuiles moulées.

fonte dure et polie, enduits constamment d'huile lourde de goudron (fig. 5).

Sans cette précaution il serait impossible de *démouler*, à cause de l'adhérence de la terre pour le métal.

Briques, tuiles et autres potériés de batimént. — Depuis cinquante ans, on a réalisé d'immenses progrès dans la fabrication des produits céramiques pour la construction.

Les briques sont connues pour ainsi dire de toute antiquité ; le limon de la plupart des grands fleuves peut servir de terre à briques, sans aucune préparation. C'est un mélange naturel d'argile, de sable et d'une foule de détritus, qui prend une grande dureté, même par la simple dessiccation au soleil.

Les *briques crues* ne peuvent être employées que dans certains pays chauds, dont l'atmosphère est habituellement sèche.

On trouve dans les ruines de Babylone et de Ninive beaucoup de briques crues portant en creux des caractères cunéiformes ; on est parvenu à déchiffrer cette écriture. Ces inscriptions sont extrêmement précieuses au point de vue historique.

Pour fabriquer les briques communes, on emploie souvent la *terre franche* (mélange d'argile et de sable) à l'état naturel ; par exemple, à Montmorency, la terre est abattue et moulée sur place en briques ordinaires.

Mais, quand l'argile est trop compacte, il faut bien la préparer en la divisant avec une machine qui consiste essentiellement en un arbre muni de couteaux : l'argile, ainsi coupée en tranches, se détrempe beaucoup mieux dans l'eau. On la mélange avec du sable, des escarbilles, du mâchefer pulvérisé, des scories de forge ou des laitiers de haut fourneau ; enfin de la tourbe pour les briques légères à employer pour les intérieurs.

Les briques réfractaires, désignées sous le nom de *briques de Bourgogne*, sont fabriquées avec de l'argile plastique mêlée de sable fin ou de fragments de briques réduits en poudre.

Pour cuire les briques, on construit une espèce de

fourneau avec les briques crues en réservant des conduits pour la circulation de l'air et des gaz de la combustion.

C'est surtout la houille, ou la tourbe dans certains pays, qu'on emploie pour la cuisson de la brique.

Le procédé, très économique, permet de cuire à la fois plusieurs millions de briques. Il est fort habilement pratiqué en Hollande.

Mais la cuisson est tout à fait irrégulière. Les briques, trop cuites au voisinage du combustible, sont déformées, presque vitrifiées ; on les emploie pour les fondations, les caves, etc. Celles qui sont cuites à point servent pour l'extérieur des murailles. Enfin les briques à peu près crues sont employées à l'intérieur.

Pour cuire régulièrement les briques et poteries de bâtiment, on se sert le plus souvent d'un four de forme rectangulaire couvert d'une voûte très surbaissée. Les produits à cuire sont disposés en piles *à claire-voie* à l'intérieur du four. On brûle de la houille à longue flamme dans un foyer installé à l'une des extrémités du four. Quand le four est échauffé, on jette de la houille menue par diverses ouvertures ou *carneaux* pratiquées dans la voûte du four. Si la cheminée de l'usine peut donner un fort tirage, on supprime le foyer spécial à l'extrémité du four.

Pour les grandes productions, on fait usage du four continu de Hoffmann.

Une série de fours contigus sont disposés circulairement autour d'une grande cheminée centrale. Tous les fours étant *chargés*, et les portes de service murées, on allume du feu dans le four n° 1 ; on alimente avec des menus de houille jetés par les carneaux de la voûte.

Quand le premier compartiment est cuit, on ferme par

un registre la communication avec la cheminée. On chauffe le n° 2, et ainsi de suite.

Le n° 1 étant suffisamment refroidi pendant que s'opère la cuisson des autres compartiments, on le défourne et on le charge de nouveau ; de même pour chacun des suivants. De sorte que le travail est continu, l'économie

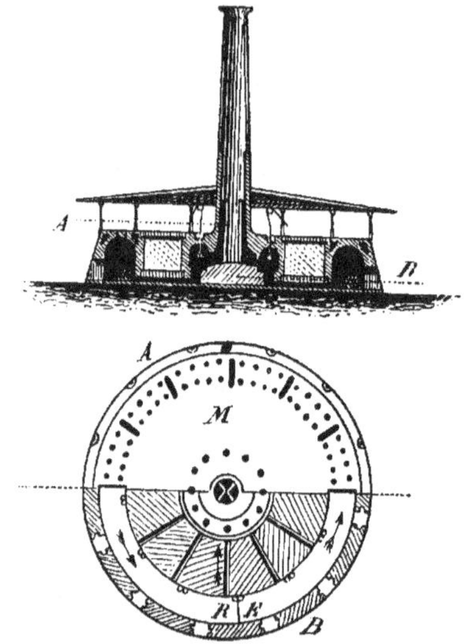

Fig. 6. — Four Hoffmann, en coupe verticale et plan.

de combustible est considérable et la cuisson est bien régulière.

Les briques creuses, dont la fabrication a été créée il y a quarante ans par Bories, industriel français très habile, sont devenues d'un emploi tout à fait courant.

Elles exigent beaucoup moins de matière première, sèchent très vite et cuisent bien plus facilement. De plus, les briques creuses sont très légères et coûtent beaucoup moins de frais de transport ; elles chargent très peu les fondations et conviennent très bien pour surélever les anciens bâtiments. Enfin, les murs et cloisons de briques creuses sont bien moins sonores et conservent bien mieux la chaleur que les murs de briques pleines.

On est arrivé à fabriquer des briques creuses très larges, très peu épaisses et longues de plus de 5o centimètres.

Ces briques servent à *hourder* les plafonds dans les constructions en fer où l'on emploie comme solives des fers à double T, que tout le monde connaît. Les briques portent, par leurs extrémités, sur les rebords inférieurs des doubles T ; elles sont scellées au plâtre, et, comme elles présentent une surface couverte d'aspérités, le plafond adhère avec une solidité parfaite.

Les *wagons* ou *conduits de fumée* droits ou obliques qui permettent d'établir les tuyaux de cheminées dans l'épaisseur des murs sont très unis à l'intérieur et sillonnés de rainures à l'extérieur ; les enduits de plâtre ou de mortier adhèrent fortement à ces surfaces rugueuses.

Les coffres de cheminées ne font plus de saillies désagréables dans les appartements ; de plus, il est facile d'attribuer un conduit séparé à chaque cheminée. Autrefois on établissait des coffres immenses dans lesquels aboutissaient plusieurs conduits, ce qui faisait très fréquemment fumer les cheminées d'une façon irrémédiable.

On peut fabriquer des briques très légères, flottant sur l'eau, avec des terres formées de silice presque pure, telles que le *tripoli* de Bilding (Bohême). Il est nécessaire d'ajouter un peu d'argile plastique pour donner aux briques une solidité suffisante.

Les auteurs latins, notamment Vitruve, parlent déjà de ces briques.

Elles conduisent très mal la chaleur, de sorte qu'on peut tenir une brique à la main par une extrémité, sans se brûler, tandis que l'autre extrémité est portée au rouge.

Des enveloppes construites avec ces briques seraient très utiles pour préserver les coffres-forts dans les incendies, les soutes aux poudres dans les navires, etc.

Mais les gisements de tripoli ou *farine fossile* sont peu abondants et fournissent surtout des matières à polir. Ce sont des débris de carapaces d'*infusoires*, animaux microscopiques, ayant vécu dans les temps géologiques (Bilding, en Bohème; Oberhohe, en Hanovre, etc.).

On fait des briques crues très légères en agglomérant des rognures de liège avec du plâtre.

Les *tuiles moulées* ou *tuiles mécaniques* représentent un immense progrès dans l'art des constructions. Elles ont été inventées par M. Gilardoni en 1835. C'est l'inventeur qui a monté la grande fabrique Muller et Cⁱᵉ.

Il a continué d'ailleurs à exploiter ses procédés dans une importante usine créée à Pagny-sur-Saulx (Meurthe-et-Moselle).

Les anciens ont constamment employé des tuiles façonnées, d'une ornementation fort remarquable, non seulement pour la couverture courante, mais pour les faîtages ou *pinacles*, pour les *anté-fixes* ou *bordures* (tuiles placées verticalement aux bords des toits), etc.

On peut admirer dans nos musées de nombreux spécimens de cette production très artistique, qu'on ne peut, dans les conditions actuelles, réaliser que par les moyens mécaniques à cause du prix élevé de la main-d'œuvre.

Malgré l'exemple des anciens (trop souvent copiés d'une manière servile), nos architectes n'admettent guère les tuiles de modèles spéciaux pour les monuments ; ils trouvent qu'elles n'ont pas l'aspect décoratif de la tuile plate ordinaire et, à plus forte raison, de l'ardoise. Ils sont peut-être dans le vrai ; mais c'est avant tout une question d'habitude. Quand on aura employé pendant plusieurs siècles les tuiles moulées, les constructions de fer apparent, etc., l'œil s'y habituera ; une nouvelle esthétique se créera, dont nous ne pouvons avoir actuellement aucune idée.

En attendant, les tuiles moulées sont largement employées dans toutes les constructions industrielles; elles sont plus légères, plus économiques (au mètre carré) que les anciennes tuiles. Un couvreur (et même un ouvrier quelconque) peut poser les tuiles moulées, les déposer et les replacer sans perte sur un autre bâtiment.

Pour donner du jour aux ateliers, aux greniers, etc., on emploie des tuiles de verre moulées, exactement de même modèle, ce qui est bien plus économique que les lucarnes et même que les fenêtres à tabatière.

Enfin, les tuiles moulées ne sont pas sujettes à la gelée comme les tuiles ordinaires qui contiennent souvent de petits morceaux de pierre à chaux. A la cuisson, cette pierre donne de la chaux qui se délite et laisse des cavités où l'eau pénètre ; la glace qui se forme pendant l'hiver détermine la rupture des tuiles.

Dans la fabrication mécanique, on ne peut employer que de la terre bien préparée ne contenant pas de cailloux.

Il faut choisir d'ailleurs les tuiles bien cuites et rejeter celles qui sont *gauches*.

Dans les pays où les coups de vent sont fréquents, les tuiles mécaniques sont attachées avec du fil de fer aux lattes qui les supportent.

Les grandes usines de Montchanin, de Marseille, etc.,

expédient d'énormes quantités de tuiles mécaniques jusque dans l'Extrême-Orient, l'Amérique du Sud, etc.

Les moindres baraques, les plus humbles *paillottes*, deviennent des abris sérieux, même pendant la saison des pluies, quand on les recouvre de tuiles mécaniques.

Au Japon, M. Gérard, habile industriel français, a installé à Yokohama une tuilerie importante pourvue des meilleures machines françaises. On y fabrique des tuiles moulées d'un beau ton gris ardoisé, ce qu'on obtient par un procédé d'*enfumage* pendant la cuisson. Cette couleur était imposée forcément, car les Japonais n'admettent pas les tuiles rouges pour couvrir leurs maisons.

C'est dans la cuisson des poteries de bâtiment qu'un habile fabricant, M. Gastellier, à Montouglaust (Seine-et-Marne), a introduit, l'un des premiers, l'emploi des générateurs ou *gazogènes*, qui permet d'utiliser les plus médiocres combustibles et donne une cuisson parfaitement régulière.

A Ciry-le-Noble (Saône-et-Loire), M. Bossot fabrique de tuiles de grès verni, blanches ou noires, absolument résistantes aux intempéries, à la mousse, etc. Il se sert aussi de fours à gaz.

Citons enfin un produit très curieux, les *briques blanches* (Société française), obtenues en comprimant très fortement un résidu sans valeur : les sables mêlés de poudre de verre, provenant du polissage des glaces. Ce produit a été inventé par M. Motte, ingénieur belge. Le verre se ramollit au feu et réunit solidement tous les grains de sable.

On a employé beaucoup de ces briques blanches pour la grande galerie des machines (Exposition de 1889).

POTERIES ORNÉMENTÉES POUR BATIMENTS. — Les architectes commencent à employer d'une manière très heureuse les poteries ou terres cuites ornementées.

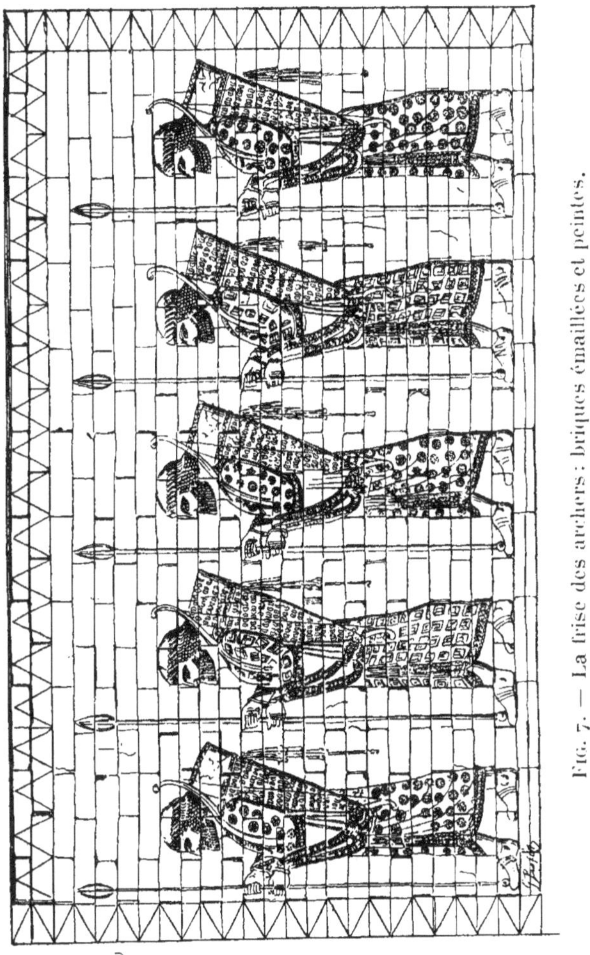

FIG. 7. — La frise des archers : briques émaillées et peintes.

Le plus remarquable exemple à citer, c'est le Palais des Beaux-Arts, de l'Exposition de 1889, qu'on a tant admiré au Champ de Mars. Les excellentes poteries

mises en œuvre provenaient de la fabrique de M. Lœb-
nitz, à Paris.

Les *balustres* de terre cuite, couleur de pierre, sont
fréquemment employés dans la construction des maisons
particulières.

Les poteries d'ornement sont très souvent couvertes
d'une *glaçure* brillante.

Les briques vernies étaient déjà en usage chez les
anciens Assyriens, les Perses, etc. M. et Mme Dieulafoy,
à la suite de leur célèbre voyage, ont rapporté des spécimens très curieux de cet art ancien, qu'on peut
admirer au musée du Louvre.

Les briques et tuiles vernies résistent bien aux intempéries. C'est ainsi que dans la Haute-Saône, le Doubs, le
Jura, de nombreux clochers fort anciens sont couverts
de tuiles vernies de coloris très variés, du plus bel effet.

Les dômes des palais des Beaux-Arts et des Arts
Libéraux, construits par M. Formigé pour l'Exposition
de 1889, ont été couverts de tuiles émaillées très décoratives, fabriquées par la maison Muller et Cie.

Mais il ne faut pas oublier que ces vernis sont *tendres*
et ne résistent pas aux frottements énergiques et répétés.
On avait carrelé la bibliothèque du Conservatoire des
Arts et Métiers avec des briques vernies ; il a fallu les
remplacer au bout de deux ou trois ans.

Pour les régions du Nord, on devrait construire toujours les façades avec des briques couvertes d'un émail
blanc, alternant avec d'autres couleurs, comme on fait
pour les maisons un peu riches en Hollande.

En effet, les façades ainsi construites se lavent très
facilement, tandis que les briques ordinaires se pénètrent
de poussière et de noir de fumée ; on les couvre alors
d'un grossier badigeon rouge, du plus déplorable effet.

Les poteries pour carrelage, ou *carrelages céramiques*, si employées depuis une vingtaine d'années, sont de véritables grès ; nous en parlerons plus loin.

La *céramique du bâtiment* a été traitée d'une façon très complète, avec les détails des procédés les plus récents, par M. L. Lefebvre (Paris, Masson et Cie, 1897).

CHAPITRE III

POTERIES COMMUNES VERNIES. — FAIENCES ANCIENNES
ET FAIENCES COMMUNES. — FAIENCES D'ART

On a trouvé des poteries vernies remontant à la plus
haute antiquité chez tous les peuples les plus anciennement civilisés : Égyptiens, Assyriens, Persans, Hindous,
Chinois. Certains spécimens prouvent même qu'on savait
obtenir des couleurs assez variées, plus de mille ans
avant l'ère chrétienne.

C'est toujours l'oxyde de plomb qui forme la base des
vernis pour les poteries communes. Cet oxyde forme un
silicate tellement fusible qu'il est impossible de fondre de
la *litharge* (oxyde de plomb) dans un creuset d'argile sans
que ce creuset soit percé ; dans ce cas, le silicate de
plomb fondu coule dans le foyer.

Plus l'argile est siliceuse, plus elle s'attaque facilement.
Les argiles plastiques et, encore mieux, les argiles communes donnent avec l'oxyde de plomb des silicates multiples d'alumine, de chaux et de plomb, très fusibles et
glaçant parfaitement à la surface des poteries.

Dans certaines régions, par exemple en Espagne, on
emploie pour vernir les poteries communes de l'*alquifoux* réduit en poudre très fine. Ce n'est autre chose que

du sulfure de plomb naturel, dépourvu d'argent. Les sulfures argentifères, ou *galènes riches*, sont traités pour plomb, et on extrait ensuite l'argent du *plomb d'œuvre* ainsi obtenu.

Quand l'alquifoux est appliqué en couche mince sur la poterie, il brûle pendant la cuisson en donnant de l'oxyde de plomb et par suite un silicate fusible avec les éléments de l'argile.

Le plus souvent on emploie de la *litharge*, oxyde de plomb en paillettes provenant de l'oxydation du plomb argentifère sous l'action de la chaleur et d'un courant d'air énergique de manière à séparer l'argent.

On se sert aussi du *minium*, oxyde rouge de plomb si employé comme couleur, qui est très pur et finement divisé.

L'oxyde de plomb est mêlé avec de l'argile purifiée par *lévigation :* on forme ainsi une bouillie très claire qu'on peut appliquer sur les pièces crues. Par exemple, pour vernir l'intérieur d'une terrine, on y verse une certaine quantité de cette bouillie qu'on promène sur toute la surface ; le bord est recouvert à l'aide d'un pinceau.

Le plus souvent on opère sur des pièces légèrement cuites ; le vernis s'applique alors bien plus régulièrement, car l'eau de la bouillie s'absorbe très vite et la couche de vernis se dépose très également.

L'oxyde de plomb, employé seul, donne un vernis incolore qui paraît jaune à cause de la couleur de la pâte qu'on aperçoit par transparence.

Si l'on ajoute de l'oxyde de cuivre, on a un vernis d'un beau vert ; les oxydes de fer et de manganèse donnent du brun, etc.

Comme les poteries communes sont très peu cuites, tous ces vernis très fusibles se rayent facilement au couteau et s'attaquent aisément par les acides et les corps gras. Du vinaigre, conservé dans un pot de terre vernissée, enlève complètement le vernis, se charge d'oxyde de plomb et devient très vénéneux.

Il faut se méfier du plomb beaucoup plus que du cuivre ou du zinc ; ceux-ci donnent des composés vénéneux ; mais on est averti de l'empoisonnement par des vomissements et des douleurs d'entrailles ; tandis que le plomb empoisonne lentement, *sans prévenir*, et souvent il est fort difficile de guérir les victimes.

On a proposé pour les poteries communes des vernis moins dangereux que les précédents ; on diminue beaucoup la proportion d'oxyde de plomb, on introduit du silicate de soude dans la composition du vernis de façon qu'il reste suffisamment fusible (M. Constantin).

Les briques et tuiles vernies se fabriquent exactement comme les poteries communes.

On trouve souvent en Orient, en Algérie, etc., des poteries communes décorées de brillantes couleurs appliquées simplement au vernis. C'est un badigeonnage plutôt qu'une décoration céramique.

FAIENCES ANCIENNES ET FAIENCES D'ART COMMUNES. — Les faïences se rattachent immédiatement aux poteries communes.

Les admirables pièces de Bernard Palissy se rapprochent plus des poteries communes à couvertes transparentes et diversement colorées que des faïences proprement dites à émail blanc opaque recouvert de décorations multicolores.

Les artistes contemporains, pour la création de leurs magnifiques faïences d'art, font usage des procédés les plus variés. Ils ne s'attachent pas à imiter un genre plus ou moins défini et ils ont parfaitement raison.

Pourquoi Bernard Palissy n'a-t-il jamais employé l'émail blanc, ni les émaux opaques diversement colorés ? Par cette simple raison qu'il ne les connaissait pas, bien

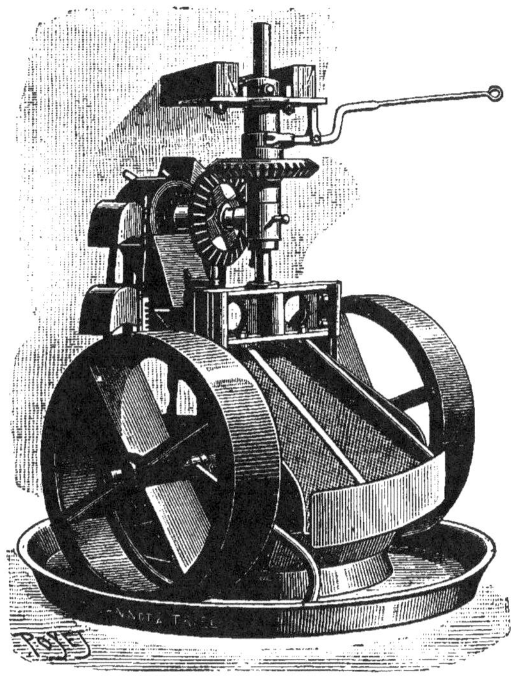

Fig. 8. — Machine à broyer et tamiser les matières premières
pour les poteries.

qu'il les eût cherchés avec une ténacité extraordinaire ; ils existaient de son temps, mais les artistes italiens gardaient bien leurs secrets, comme faisait Bernard lui-même qui a déclaré que ses procédés mourraient avec lui.

Les faïences sont fabriquées le plus souvent avec des argiles figulines très peu cuites, de couleur rouge ou brune pour les faïences anciennes, plus ou moins jaunâtre pour les faïences communes actuelles et pour les faïences d'art.

Comme nous l'avons dit précédemment, les *marnes argileuses* ou *argiles calcaires* sont employées pour les poteries communes, les briques, etc.

Mais, pour les faïences, on compose le plus souvent des pâtes avec de l'argile figuline et les *marnes calcaires ;* elles sont blanches et donnent une pâte peu sujette aux gerçures; elles s'allient très bien à la couverte.

Certains fabricants introduisent aussi dans leurs pâtes de l'*argile plastique* ou *terre réfractaire.*

On ajoute à la pâte du sable fin ou du silex broyé, ou encore du *ciment*, c'est-à-dire des débris de biscuit de faïence réduits en poudre.

Ces matières agissent comme *dégraissants ;* la terre est moins plastique, mais elle se déforme beaucoup moins à la cuisson, elle devient plus dure et plus sonore et n'est pas sujette aux gerçures.

Certains fabricants ajoutent à la pâte des faïences d'art *une fritte alcaline ;* c'est-à-dire un mélange, à demi vitrifié dans un four spécial, d'argile, d'oxyde de plomb, de carbonates de soude et de potasse.

Les compositions des pâtes varient à l'infini, car les argiles et les marnes sont bien loin d'avoir des compositions régulières.

Voici, comme exemples, les formules suivies pour la composition de deux pâtes à faïence, de Paris et de Sceaux:

	Argile plastique d'Arcueil	8
Paris	Marne argileuse verdâtre. . . .	36
	Marne calcaire blanche	28
	Sable impur et marneux jaunâtre.	28
		100

	Glaise verte de Fresnes.	37,5
	Marne blanche	30,0
Sceaux	Terre à four de Piepus	20,0
	Sable de Fontenay	10,0
	Argile de Gentilly	2,5
		100,0

Le point le plus important, c'est que dans chaque localité le fabricant doit faire des essais multipliés pour obtenir une pâte dont la dilatation soit sensiblement la même que celle de la couverte ou glaçure.

On ne peut arriver que difficilement à ce résultat ; et encore il faut se méfier des variations de composition que présentent souvent les différentes couches de terre dans une même exploitation.

Non seulement les marnes sont très différentes d'un gisement à l'autre, mais elles peuvent varier dans une même couche par suite d'un mélange accidentel de sable, d'argile ou de craie.

A titre d'exemples, voici des analyses de marnes calcaires très différentes :

	SILICE	ALUMINE	CARBONATE de chaux
Argenteuil	9,90	3,90	80,46
Belleville.	46,03	17,28	27,64
Viroflay.	37,00	11,00	55,00
Tournay	25,40	14,10	55,53

Plus de l'eau combinée, de l'oxyde de fer, etc. On doit toujours préférer les marnes les moins ferrugineuses ; ainsi les marnes de Belleville et de Tournay ne contiennent pas de fer et donnent des pâtes beaucoup plus blanches.

Le point de départ de la fabrication de la faïence dans chaque pays, c'est la recherche d'un vernis opaque propre à cacher la couleur de la pâte employée pour les poteries communes.

On a résolu le problème à peu près de la même façon dans différents pays.

Le vernis opaque ou *émail blanc* de la faïence s'obtient de la manière suivante :

On fait fondre ensemble de l'étain et du plomb. Cet alliage s'oxyde bien plus rapidement que chacun des métaux isolés ; par l'action prolongée de la chaleur et de l'air, il se forme une combinaison des oxydes d'étain et de plomb (stannate de plomb). C'est ce qu'on appelle la *calcine* dans les fabriques de faïence ; c'est la même chose que la *potée d'étain* si employée pour le polissage des glaces et des métaux.

La calcine est une poudre grisâtre qu'on mélange avec du minium, du sable, du sel et un peu de carbonate de soude.

Ce mélange est fondu en une masse vitreuse dans la *fournette*, sorte de bassin de terre réfractaire voisin du foyer du four à cuire la faïence.

Voici, à titre d'exemples, des compositions employées pour l'émail blanc destiné à la faïence :

Émail dur

Calcine contenant { Oxyde d'étain . 23 } { Oxyde de plomb. 77 }	. . 44 parties
Minium 2	—
Sable de Nevers. 44	—
Sel marin 8	—
Soude d'Alicante (carbonate de soude sec). . 2	—

Émail tendre

Calcine contenant $\left\{\begin{array}{l}\text{Oxyde d'étain . . 18} \\ \text{Oxyde de plomb. 82}\end{array}\right\}$ . . 47 parties

Minium . . . .   —   —
Sable de Nevers. 47   —
Sel marin   3   —
Soude   3   —

Pour colorer l'émail, on ajoute à l'émail blanc différents oxydes métalliques : oxyde de cobalt pour le bleu, etc.

De plus, on introduit dans la composition des émaux de l'acide borique ou du borax qui donne, comme nous l'avons dit, plus de brillant et d'élasticité.

Les mélanges fondus sont finement broyés avec de l'eau sous des meules horizontales disposées à peu près comme des meules à blé.

Pour appliquer l'émail, on le met en suspension dans l'eau, de manière à obtenir une bouillie claire. On plonge dans cette bouillie les pièces déjà cuites à un premier feu ; c'est ce qu'on appelle très improprement *cuire en biscuit*.

La terre cuite étant très poreuse absorbe l'eau très rapidement et l'émail se dépose en couches minces et uniformes à la surface des pièces.

Les émaux sont souvent appliqués en versant la bouillie dans l'intérieur des pièces et décantant ; puis on immerge les pièces presque jusqu'au bord ; on retire et on achève l'émaillage de l'extérieur à l'aide du pinceau.

Ces méthodes sont employées non seulement pour des faïences d'art, mais pour les produits les plus communs ; par exemple pour des terrines, des buires, etc., dont l'intérieur est couvert d'émail blanc et l'extérieur d'émail brun foncé.

Quand l'émail est sec, on l'enlève à la brosse ou au grattoir dans les parties qui ne doivent pas rester émaillées ; ou bien on *réserve* ces parties en les imprégnant de suif fondu.

Depuis qu'on a remis à la mode les faïences anciennes, on a fait d'innombrables imitations de ce genre ; la plupart des assiettes accrochées aux murs des salles à manger sont de fabrication moderne.

Mais il y a plus : on s'est avisé de fabriquer des services de table *pour la campagne*, illustrés de personnages grotesques, d'oiseaux et de fleurs impossibles, comme on en trouvait chez les paysans. Ces décors enfantins avaient au moins le mérite de la naïveté ; on a calqué les dessins ; on imprime les contours qui sont reportés sur les pièces et on remplit ces contours de couleurs quelconques.

Il est triste de penser qu'à notre époque on trouve des acheteurs pour des produits aussi grossiers que ridicules. Mais ce qui doit consoler, c'est qu'à aucune époque la faïence décorée n'a été si bien traitée que par nos céramistes spéciaux qui ont créé de véritables merveilles, en profitant de toutes les ressources de la technique moderne, mise au service des artistes les plus éminents.

La faïence d'art, cuite d'abord en biscuit, reçoit souvent une *engobe* blanche ou diversement colorée. Il faut que cette engobe soit mélangée d'un peu de fondant, de façon qu'elle adhère à la pièce par la cuisson, mais sans glacer complètement.

La décoration se fait sur cette engobe avec des émaux plus ou moins transparents ; les effets obtenus sont très riches et très variés, quand la peinture a été cuite au feu de moufle et souvent même à plusieurs feux.

Le choix des matières pour les engobes est d'une grande importance.

Nous croyons qu'on obtiendrait de bons résultats en délayant du kaolin dans une solution un peu étendue de *silicate de potasse* que le commerce fournit à de bonnes conditions. En trempant le biscuit dans ce mélange, l'engobe et la pièce elle-même retiendraient un peu de silicate de potasse qui servirait de fondant et *lierait* en quelque sorte l'engobe au biscuit.

Nous avons lieu de supposer que les silicates alcalins sont employés par les céramistes modernes, bien qu'on n'ait rien publié à ce sujet, du moins à notre connaissance. On doit, en tout cas, préférer le silicate de potasse au silicate de soude, car ce dernier peut donner des sels de soude *efflorescents* d'aspect fort désagréable.

On décore souvent la faïence sur *émail cru ;* c'est un travail fort difficile, car il est impossible de faire des retouches. Mais la couleur est très vite absorbée par l'émail cru; et l'artiste habile obtient ainsi des effets très accentués d'aspect fort original.

On peut d'ailleurs varier beaucoup les effets en faisant usage soit de la peinture sur émail cru (cuite au grand feu), soit de la peinture sous couverte transparente (cuite au grand feu de moufle), soit enfin de la peinture sur cette même couverte ou sur un émail opaque; ce dernier travail est cuit au petit feu de moufle.

Les artistes habiles savent combiner tous ces moyens d'exécution ; ils ont ainsi créé des *faïences d'art* très originales, chefs-d'œuvre de la céramique moderne, qui ne sont pas inférieures aux plus belles pièces des siècles précédents.

Les *faïences d'industrie* comprennent surtout les *faïences pour poêles*, dont la production est immense dans tout le Nord de l'Europe, où les poêles sont de véritables monuments. En Russie, par exemple, il serait impossible de lutter contre les rigueurs de l'hiver sans des appareils chauffés nuit et jour et présentant de grandes surfaces de chauffe. La fonte ne peut servir, car elle laisse filtrer l'oxyde de carbone à travers ses pores quand elle est chauffée au rouge; et ce gaz est très vénéneux. De plus, la fonte chauffée exhale une odeur désagréable que bien peu de personnes peuvent supporter.

On a grandement perfectionné les faïences pour poêles en introduisant de l'acide borique dans l'émail, ce qui l'empêche de *craqueler* fortement et de se détacher en écailles. Les pièces offrent bien de très fines craquelures, qui sont d'ailleurs sans inconvénient.

Pour la décoration des faïences pour poêles, pour ornements d'architecture, etc., un habile fabricant, M. Vogt, a imaginé un mode de décoration très ingénieux.

Il emploie des pâtes colorées de natures très diverses. L'ouvrier remplit avec ces pâtes les divers creux d'un moule portant des ornements variés; puis il achève de remplir le moule avec une pâte blanche ou colorée. On obtient ainsi des ornements en reliefs colorés sur un fond blanc ou de couleur quelconque.

Les *émaux cloisonnés*, employés pour la première fois sur faïences par Th. Deck, en 1874, produisent d'admirables effets.

Le dessin est indiqué sur la pièce par des traits en relief extrêmement fins venus au moulage. Les intervalles des traits sont remplis par des émaux transparents appliqués au pinceau sur toutes les épaisseurs données par les reliefs des traits; on peut même superposer plusieurs émaux et obtenir les effets artistiques les plus variés.

Comme les émaux doivent être fort épais, leur composition se rapproche beaucoup des verres ou cristaux très alcalins, ce qui permet d'obtenir avec l'oxyde de cuivre CuO de très beaux bleus turquoise.

Voici d'ailleurs la composition du fondant pour les couleurs de ce genre, indiquée par Deck lui-même :

Minium.	3o	35
Sable	5o	45
Carbonate de potasse	12	12
Carbonate de soude.	8	8
	100	100

Pour le bleu turquoise, par exemple, il suffit d'ajouter 7 parties d'oxyde de cuivre et 93 parties de fondant.

Deck a donné la composition de toutes ses couleurs principales, à commencer par le bleu turquoise des faïences orientales, qu'il a réussi le premier à reproduire dans toute sa beauté. Cet éminent céramiste, qui a été directeur de la manufacture de Sèvres, n'a jamais fait mystère de ses procédés, dont les autres artistes ont largement profité.

Les émaux cloisonnés produisent des effets tout particuliers ; les traits du dessin restent très accentués, le mélange d'une couleur avec la couleur voisine n'est plus possible, comme il arrive dans la peinture ordinaire.

A l'Exposition de 1878, on a vu paraître pour la première fois les *fonds d'or sous couverte* appliqués à la décoration des faïences d'art.

On commence par cuire la pièce recouverte d'une mince couche d'émail saupoudrée d'un peu de sable fin. Les parties qui doivent recevoir l'or sont enduites au pinceau d'un *mucilage* (décoction de pépins de coing). On applique sur ces parties des feuilles d'or très minces

(20 ou 25 millièmes de millimètre d'épaisseur) ; on tamponne avec une brosse dure.

La couverte étant appliquée sur toute la pièce, l'or est maintenu sous la couverte transparente et produit de très riches effets décoratifs quand on n'en abuse pas et que le travail est très soigné.

C'est par l'application judicieuse des procédés indiqués ci-dessus qu'une pléiade d'artistes éminents a produit ces admirables faïences décorées dont notre époque doit être fière à juste titre. Le public les apprécierait beaucoup mieux s'il pouvait se guérir de la manie qui le pousse à rechercher et à payer très cher les objets anciens, dont les imitations sont devenues innombrables. Les plus habiles connaisseurs s'y laissent prendre en encourageant sans le vouloir les imitateurs dépourvus des qualités d'un véritable artiste.

Pull, céramiste très habile, a fort bien réussi, à notre époque, les pièces dans le genre Bernard Palissy. Mais il a signé tous ses ouvrages, ce qui n'empêche que sa signature a été bien souvent enlevée et remplacée par le monogramme de Palissy. Pull en était navré, mais il ne pouvait l'empêcher.

Plus tard, les productions de Deck, les belles décorations signées par Devers, Pinard, Jean, Rudhardt, Bouquet, Laurin, Avisseau, etc., seront recherchées par les amateurs, comme les pièces de la Renaissance le sont actuellement.

Cuisson des faïences. — Les faïences communes sont souvent cuites à feu nu, à la flamme du bois ou de la houille. Mais les faïences d'art sont placées dans des *cazettes* (ou *gazettes*) ; ce sont des cylindres de terre réfractaire empilés les uns sur les autres en interposant des cordons ou *colombins* de terre.

Les pièces émaillées sont cuites dans la partie la plus chaude du four : c'est la partie inférieure ou l'*enfer*, où la température atteint 1.000 à 1.200°. A l'étage supérieur, les pièces non émaillées sont cuites en *biscuit* : la température n'y dépasse guère 600°.

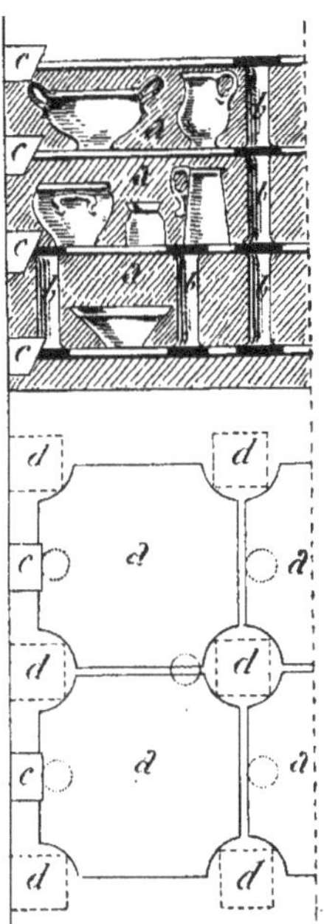

FIG. 9. — Encastage en échappade.

Pour toutes les pièces de fabrication courante, on emploie l'encastage en *échappade*.

Des plaques de terre réfractaire de forme octogone sont supportées par des colonnes de même matière, de façon à réserver des ouvertures pour le passage de la flamme.

Les pièces sont posées sur des plaques recouvertes d'une légère couche de sable.

Pour les pièces de fabrication plus soignée, on se sert de cazettes, comme pour la faïence dure et la porcelaine. (Voir plus loin.)

Les décorations sont cuites au moufle, le plus souvent à plusieurs feux.

CHAPITRE IV

Cette fabrication ne remonte qu'à la fin du siècle dernier ; elle a été imaginée par le célèbre potier anglais Wedgewood. De nos jours, elle a reçu de nombreux perfectionnements ; Wedgewood lui-même ne reconnaîtrait plus sa faïence primitive.

Ce produit est à la faïence d'art ce que le papier peint ou la chromolithographie est à la peinture.

On lui a donné les noms les plus variés.

En France, *terre de pipe, demi-porcelaine, porcelaine opaque*, ce qui est absurde ; *faïence fine*, ce qui est injuste et ridicule ; car, depuis les faïences persanes, italiennes, les vieux Rouen, les Bernard Palissy, jusqu'à Deck, toutes les faïences d'art seraient des faïences communes ou grossières : ce serait le comble de la déraison.

En Angleterre, on l'a d'abord appelée *cream colour*, puis *granit pearl, ironstone*, etc.

Dès l'origine de cette fabrication, on s'est appliqué à remplacer la porcelaine (qui alors était d'un prix élevé) par un produit ayant à peu près les qualités de la porcelaine, mais d'un prix inférieur.

La faïence anglaise a été d'abord supérieure à la nôtre ; mais nos fabricants produisent maintenant d'aussi bonnes poteries que les Anglais.

La pâte des faïences, façon anglaise, est toujours la *terre de pipe, argile plastique ou réfractaire*. On ajoute pour la dégraisser du silex finement broyé provenant des galets de la Manche ou du quartz d'Auvergne. La pâte prend ainsi beaucoup de blancheur et de solidité : on a désigné les produits obtenus avec cette composition sous les noms de *cailloutages* ou *terres de fer* (ironstone), à cause de leur résistance à la rupture.

Pour avoir une pâte encore plus blanche, beaucoup de fabricants ajoutent du kaolin.

Voici quelques exemples de composition des pâtes de aïence, façon anglaise :

Cailloutage

Français	Argile plastique de Montereau lavée	87
	Silex broyé	13
		100

Anglais	Argile plastique anglaise . .	83
	Silex broyé	17
		100

Pâte feldspathique propre aux impressions sur biscuit

Argile plastique	64
Kaolin	16
Silex broyé.	16
Feldspath altéré	4
	100

Pâte pour faïence dite cream-colour

Argile plastique de Montereau	56
Kaolin	27
Feldspath altéré	3
Silex broyé.	14
	100

Le feldspath altéré représente un silicate d'alumine retenant du silicate de potasse.

Les pièces sont cuites en biscuit, puis recouvertes par immersion d'une couverte transparente un peu plombeuse et contenant de l'acide borique. Les anciennes *terres de pipe* (du temps du premier Empire) se fendillaient très facilement ; la couverte s'usait très vite par l'action des couteaux et des fourchettes ; de plus, elles étaient très fragiles. Les produits modernes sont bien supérieurs.

A titre d'exemples, voici la composition de quelques glaçures ou vernis pour faïences dures :

Pour des cailloutages

Feldspath altéré.	42	40
Minium.	26	23
Borax.	21	23
Carbonate de soude.	11	14
Azur de cobalt.	0,001	0,001
	100,001	100,001

Le bleu de cobalt fait paraître la poterie plus blanche ; il masque la teinte blanc jaunâtre de la terre qu'on aperçoit par transparence.

Pour la pâte cream colour

Feldspath.	25
Silex broyé.	13
Oxyde de plomb.	52
Cristal broyé.	10
	100

Pour les faïences destinées à l'impression

Kaolin caillouteux.	28
Silex broyé.	16
Carbonate de chaux (craie).	4
Oxyde de plomb.	30
Acide borique.	6
Carbonate de soude.	16
	100

Les décorations sont imprimées de préférence sur le biscuit, par conséquent sous la couverte, qui protège ainsi le décor contre l'usure. Comme d'ailleurs le biscuit est très absorbant, il est plus facile de *transporter* l'impression obtenue d'abord sur papier de Chine légèrement humide.

Cet excellent procédé est dû à M. H. Boullenger, de Choisy-le-Roi.

Cette impression se fait à l'aide d'une planche gravée en creux qui est encrée avec une couleur vitrifiable broyée à l'huile. En pressant légèrement le papier sur le biscuit, celui-ci absorbe toute la couleur, au point que le papier peut servir plusieurs fois.

On fait aussi beaucoup d'impressions sur couverte ; on transporte des chromolithographies tout entières imprimées en couleurs vitrifiables. Le plus souvent, dans ce cas, le papier est laissé sur la pièce et détruit par la combustion.

Quelquefois les poteries ainsi décorées mécaniquement offrent un certain intérêt artistique, lorsque le modèle primitif a été créé par un artiste de goût, avant d'être mille et mille fois reproduit. Mais, le plus souvent, les décors sont très vulgaires et les personnages sont de grossières et banales caricatures.

Dans le Staffordshire, les Anglais fabriquent d'énormes quantités de ces poteries que leur commerce immense répand dans le monde entier, même aux États-Unis, en attendant que les Américains installent chez eux des fabriques du même genre.

Cuisson des faïences façon anglaise. — Bien que la température de cuisson ne dépasse pas 1.000 à 1.200°, les fours à faïence dure sont disposés comme les fours à porcelaine où la température dépasse souvent 1.500°, et les pièces sont *encastées* exactement comme les pièces de porcelaine.

Nous décrirons ces fours dans un des chapitres suivants.

CHAPITRE V

GRÈS COMMUNS ET GRÈS FINS

Les grès diffèrent complètement des poteries précédentes par le degré de cuisson qu'ils subissent.

La pâte est formée d'argile plastique (terre réfractaire) convenablement *dégraissée* et cuite jusqu'au ramollissement.

Les grès sont donc très durs, au point de faire *feu au briquet*. Ils sont inattaquables aux acides et imperméables aux liquides.

Il y a donc beaucoup d'analogie entre les qualités des grès et celles de la porcelaine ; mais la pâte de celle-ci est demi-transparente, tandis que la pâte des grès est toujours opaque.

Les grès sont très anciennement connus.

La fabrication a été grandement perfectionnée par le fameux alchimiste Bœttger et par le célèbre potier Wedgewood.

Pour fabriquer les grès communs, on emploie de l'argile plastique ordinaire qui est souvent ferrugineuse, de sorte que la pâte est assez fortement colorée.

Les ustensiles de grès communs sont très nombreux : bouteilles à encre de toutes dimensions, touries ou *bonbonnes* pour les produits chimiques, terrines, etc.

Tous ces objets sont cuits à feu nu, au bois ou à la houille, dans des fours *en berceaux* ou *fours rampants,* qui ont jusqu'à 15 mètres de long sur près de 3 mètres de large.

On vernit ces ouvrages grossiers d'une façon très sommaire, à l'aide d'un fort ancien procédé, curieux au point de vue chimique.

Quand la température est arrivée au rouge vif, vers la

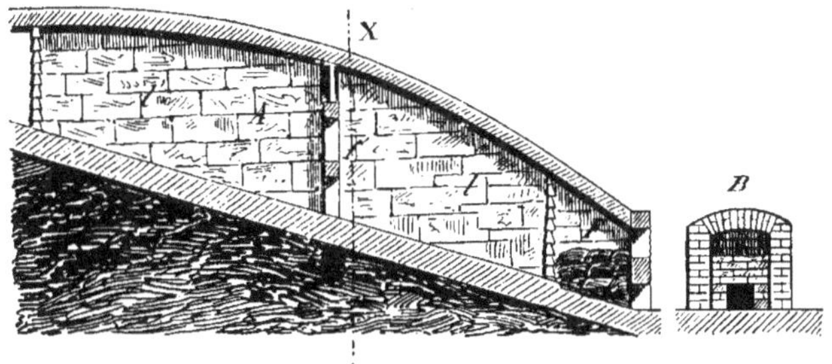

FIG. 10. — Four à grès communs
(fours employés par les Chinois pour cuire leurs porcelaines).

fin de la cuisson, on jette dans le four, par petites portions, du sel ordinaire (chlorure de sodium), lequel donne des vapeurs assez abondantes.

La silice de la pâte donne avec le chlorure de sodium et la vapeur d'eau (provenant du combustible) du silicate de soude et de l'acide chlorhydrique. On trouve en effet de l'acide chlorhydrique dans les gaz qui sortent du four.

L'alumine réagit d'une manière analogue ; de sorte qu'il se forme à la surface des pièces un silicate double d'alumine et de soude qui sert de vernis.

Avec les grès communs, à pâte brune ou grise, d'habiles artistes ont su produire d'admirables effets décoratifs, non seulement dans les siècles précédents, mais même à notre époque. Telles étaient les belles pièces créées par Ziégler, un peintre de talent qui avait établi un centre de production artistique à Voisinlieu.

Les *grès fins* sont fabriqués avec de l'argile plastique de qualité supérieure, contenant très peu de fer et parfaitement préparée. Elle est d'un gris très clair, arrivant presque au blanc.

La composition de la pâte varie à l'infini. On doit toujours y ajouter du feldspath ou de la pegmatite qui sert de matière *dégraissante* et qui se vitrifie à très haute température.

De cette manière, toutes les parcelles d'argile sont adhérentes les unes aux autres ; la pâte est très dure, imperméable à l'eau. Toutefois elle reste opaque, à cause de l'infusibilité de l'argile plastique.

C'est ainsi qu'on peut cuire le grès fin dans un four à porcelaine ; il restera toujours opaque, tandis que la porcelaine, cuite en même temps, sera demi-transparente.

Voici la composition de deux pâtes pour grès fins :

1° *Composition donnée par Brongniart*

Argile plastique de Dreux.	25
Kaolin argileux de Saint-Yrieix.	25
Feldspath de Saint-Yrieix.	5o
	100

2° *Composition indiquée par **M**. de Saint-Amand*

Argile plastique de Montereau.	14
Kaolin de Saint-Yrieix.	14
Pegmatite altérée de Saint-Yrieix.	27
Silex broyé.	15
Sulfate de baryte.	9
Sulfate de chaux (plâtre).	21
	100

Le sulfate de baryte (désigné souvent dans le commerce sous le nom de *baryte*) est très commun en Auvergne ; il ne vaut pas plus de 1 fr. 50 à 2 fr. les 100 kilos, réduit en poudre impalpable. Nous croyons qu'on l'emploie souvent dans la composition des pâtes et dans celle des émaux (pour leur donner de l'opacité) ; mais, le plus souvent, les fabricants n'en parlent pas.

On est arrivé à fabriquer des pâtes de grès tellement blanches qu'on s'en sert pour imiter le marbre blanc. Ces pâtes sont désignées par les Allemands sous le nom de *carrare :* on en fait des groupes et statues pour orner les jardins, qui imitent le marbre blanc d'une manière remarquable.

La pâte des grès fins est souvent colorée de diverses manières, par les oxydes métalliques. Par suite de la fusion du feldspath intimement mêlé à la pâte, ces colorations sont très riches et se prêtent à des effets décoratifs très variés.

La couverte est à base de feldspath : elle doit être étudiée avec le plus grand soin, car la dilatation doit être exactement la même que celle de la pâte. On y ajoute une très petite quantité d'oxyde de plomb, de manière à obtenir un beau *glacé;* mais le vernis, étant cuit à une température très élevée (1.500° environ) et n'étant fusible qu'à cette haute température, représente un verre à peine plombeux, très dur et complètement inattaquable par les acides.

Les grandes usines de la Société Doulton en Angleterre occupent quatre mille ouvriers et produisent d'énormes quantités de grès décorés d'une façon très heureuse, et surtout des grès pour bâtiments : conduites d'égouts, tuyaux, siphons, serpentins et vases de toute forme pour les fabriques de produits chimiques, éviers, etc.

Les Belges et les Allemands ont imité cette fabrication avec un certain succès.

En France, plusieurs fabriques produisent d'excellents grès très fins ; mais la lutte est fort difficile contre trois nations pourvues de combustible à bon marché et de moyens de transports très économiques.

Les grès fins sont cuits dans des fours très analogues et même identiques aux fours à porcelaine.

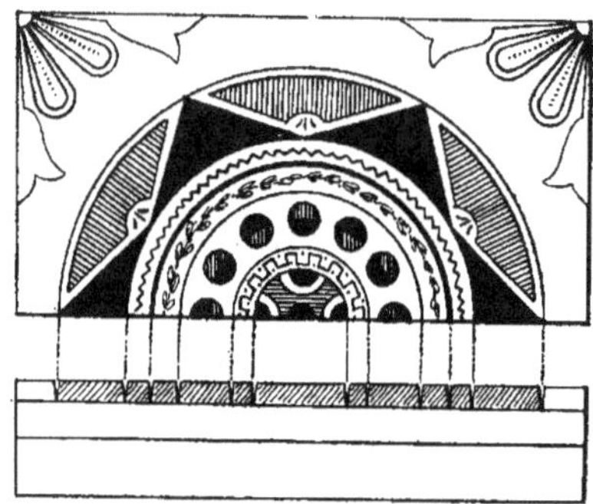

Fig. 11. — Carrelages mosaïques.

C'est d'ailleurs par des procédés fort analogues aux nôtres que les Japonais fabriquent depuis fort longtemps leurs grès artistiques si variés et si originaux.

Carrelages mosaïques. — Cette fabrication, très intéressante, a commencé à Maubeuge ; elle s'est propagée dans la région du Nord de la France et en Belgique.

Avec des pâtes de grès diversement colorées et très fortement comprimées, on produit des carreaux d'une dureté extraordinaire.

On peut opérer avec de la pâte presque sèche en l'agglomérant sous une énorme pression ; les pièces étant cuites jusqu'au ramollissement de la pâte, ce façonnage de la terre sèche, qui ne convient pas pour la brique, donne ici de très bons résultats.

Certains fabricants opère sur la pâte délayée à l'eau, bien *ressuyée* et comprimée après moulage.

Les carrelages mosaïques offrent aux architectes les ressources les plus variées ; ils sont d'une durée indéfinie et d'un très bel effet décoratif, quand les motifs sont bien choisis.

La matière est tellement dure qu'elle résiste même aux pieds des chevaux ; on emploie avec succès pour le pavage des écuries, des cours, des trottoirs, des carreaux de grès avec des reliefs convenables pour empêcher le glissement. Ces reliefs sont le plus souvent formés de petites pyramides tronquées.

On est arrivé à fabriquer dans de bonnes conditions des tuiles de grès vernissé qui résistent absolument à toutes les intempéries et produisent de très beaux effets décoratifs. C'est la maison Bossot, à Ciry-le-Noble (Saône-et-Loire), qui a eu l'initiative de ce genre de fabrication. Les fours sont chauffés avec des générateurs à gaz ou *gazogènes*, ce qui donne des avantages sérieux au point de vue de la régularité de la cuisson et de l'économie de combustible.

Il est probable d'ailleurs que, dans l'avenir, presque toutes les poteries de fabrication un peu soignée seront cuites dans des fours à gaz.

CHAPITRE VI

LES PORCELAINES

On est convenu de désigner sous le nom de *porcelaine* toute poterie à pâte demi-transparente par suite d'un commencement de vitrification à une température très élevée.

Les porcelaines chinoises n'ont été connues qu'assez tard en Europe (vers 1600) ; on s'est alors efforcé de les imiter par des moyens beaucoup plus compliqués que ceux des Chinois, mais qui ont donné des résultats fort remarquables.

1° PORCELAINE TENDRE ARTIFICIELLE OU FRANÇAISE (VIEUX SÈVRES). — Il faut savoir tout d'abord que le *secret* du vieux Sèvres *n'a jamais été perdu*, contrairement à ce que croient beaucoup d'amateurs et d'écrivains.

La pâte tendre a été composée par Morin en 1695 ; il n'a réussi qu'au prix d'efforts inouïs qui excitent encore l'admiration de notre époque.

Cette pâte a été fabriquée régulièrement pendant un siècle et on ne l'a abandonnée qu'en 1800.

A Sèvres même, on a repris la fabrication de la pâte tendre par l'ancien procédé et on a obtenu des produits fort remarquables. M. Thomas a fait de même à Choisy-le-Roi.

Pourquoi suppose-t-on qu'il y a un *secret* perdu ? C'est parce que les pièces du vieux Sèvres ont été décorées par des artistes éminents travaillant dans le style de l'époque. Ils ont orné de charmantes peintures des tasses à café, des tabatières, etc., qu'on pousse dans les ventes publiques jusqu'à des sommes invraisemblables.

Mais il est impossible de ressusciter ces incomparables artistes ; on ne peut que les copier servilement. Et encore ce genre de copie serait fort difficile.

Quand on parle de *retrouver* le secret du vieux Sèvres, c'est à peu près comme si l'on parlait de faire revivre les *secrets* de Watteau, Boucher, Lancret, etc.

Voici comment on procédait pour fabriquer la porcelaine tendre à Sèvres, d'après les registres de la manufacture.

On mélangeait exactement les matières suivantes :

Nitre (azotate de potasse)	22,0
Sel gris (chlorure de sodium)	7,2
Alun	3,6
Soude d'Alicante (carbonate de soude)	3,6
Gypse de Montmartre (plâtre)	3,6
Sable de Fontainebleau	60,0
	100,0

Le mélange était *fritté*, c'est-à-dire à moitié fondu, de manière à donner une espèce de verre (silicate de potasse, de soude, d'alumine et de chaux).

La fritte était triée à la main, puis broyée et lavée.

La pâte était ainsi composée :

Fritte	100
Marne argileuse	9
Craie	9
	118

Ce mélange était broyé sous des meules avec de l'eau et conservé pendant plusieurs mois, puis séché et broyé de nouveau.

Malgré tous les soins apportés à la préparation de cette pâte, elle était si peu plastique qu'il fallait lui ajouter 1/8 de son poids d'un mélange de colle forte et de savon noir, afin de pouvoir la mouler ou l'ébaucher sur le tour. Dans le travail du *tournassage*, les ouvriers étaient fortement incommodés par la poussière alcaline qui irritait les poumons.

On cuisait en biscuit jusqu'au ramollissement de la pâte, qu'il fallait soutenir pour empêcher les déformations ; les pièces étaient retournées sur des *renversoirs* de terre à cazettes de façon à maintenir la forme circulaire.

Comme le biscuit était imperméable, il fallait poser la couverte *par aspersion* en s'aidant du pinceau.

Voici la composition de la couverte :

Litharge	38
Sable calciné	27
Silex calciné	11
Carbonate de potasse	15
Carbonate de soude	9
	100

Le mélange était fondu, broyé, puis refondu à la température suffisante pour obtenir un verre ou cristal à base de potasse et de soude ; enfin, broyé une seconde fois et mis en suspension dans l'eau pour être appliqué sur les pièces.

La cuisson de la couverte se faisait au feu de moufle.

La couverte étant presque aussi fusible que la pâte était parfaitement soudée à celle-ci, au lieu d'être simplement appliquée avec une adhérence plus ou moins complète comme pour les faïences.

De plus, la pâte était d'un blanc de lait visible à travers la couverte vitreuse ; l'aspect de cette porcelaine artificielle était plus beau que celui de la plus riche porcelaine chinoise.

Enfin les couleurs vitrifiables étant aussi fusibles que la couverte, les décors du vieux Sèvres, cuits au feu de moufle, pénètrent dans la couverte et s'y fondent de la façon la plus harmonieuse.

C'est précisément le contraire qu'on observe quand on peint en couleurs vitrifiables sur la porcelaine dure dont la couverte ne se ramollit pas à la chaleur du moufle. Les peintures restent appliquées sur la couverte, comme serait une miniature peinte sur ivoire ; il n'y a point de pénétration.

La porcelaine tendre (façon française) a été longtemps fabriquée à Tournai (Belgique) et à Saint-Amand (France) avec beaucoup de succès. Malheureusement, cette intéressante fabrication a été abandonnée, parce qu'elle est plus difficile et donne moins de profits que celle de la faïence anglaise.

Dans la fabrication du *vieux Sèvres*, les *rebuts* étaient en quantité énorme ; souvent on n'avait pas plus de *dix pour cent* de pièces réussies ! Un rendement dépassant 35 pour 100 était regardé comme très favorable.

M. Ch. Lauth, pendant son administration qui a duré trop peu de temps, a fait (avec M. Dutailly), des essais importants sur la porcelaine tendre, que Regnault avait déjà tenté de fabriquer de nouveau à Sèvres, suivant les anciennes formules.

La *fritte* qui sert de base à la pâte tendre (voir plus haut) est de composition peu régulière, ce qui rend indis-

pensable le triage à la main, dont les résultats sont nécessairement très variables.

De plus, cette espèce de *verre imparfait* s'attaque
assez facilement par l'eau. Le broyage à l'eau fait donc
varier la composition de la fritte.

Les auteurs ont remplacé cette base irrégulière par
un verre à composition bien définie et parfaitement
fondu (verre de Stas), qui est constitué de la manière
suivante :

Sable	77,0					
		ce qui cor-		Silice. . .	77,0	
Carbonate de soude	8,5			Soude . .	5,0	
Nitrate de potasse .	16,5	respond à		Potasse. .	7,7	
Craie.	18,4			Chaux . .	10,3	
					100,0	

Ce verre est très siliceux, assez fusible cependant ; il
n'est pas sensiblement altéré quand on le réduit en poudre
fine avec de l'eau.

La composition de la marne (mélange naturel d'argile
et de carbonate de chaux) n'est pas constante, dans la
même carrière ; de sorte qu'il est plus avantageux de
remplacer la marne par un mélange d'argile plastique et
de craie.

Après de longs tâtonnements, MM. Lauth et Dutailly
se sont arrêtés à la formule suivante pour la composition
de la pâte de la nouvelle porcelaine tendre :

Verre de Stas broyé.	27,45
Sable de Fontainebleau.	49,03
Argile blanche de Dreux.	6,86
Craie	16,66
	100,00

La pâte est suffisamment plastique pour que les
ouvriers puissent la travailler plus facilement que l'ancienne pâte.

Elle cuit vers 1.300° et donne un biscuit très blanc, bien transparent, qui reçoit sans tressaillures la couverte et les couleurs de pâte tendre.

La couverte se cuit au moufle ; elle est composée de la manière suivante :

Sable	36,98
Minium	38,44
Carbonate de soude rectifié	8,76
Nitrate de potasse	15,82
	100,00

C'est donc une espèce de cristal à base de soude et de potasse.

Pour obtenir la couverte *turquoise*, qui produit de si beaux effets sur les porcelaines tendres, on introduit de l'oxyde de cuivre, comme l'indique la composition suivante :

Sable	47,14
Minium	23,58
Carbonate de soude	11,79
Nitrate de potasse	12,76
Oxyde de cuivre	4,73
	100,00

Pour appliquer la couverte on s'est servi de l'ancien procédé par *aspersion ;* mais on réussit beaucoup mieux en employant l'*insufflation*. Très usitée maintenant pour la pose des diverses couvertes colorées, l'insufflation se fait avec l'un de ces *pulvérisateurs* si employés pour l'agriculture, etc.

La couverte turquoise prend une teinte bien plus belle quand elle est appliquée sur la couverte blanche cuite à un premier feu, au lieu d'être posée sur le biscuit.

En résumé, il est possible de reprendre la fabrication de l'ancienne porcelaine tendre ou *vieux Sèvres* en la perfectionnant dans tous ses détails et sans altérer aucune de ses précieuses qualités.

2° PORCELAINE TENDRE NATURELLE OU ANGLAISE. — Cette poterie n'est autre que la faïence dure ou anglaise, modifiée de manière à devenir transparente et à se rapprocher ainsi de la porcelaine véritable.

C'est en 1800 qu'un fabricant anglais, M. Spode, eut l'idée d'ajouter de la poudre d'os calcinés à la pâte de la faïence fine qui devient ainsi plus fusible et demi-transparente.

Au lieu de poudre d'os, on peut employer les phosphates naturels pulvérisés et surtout le *phosphate de chaux précipité* qui est très pur et que l'industrie fournit dans de très bonnes conditions. Quand on emploie ce phosphate, il est utile d'ajouter du carbonate de chaux (craie).

La porcelaine tendre anglaise se fabrique très bien en France, à Creil, Bordeaux, etc.

Les célèbres poteries de Minton ne sont autre chose que des porcelaines tendres admirablement décorées.

Voici la composition de quelques pâtes :

Pour services de table

Kaolin argileux.	11	41
Argile plastique	19	»
Phosphate de chaux	49	43
Silex broyé.	21	16
	100	100

Mais la pâte pour objets sculptés a pour base une *fritte* ainsi composée :

Sable siliceux	33
Os calcinés.	63
Carbonate de potasse.	2

Le mélange étant *fritté* (demi-vitrifié) est finement broyé, puis mêlé à 21 ou 22 de kaolin.

La couverte de ce genre de poterie se rapproche beaucoup de celle des faïences anglaises :

Feldspath	48
Silex broyé.	9
Borax	22
Cristal broyé.	21
	100

Nous croyons que cette fabrication de la porcelaine tendre anglaise, qui est économique et se prête fort bien aux décorations les plus variées, est appelée à prendre une grande extension.

3° PORCELAINE DURE OU CHINOISE. — Cette poterie est cuite à une température très élevée, 1.500° et plus : c'est la température de la fusion du fer.

La pâte est fort dure, demi-transparente.

La couverte est très dure, de nature analogue à celle de la pâte ; elle se vitrifie complètement quand la pâte se ramollit par la chaleur.

De là une liaison intime entre la porcelaine et sa couverte, comme on peut le constater en examinant sur la tranche un morceau de porcelaine cassée.

Aucune poterie ne possède au même degré ces diverses qualités réunies. Les vases de porcelaine (capsules, tubes, creusets, etc.) sont indispensables aux chimistes et à certains industriels.

La porcelaine dure résiste très bien quand on la chauffe à feu nu, si elle n'est pas trop épaisse et si l'application de la chaleur n'est point trop brusque.

Toutefois, on fabrique des porcelaines spéciales, dites

porcelaines à feu, pour les cuisines et les laboratoires. Telle est la porcelaine de Bayeux.

On ajoute à la pâte ordinaire de la porcelaine un excès de matières siliceuses, de sable par exemple ou des débris de porcelaine réduits en poudre.

Un fabricant du Jura, Fourmy, a produit le premier une porcelaine de ce genre qu'il nommait *hygiocérame* (poterie de santé) par opposition aux poteries communes à couverte plombifère dont l'usage peut être dangereux. Il introduisait dans la pâte de sa poterie de la *molasse* (sable siliceux un peu rougeâtre et aggloméré en masses).

Cette fabrication a été continuée à Orchamps et ailleurs; les pièces sont souvent colorées en brun par une couverte *écaille* contenant de l'oxyde de fer et de l'oxyde de manganèse.

Pour les services de table, la porcelaine dure a toujours gardé une supériorité incontestée, dont la réputation est maintenue par les excellents produits des manufactures françaises.

Le *kaolin* (argile blanche presque pure) forme la base de la fabrication de la porcelaine.

Mais il serait impossible de l'employer seul.

En effet, le kaolin est assez plastique et les pièces se déformeraient par la simple dessiccation. A la cuisson le kaolin deviendrait fort dur, mais resterait à peu près opaque.

Il faut donc ajouter au kaolin une matière dégraissante (le sable très fin), plus du *feldspath* broyé impalpable.

Cette matière (nommée *pétunsé* par les Chinois) est un silicate d'alumine et de potasse, contenant un peu de chaux, de magnésie, etc. C'est ce que les minéralogistes appellent le *feldspath orthose ;* il cristallise en prismes volumineux. On le trouve à cet état dans les granites les plus communes (bordures de trottoirs à Paris) ; dans les gneiss, les porphyres, etc.

Dans les roches granitiques de la Haute-Loire (environs de la Chaise-Dieu), le feldspath se montre en prismes dépassant 10 centimètres de longueur. Dans les Alpes, il forme des *géodes* (poches remplies de gros cristaux, etc.).

La *pegmatite* est une roche très commune à Saint-Yrieix, près Limoges ; elle est formée d'un mélange de quartz et de feldspath orthose.

Ce minéral s'est décomposé peu à peu sous l'influence des pluies, des gelées, de la chaleur, etc. Le silicate de potasse a été dissous et entraîné par les pluies ; et le silicate d'alumine est resté en place, formant le kaolin.

Ce fait est incontestable, car on trouve dans les carrières de Saint-Yrieix de la pegmatite en place, non décomposée, avec du kaolin mêlé de quartz ou de feldspath encore intact.

Du reste, en examinant du kaolin au microscope, on y trouve toujours du feldspath et même du mica blanc en fines parcelles.

Les granits ordinaires, les *gneiss* (sortes de granits rubanés), contiennent aussi du feldspath et du quartz, mais en outre du mica (silicate d'alumine, de chaux, etc., ferrugineux le plus souvent). Ces roches sont aussi décomposées sous les influences atmosphériques, et donnent des argiles ferrugineuses plus ou moins impures.

Au Brésil, on a constaté l'existence de bancs d'argiles rouges de 200 mètres d'épaisseur traversés par des filons de quartz blanc épais d'un mètre, existant dans les roches primitives.

Les kaolins du commerce sont obtenus par lavage et tamisage du kaolin brut. Pour les fabrications soignées, on fait subir au kaolin une nouvelle purification ; on met la pâte en suspension dans l'eau et on laisse déposer les parties les plus grossières ; c'est la *lévigation*, qui donne, après un dépôt définitif, des pâtes très douces au toucher.

Voici d'ailleurs des indications générales sur la composition des kaolins :

La quantité de silice varie depuis 36 pour 100 (kaolins de Saint-Yrieix, d'Aue (Saxe), jusqu'à 5o et 55 pour 100 (kaolins de Tang-Kong, de Sy-Kang).

L'alumine est en proportion plus constante : 33 pour 100 environ, jusqu'à 38 pour certains kaolins.

La chaux, la magnésie, la potasse, la soude figurent seulement pour quelques centièmes et contribuent cependant à rendre la pâte plus fusible.

Le kaolin, même après une longue dessiccation à 100°, retient de l'*eau combinée*, de 8 à 17 pour 100. A la cuisson, cette eau disparaît complètement, dès la température du rouge sombre.

Au point de vue de la fabrication on distingue :

Le *kaolin argileux*, doux au toucher, d'un blanc uniforme, donnant une pâte liante ;

Le *kaolin caillouteux*, grenu au toucher, contenant des grains durs et d'autres grains argileux, faciles à écraser ;

Le *kaolin sableux*, *maigre* au toucher, mêlé de quartz en grains extrêmement fins.

Cette classification sommaire est assez trompeuse ; il est nécessaire de ne pas confondre le *sable de quartz* et le *sable de feldspath*, car le premier est infusible et le second est vitrifiable.

Avant la mise en service, ces différents kaolins sont soumis à de nouveaux lavages exécutés avec beaucoup de soin.

Voici la composition des trois types de pâte employés à la manufacture de Sèvres :

Pâte de service

	I	II
Argile de kaolin argileux	43,0	48
Sable de kaolin argileux	48,2	48
Sable d'Aumont	4,3	»
Craie	4,5	4
	100,0	100

Pâte chinoise

Argile de kaolin caillouteux	43
Argile plastique de Dreux	21
Feldspath du sable de kaolin.	16
Sable d'Aumont	16
Craie.	4
	100

Pâte de sculpture

Argile de kaolin caillouteux.	64
Feldspath	16
Sable d'Aumont	16
Craie.	4
	100

L'expérience a prouvé que l'argile extraite du kaolin caillouteux donne une pâte plus blanche, tandis que le kaolin argileux donne une pâte plus liante, un peu moins blanche, moins sujette à se déformer par la cuisson.

Dans la composition de la pâte de service, le feldspath (qui représente l'élément vitrifiable) est remplacé par le sable de kaolin argileux qui contient beaucoup de feldspath.

Quelles que soient les matières premières employées pour la pâte de service de Sèvres, la composition chimique reste sensiblement la même.

Silice.	58,0
Alumine	34,5
Chaux.	4,5
Potasse.	3,0
	100,0

Dans les fabriques allemandes, on introduit souvent dans les pâtes de 2 à 3 pour 100 de débris de porcelaine finement broyés.

La couverte de la porcelaine a pour base le feldspath ou plutôt la pegmatite ou *pétunsé*, désignée en fabrique sous le nom de *cailloux*.

Cette matière est réduite en poudre impalpable; on ajoute d'ailleurs d'autres produits, de manière à modifier les propriétés de la couverte qui doit se dilater exactement de la même façon que la pâte pour éviter les *gerçures* ou *tressaillures*. L'addition de quartz en poudre impalpable diminue la fusibilité; celle du carbonate de chaux, de la *craie*, l'augmente, etc.

FAÇONNAGE DE LA PORCELAINE. — Tous les procédés décrits précédemment pour le façonnage des poteries sont employés pour la porcelaine; notamment le *coulage* qui donne d'admirables résultats.

La pâte étant peu plastique, on ébauche sur une grande épaisseur et le tournassage a beaucoup d'importance.

Toutes les *garnitures* sont moulées à part et collées sur les pièces crues avec de la barbotine.

On emploie certains *tours de main* qui donnent des résultats fort singuliers. Par exemple, on trempe une dentelle de coton dans de la barbotine claire et on en coiffe une figurine sortant du moule. A la cuisson le coton se brûle et il reste une véritable dentelle de porce-

laine qu'on croirait sculptée à la main, car le moulage
ne pourrait donner un tel résultat.

CUISSON DE LA PORCELAINE. — Les fours à porcelaine
sont d'ordinaire à trois étages ; cette disposition permet
de réaliser une grande économie de combustible et d'obtenir une cuisson très régulière. Elle a été brevetée en
1810 par M. François Guignet, père de l'un de nous,
fabricant de porcelaine.

La porcelaine crue est d'abord placée dans l'étage supérieur (*le globe*) où la température ne dépasse pas le
rouge sombre (500 à 600°). Cette première cuisson se
nomme le *dégourdi*. Les pièces dégourdies ont pris assez
de solidité pour qu'on puisse les mettre *en couverte*.

A cet effet, on les plonge dans de l'eau tenant en suspension la couverte (ou *émail*) très finement broyée.

La matière se dépose d'une façon très uniforme à la
surface des pièces dégourdies qui sont très absorbantes.

A l'aide d'une brosse on enlève la couverte en certains
endroits ; par exemple en dessous des pièces afin qu'elles
n'adhèrent pas aux supports pendant la cuisson. Ou bien
on fait des *réserves* avec du suif fondu.

Par exemple, supposons qu'on veuille façonner un
filtre à café ; après avoir ébauché et tournassé la pièce,
on fait les trous avec un tampon de plâtre garni d'épingles ; pour l'obtenir on pique les épingles sur un
disque de carton en les faisant saillir de 2 millimètres ;
on entoure ce disque d'une feuille de plomb et on
verse du plâtre gâché dans le cylindre ainsi formé.
Quand le plâtre est pris, de façon à retenir toutes les
têtes d'épingles, on enlève le plomb et le disque de
carton.

La pièce est garnie de ses anses, et cuite au dégourdi.

Au moment de poser la couverte, on trempe la partie inférieure dans du suif fondu, jusqu'à ce qu'on voie apparaître le suif dans l'intérieur. On trempe alors dans

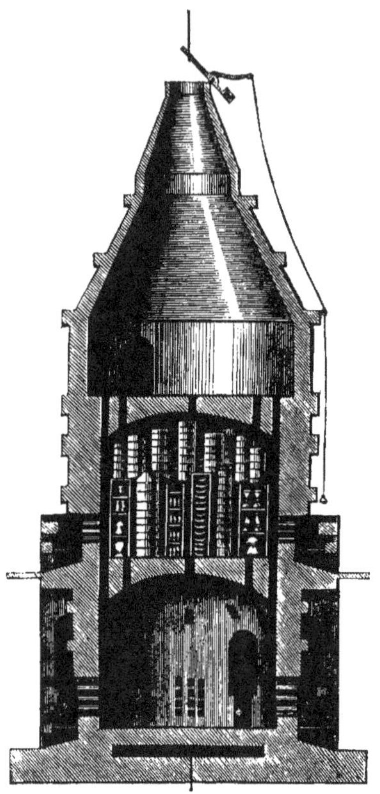

FIG. 12. — Four à porcelaine.

la couverte qui n'adhère pas aux parties pénétrées de suif et, par conséquent, n'entre pas dans les trous.

Le rez-de-chaussée et le premier étage du four servent à la cuisson complète des pièces mises en couverte ou laissées *en biscuit*.

Dans la fabrication de la porcelaine, on appelle *biscuit* toute pièce cuite au grand feu, sans couverte ; par exemple, les pièces de sculpture qui sont moulées et terminées à la main.

Les *biscuits de Sèvres* jouissent d'une réputation bien méritée. Au siècle dernier, on a créé de charmants sujets dont les moules sont religieusement conservés ; et nos artistes ont produit aussi de très belles œuvres.

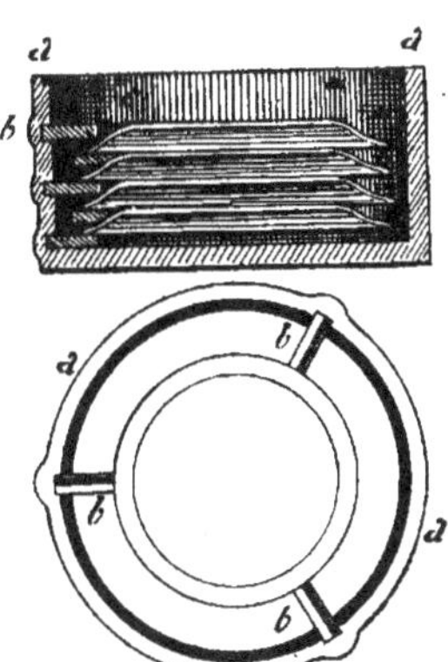

FIG. 13. — Encastage.

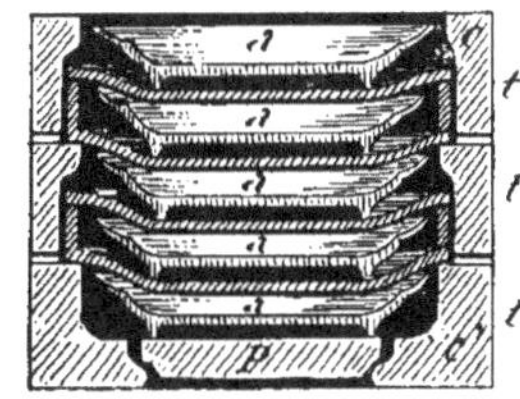

FIG. 14. — Encastage perfectionné, *a, a, a* pièces à cuire.

Les statuettes et groupes ne doivent pas recevoir de couverte qui empâterait toutes les délicatesses de la sculpture. Dans ce genre, on n'émaille que les objets les plus communs, couverts de peintures et de dorures sans valeur.

Il faut cependant faire exception pour les jolies statuettes de porcelaine de Saxe, fabriquées au siècle dernier.

L'*encastage* des porcelaines est une opération délicate, qui exige beaucoup de précautions si l'on veut avoir des pièces absolument sans défaut.

Une assiette, par exemple, doit être posée sur un *rondeau* de terre à cazette saupoudré de sable fin pour que la couverte ne colle pas. De plus, le fond de l'assiette doit être soutenu par trois petits cônes de pâte à porcelaine ; autrement le fond s'affaisserait par suite du ramollissement de la pâte.

Quand on a défourné les assiettes, on enlève la trace des pointes des supports ainsi que les grains de sable en usant les parties rugueuses à l'aide d'une petite meule montée sur un tour. On polit ensuite à la pierre ponce et à la potée d'étain.

Pour ménager la place autant que possible, on emploie plusieurs modes d'encastage que feront comprendre les figures ci-jointes.

Les cazettes sont entassées par piles : on réunit ces piles les unes aux autres avec des *tenons* qui ne sont autres que des débris de cazettes, fixés avec de la terre réfractaire.

Dans les espaces compris entre les sommets des piles et la voûte du four, on met souvent des pièces *en charge* qui sont cuites à feu nu, des grès par exemple, qui cuisent à la même température que la porcelaine.

La porte du four étant maçonnée avec des briques et de la terre réfractaire, on commence le *petit feu* dans les quatre foyers ou *alandiers* du rez-de-chaussée. On emploie du gros bois ou de la houille ; le petit feu doit être conduit très lentement jusqu'au rouge, il dure six heures environ.

On commence alors le grand feu qu'on alimente avec de la houille à longue flamme ou du bois fendu en menus morceaux (de 3 à 4 centimètres de diamètre) et bien desséché. Les foyers sont à flamme renversée, les quatre chauffeurs doivent *tisonner*, *charger* et *débraiser* en même temps, afin que le chauffage soit toujours parfaitement régulier.

Le grand feu dure douze heures. Tant qu'on n'est pas arrivé au rouge blanc (1.200°), on n'a pas à craindre les coups de feu. Mais, à cette température, on commence à tirer des *montres* : ce sont de petites pièces de porcelaine placées dans des gazettes ouvertes près de la porte du four et près de la partie opposée. Un ouvrier retire un gros tampon de terre réfractaire enchâssé dans la maçonnerie de la porte ; puis à l'aide d'une longue tige de fer pointue il enlève une montre et referme l'ouverture.

On fait de même pour la partie postérieure du four. Si les montres ne sont pas assez cuites, on continue le feu et on tire de nouvelles montres.

Lorsque la cuisson est au point convenable, on ferme exactement les alandiers et on commence le feu au premier étage, qui est déjà cuit en grande partie par les flammes sortant du rez-de-chaussée par des *carneaux* (ouvertures ménagées dans la voûte du four).

On doit laisser le four refroidir pendant sept ou huit jours ; sans cette précaution, la porcelaine serait sujette à casser brusquement par les variations de température.

En résumé, la cuisson de la porcelaine se fait uniquement par la flamme du combustible.

La flamme résultant de la combustion des gaz fournis par le bois ou la houille qui se décomposent dans le foyer, il était naturel de penser que le chauffage à l'aide de gaz combustibles fournis par des *gazogènes* conviendrait fort bien pour la cuisson de la porcelaine.

C'est ce qui a été réalisé, non sans difficultés, par MM. Moller et Mendheim, à la manufacture royale de Charlottenbourg, en Prusse, tout récemment, et, par la

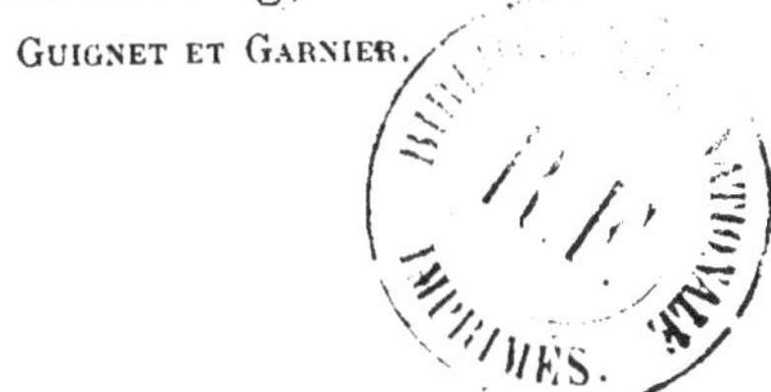

grande maison Haviland, à Limoges. La cuisson au gaz est très régulière, donne très peu de déchets, même pour les grandes pièces, et l'économie de combustible est considérable.

APPLICATIONS DIVERSES DE LA PORCELAINE. — On fait avec des pâtes à porcelaine, plus ou moins modifiées, des objets d'ornements très divers, par exemple des fleurs artificielles dont les diverses parties sont moulées ou façonnées au découpoir ou à l'ébauchoir, puis réunies avec de la barbotine. Les fleurs sont cuites en biscuit, puis coloriées (souvent avec goût) et cuites au moufle.

Les *têtes de poupée* sont l'objet d'une fabrication toute spéciale.

Les *boutons de porcelaine* (dont nous avons parlé plus haut à propos du façonnage à la presse) sont fabriqués avec du feldspath finement broyé et délayé avec du lait pour lui donner un peu de consistance. Pour les *boutons strass*, on emploie le feldspath seul. Pour les *boutons agate*, on ajoute un peu de phosphate de chaux. La cuisson se fait dans des moufles disposés autour d'un foyer central.

Les *lithophanies* sont des pièces d'une porcelaine très fusible, sans couverte, formant des bas-reliefs avec des épaisseurs très inégales. Quand on les regarde par transparence, les parties épaisses représentent les ombres, les clairs sont donnés par les parties minces.

On obtient ainsi des effets assez artistiques dont on a fait abus pour créer des objets vulgaires ; de sorte que les lithophanies ont été promptement démodées.

Des effets analogues à ceux des lithophanies sont réalisés sur certaines pièces de porcelaine ou de faïence en imprimant un bas-relief sur la pièce crue. Si l'on applique la couverte à la manière ordinaire, elle sera plus épaisse dans les parties plus creuses qui formeront les ombres.

La porcelaine étant complètement inaltérable aux intempéries, ainsi qu'à la plupart des agents chimiques, on l'emploie pour une foule d'objets dont la résistance absolue doit être le premier mérite.

C'est ainsi que les fils télégraphiques sont portés par des crochets de fer galvanisé scellés dans les supports de porcelaine qui servent d'*isolants,* c'est-à-dire qui empêchent la déperdition de l'électricité dans le sol par l'intermédiaire des poteaux. C'est pour cela que le support présente l'aspect d'un petit toit, de façon que l'intérieur soit à l'abri de la pluie, l'électricité se perdant très vite par les surfaces mouillées.

Dans les fabriques de produits chimiques, on se sert beaucoup de cuvettes de porcelaine pour la concentration de l'acide sulfurique (procédé Kessler, etc.).

A Sèvres, on fabrique actuellement des pièces dites de *grosse porcelaine* (sorte de grès blanc) qui doivent servir à une construction très artistique projetée pour l'Exposition de 1900.

PORCELAINE NOUVELLE DE M. LAUTH. — C'est en 1881 que M. Charles Lauth, alors directeur de la manufacture de Sèvres, a fait cette découverte si remarquable.

Ebelmen, ancien directeur de Sèvres et Salvétat, chef des travaux chimiques à la même manufacture, avaient établi par de longues et savantes recherches que la porcelaine chinoise est un peu plus fusible que la nôtre. Il en est de même pour la couverte.

De plus, les couleurs chinoises ne peuvent adhérer à notre porcelaine ; ce sont des émaux très peu colorés qui *écaillent* aussitôt qu'on les emploie sous des épaisseurs un peu fortes, tandis qu'ils *glacent* très bien sur la porcelaine chinoise.

On n'avait pas tiré parti des résultats si intéressants dus aux travaux des savants cités plus haut.

M. Lauth ayant repris la question avec l'habile collaboration de M. Vogt, encore actuellement chef des travaux chimiques à Sèvres, et de M. Dutailly, préparateur, est arrivé à composer une pâte ayant toutes les qualités de la porcelaine chinoise.

Elle est d'un blanc crème qui se prête mieux à la décoration que le blanc parfait, mais un peu dur, de la porcelaine ordinaire.

La couverte est aussi un peu plus fusible, parfaitement transparente ; toutefois, elle ne contient pas trace de plomb.

M. Lauth n'a jamais eu la prétention de remplacer l'excellente porcelaine dure qui convient si bien pour la vaisselle et le service de table.

Mais il est bien constaté que la porcelaine nouvelle offre des ressources très nombreuses et très variées pour tous les objets d'ornement.

D'abord, le nombre des couleurs de grand feu peut être augmenté. Avec un vernis à base d'oxyde de cuivre et une flamme *réductrice*, on obtient de magnifiques *rouges flammés*, constitués par du sous-oxyde de cuivre ou du cuivre très divisé, comme le rouge des anciens vitraux.

Au grand feu de la porcelaine ordinaire, le flammé disparaît ; c'est pourquoi il était resté le secret des Chinois. M. Boullenger, de Choisy-le-Roi, avait obtenu de beaux flammés sur faïence ; mais ce genre de décoration semblait interdit à la porcelaine.

On croit généralement que les flammés sont produits par une couche mince de silicate de sous-oxyde de cuivre

Cu^2O, mêlé ou combiné avec d'autres silicates ; mais c'est une erreur.

Le plus souvent, les flammés représentent une véritable *dissolution* de cuivre métallique extrêmement divisé, dans un silicate fusible.

Le phénomène est analogue à celui de la dissolution de l'or très divisé dans les fondants colorés par le pourpre de Cassius.

Pourquoi les flammés disparaissent-ils au grand feu de la porcelaine dure ? Parce que le cuivre se volatilise à cette température très élevée maintenue pendant plus de douze heures.

Voici la composition d'une *couverte* (ou *fondant spécial*) pour flammés :

Pegmatite	31,17
Sable.	36,37
Borax fondu	12,98
Carbonate de soude sec.	4,76
— baryte	10,39
Oxyde de zinc.	4,33
	100,00

Comme ce fondant est très alcalin, la présence de l'acide borique (à l'état de borax) est nécessaire pour éviter les fendillements.

On ajoute 5 pour 100 d'oxyde de cuivre CuO, et 2,5 pour 100 d'oxyde d'étain. Le tout est bien mêlé et fondu à la manière ordinaire.

On obtient ainsi un verre bleuâtre ou même presque incolore. Ce verre est finement pulvérisé et appliqué à la surface des pièces de porcelaine cuites au grand feu.

La cuisson doit être faite dans un four spécial, où l'air arrive juste en quantité suffisante pour *distiller* le combustible plutôt que pour le brûler complètement.

Les pièces sont ainsi chauffées dans une atmosphère *réductrice;* l'oxyde de cuivre CuO est ramené à l'état de sous-oxyde Cu^2O et même de cuivre métallique très divisé. Le rouge se développe très bien dans ces conditions; on termine la cuisson dans une atmosphère neutre, ou même légèrement oxydante.

On obtient des *traînées blanches*, d'un effet très singulier, quand on ajoute de la chaux et de la magnésie à la composition indiquée plus haut.

Le *vert céladon* des Chinois est bien supérieur *au vert céladon de grand feu*, que nous obtenons avec un mélange d'oxyde de cobalt et d'oxyde de chrome.

Cette couleur, très décorative, a pour base le protoxyde de fer FeO; on l'obtient en chauffant dans une flamme réductrice un fondant calcaire contenant une matière ferrugineuse.

Voici la composition d'un fondant de ce genre, donnée par MM. Lauth et Dutailly :

Terre de Dreux rouge, calcinée	35
Sable d'Aumont	5o
Fluorure de calcium	22

Il est bon d'ajouter un ou deux millièmes d'oxyde de chrome qui se dissout sans donner d'opacité et augmente l'éclat de la couleur.

Dans sa *Notice sur la porcelaine nouvelle*, M. Lauth a indiqué les procédés de préparation d'un certain nombre de couleurs vitrifiables propres à la décoration de cette nouvelle poterie.

On peut employer sur la porcelaine nouvelle tous les genres de décoration : de grand feu, sur ou sous couverte ; dans ce dernier cas, les traits les plus fins restent fort nets et sont visibles à travers la couverte. Si l'on opère de même sur la porcelaine ordinaire, les traits s'empâtent dans la pièce et dans la couverte et le dessin devient indécis.

Les couleurs de moufle dures, les couleurs tendres, les émaux en épaisseur, soit opaques, soit colorés, s'appliquent admirablement sur cette belle poterie.

A l'Exposition de 1889, figuraient à la place d'honneur plus de trois cents pièces de porcelaine nouvelle décorées par les plus habiles artistes.

Il n'est pas à craindre d'ailleurs que nos décorateurs se mettent à copier les Chinois. Ils ont assez de talent et d'imagination pour créer des motifs nouveaux; ils affirmeront leur supériorité en profitant des ressources qui leur étaient interdites jusqu'à présent.

En s'adressant au Ministre, tous les fabricants français peuvent obtenir la communication très détaillée et sans aucune réserve des procédés de fabrication de la porcelaine nouvelle, à la condition de prendre l'engagement d'honneur de ne pas les révéler à l'étranger.

Cela rentre tout à fait dans les traditions de la manufacture de Sèvres qui a toujours aidé, tant qu'elle a pu, l'industrie française.

Les services qu'a rendus cette fondation nationale sont innombrables.

C'est à Sèvres qu'on a produit en grand la célèbre porcelaine tendre française, dont on a repris la fabrication dans ces derniers temps, puis la porcelaine dure, aussitôt après la découverte du kaolin en France.

Le *bleu de Sèvres* est du bleu de grand feu préparé avec de l'oxyde de cobalt parfaitement pur ; c'est à Sèvres qu'on l'a obtenu pour la première fois. On a certainement abusé de cette couleur ; mais, employée avec discrétion, elle produit de très beaux effets décoratifs.

Le procédé du *coulage* a été inventé à Sèvres ; il permet d'obtenir des pièces très minces et d'une régularité parfaite.

Il en est de même d'une foule de procédés de détail : l'encastage de M. Régnier, etc.

Tous les prédécesseurs de l'éminent administrateur actuel, M. Baumgart, ont été des savants de premier ordre ou des céramistes très distingués ; citons seulement quelques noms :

L'illustre Brongniart, qui a dirigé la manufacture pendant cinquante ans. Il a porté au dernier degré de perfection la fabrication de la porcelaine dure ; il a créé le fameux musée céramique si utile à étudier pour tous les céramistes. Son *Traité des arts céramiques* est depuis longtemps classique ; il a été traduit dans plusieurs langues et il est devenu le guide de tous ceux qui font de la céramique ;

Ebelmen, savant éminent, enlevé trop tôt à la science, et son collaborateur Salvétat ;

M. Charles Lauth, à qui la céramique doit de si importants travaux, puis Théodore Deck, si connu par ses admirables faïences artistiques, ont continué les glorieuses traditions de Sèvres.

DERNIERS PERFECTIONNEMENTS DES FOURS A PORCELAINE. — Les poteries communes se cuisent déjà dans les fours à *gaz* (ou plutôt à *gazogènes*), disposés de la façon la plus

LÉGENDE DE LA FIGURE 15

Coupe verticale du four suivant deux plans, l'un passant par IM et l'autre par MH — Plan à la hauteur XY. — A, grande cavité réservée pour assainir les fondations. — E, entrée ou porte du four. — *aaa*, trois alandiers ; *I*, coupe verticale. — *ss*, double enveloppe. — *ooo*, carneaux où entrent les gaz chauds après avoir parcouru en descendant tout l'intérieur du four V. — *ccc*, conduits faisant suite aux carneaux, où remontent les gaz jusque dans le globe G. — *r*, registre pour régler le mouvement des gaz. — *nn*, carneaux servant d'issues aux gaz dans la cheminée T.

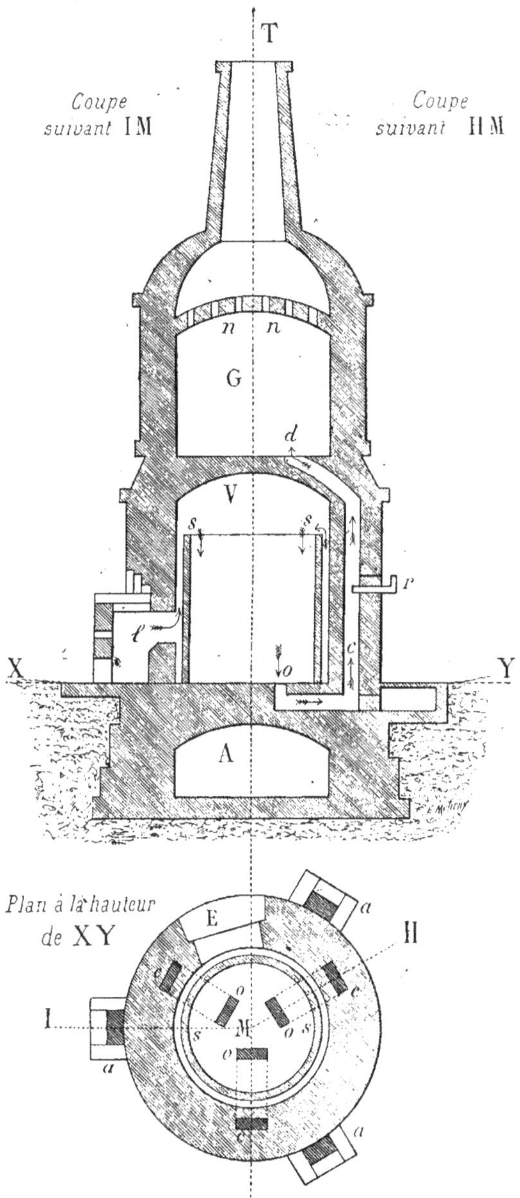

Fig. 15. — Four à flamme renversée.

intelligente. On brûle dans les gazogènes des combustibles absolument quelconques : résidus de charbons de toute espèce, tourbe, etc. Il en est de même pour les fours de verrerie, des usines à gaz (usine du Landit, Compagnie parisienne), de la métallurgie, etc.

L'avenir est donc aux fours à gaz ; mais pour la porcelaine, on en est encore aux essais, fort sérieux, il est vrai. En effet, le prix de la matière à cuire est fort élevé et les frais d'essais sont très considérables.

A Limoges, on a presque abandonné les anciens fours à deux étages (plus le *globe*). La plupart des fours à porcelaine sont des fours à *flamme renversée*, à un seul étage (plus le *globe*). Ce sont de véritables fours à *double enveloppe*, comme l'indique la figure ci-jointe, faite d'après le très intéressant ouvrage de M. Vogt, chimiste à Sèvres. (*La Porcelaine*, ancienne maison Quentin.)

Les fabricants qui seraient disposés à faire des essais sur les fours à gazogènes consulteront avec grand profit l'ouvrage de M. *Bourry* (*Traité des industries céramiques*, *Encyclopédie industrielle de M. Lechalas*, chéz Gauthier-Villars.)

La construction des gazogènes est fondée sur les deux principes suivants :

1° L'air qui traverse une masse de combustible chauffé au rouge donne de l'oxyde de carbone ;

2° Dans les mêmes conditions, la vapeur d'eau se change en un mélange d'hydrogène et d'oxyde de carbone.

Ces deux gaz sont, bien entendu, mêlés d'azote. Mais ils brûlent très bien quand on les mélange avec de l'air ; quand cet air est préalablement chauffé, on réalise des températures suffisantes pour fondre l'acier, cuire la porcelaine dure, etc.

Porcelaine d'amiante. — Cette nouvelle poterie a été créée par la maison Maillé, déjà connue par d'excellents grès et faïences artistiques.

L'amiante est d'abord réduite en poudre impalpable : elle acquiert ainsi une certaine plasticité au point de pouvoir être travaillée, surtout par voie de coulage.

Cuite au four à faïence, la porcelaine d'amiante prend beaucoup de dureté et de sonorité. Elle ressemble à la porcelaine dégourdie, mais les pores sont beaucoup plus resserrés : comme le prouvent les deux *micrographies* ci-dessous.

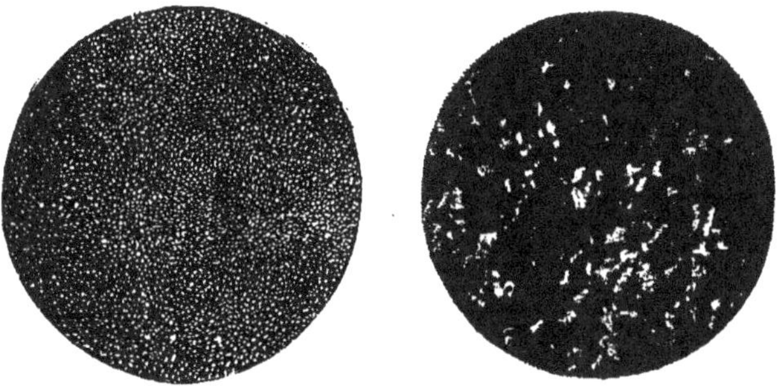

Fig. 16. — Coupes comparées de la porcelaine d'amiante
et de la porcelaine dégourdie.

L'amiante brute ordinaire donne des produits brun clair, à cause du fer. Mais on peut aisément enlever le fer et on a une pâte aussi blanche que celle de la porcelaine.

Cette nouvelle poterie permet (au moyen d'appareils simples et économiques, *aérofiltres*) d'obtenir une filtration parfaite des eaux. Les filtres Maillé ne laissent *aucun microbe* même dans l'eau filtrée sous la pression ordinaire (Académie des sciences, prix Montyon). Ces filtres sont d'ailleurs d'un nettoyage très facile.

Des filtres spéciaux composés d'un grand nombre de

bougies permettent de filtrer facilement les vins sans les décolorer, mais en les débarrassant complètement de tout germe de fermentation.

Peintures sur porcelaine. Décorations. — La porcelaine ou la faïence peut être employée sous forme de plaque et recevoir des peintures, de valeur très variable.

La matière première disparaît complètement, comme la toile dans un tableau.

Grâce aux recherches d'habiles chimistes et de praticiens éminents, la palette du peintre sur porcelaine est devenue très complète. On peut donc exécuter sur porcelaine un véritable tableau, qui a le mérite de conserver indéfiniment tout l'éclat de son coloris, puisque les couleurs vitrifiables ne varient pas avec le temps.

Toutefois, le tableau de porcelaine est très fragile et il serait détruit dans un incendie aussi bien qu'un tableau ordinaire.

On peut admirer au Musée céramique de Sèvres de superbes copies de tableaux de maîtres par Mmes Jaquotot, Ducluzeaux ; des tableaux de fleurs par Jacobber, etc.

Mais ce sont là des *tours de force*, extrêmement coûteux, qu'on n'est pas près de recommencer.

En effet, pour copier un tableau, ce qu'il y a de mieux à faire, c'est de prendre une toile, des couleurs et des pinceaux ; et, si l'on possède l'habileté suffisante, de reproduire exactement le dessin et le coloris du maître ; ce dernier point est de beaucoup le plus difficile. Certains copistes sont d'une habileté merveilleuse, au point de tromper des connaisseurs exercés.

On peut admettre toutefois les peintures sur plaques de porcelaine comme tableaux ou comme motifs de décoration pour de petits meubles, etc.

Mais, depuis le commencement du siècle, on a beaucoup abusé d'un genre de décoration qui n'est pas du tout rationnel.

Sur un vase à fond bleu de grand feu, par exemple, de forme élégante, on réservait un *cartouche* en blanc, rectangulaire ou ovale.

Dans l'intérieur des cartouches on exécutait une véritable miniature, souvent d'un très grand mérite artistique ; c'était un portrait, un paysage, une scène d'intérieur, etc.

Puis le cartouche était entouré d'une bordure d'or bruni *à l'effet*, etc.

Il aurait certainement mieux valu faire de la miniature un petit tableau à part, sur une plaque de porcelaine, et ne pas rompre l'harmonie de la forme du vase par une ornementation tout à fait étrangère à cette forme.

En effet, dans toute poterie décorée, le sentiment de la forme doit dominer ; les ornements doivent *épouser* cette forme et contribuer à la faire valoir.

Mais, si, dans un cartouche qui semble un petit tableau collé sur la panse du vase, l'artiste représente un ciel, des arbres, etc., l'œil est attiré de ce côté et perd le sens de la forme du vase, si gracieuse qu'elle puisse être par elle-même.

Que dire des personnages, des édifices, etc., qu'on a voulu, quand même, figurer sur des pièces à courbure très prononcée et dont il a fallu déformer la perspective ?

On est revenu maintenant aux saines traditions de l'art décoratif ; on comprend que des vases et, à plus forte raison, des services de table ne doivent recevoir que des décors légers, ornements ou fleurs, s'enroulant discrètement autour de la pièce à décorer ou sobrement semés à la surface.

C'est toujours de cette façon que les Chinois et les Japonais ont procédé pour leurs admirables décorations céramiques.

La plupart des porcelaines de service sont actuellement décorées par voie d'impression ; le public ne s'en aperçoit pas toujours, car on ajoute quelques raccords au pinceau, sur les rubans, les queues de fleurs, etc. ; ce qui permet au marchand de faire constater au client que *le décor a été fait au pinceau.*

Depuis longtemps, on imprimait l'or à Sèvres et le procédé est devenu général.

Le décor est gravé en creux sur une planche de cuivre ; on *encre* cette planche avec de l'or broyé, mêlé d'essence un peu grasse. On tire une épreuve sur une bande de papier légèrement humide et on transporte l'impression sur la pièce à décorer en appuyant avec une roulette. Afin que l'impression adhère bien à la pièce et que le papier se détache plus facilement, on passe d'abord un peu d'essence de térébenthine sur la pièce ; en séchant, l'essence abandonne une sorte de vernis à la surface de la porcelaine. C'est d'ailleurs le procédé fort simple qu'on emploie pour dessiner sur la porcelaine avec un crayon ordinaire.

Les décors en couleur, très bien réussis par plusieurs de nos fabricants, s'obtiennent par deux procédés très différents :

Le premier consiste à tirer sur du papier mince, légèrement gommé, une chromolithographie par les procédés ordinaires ; mais les couleurs sont des couleurs vitrifiables finement broyées avec le vernis spécial de la lithographie.

L'épreuve est appliquée sur la pièce qu'on a passée à l'essence de térébenthine. Le papier étant ensuite bien imprégné d'eau se détache facilement.

L'autre procédé, habilement mis en œuvre par la grande maison Haviland (qui fabrique à Limoges et qui a ses ateliers de décors à Passy), consiste à imprimer un *mordant* sur la feuille de papier légèrement gommée, puis à *poudrer* ce mordant comme on fait pour les bronzes, mais avec une couleur vitrifiable en poudre excessivement fine.

On commence toujours par la couleur la plus foncée. Le mordant étant bien sec, on imprime le mordant pour la deuxième couleur, qu'on poudre comme la première, et ainsi de suite. Il faut terminer par la couleur la plus délicate, le carmin par exemple : car si des parcelles de carmin sont retenues par les mordants des couleurs précédentes, cela n'a pas d'inconvénient ; et il n'en serait pas de même pour le carmin, sur lequel les moindres poussières colorées produiraient de petites taches.

L'épreuve colorée obtenue de cette façon est ensuite transportée sur la pièce, comme nous l'avons indiqué plus haut.

Le travail est plus long que celui de la chromolithographie ordinaire, mais les résultats sont supérieurs ; l'imitation de la peinture est tellement réussie qu'on s'y trompe souvent, surtout après quelques retouches au pinceau.

Le point important, c'est que les impressions successives du mordant soient toujours *repérées* très exactement.

Si les modèles sont bien choisis, l'effet produit est très artistique ; mais on retrouve le même décor sur un grand nombre de tables, soit en France, soit aux extrémités du monde. C'est exactement ce qui arrive pour le papier peint.

On a fort admiré à l'Exposition de 1889 des décors imprimés en *dix-huit couleurs* reproduisant avec une fidélité remarquable les célèbres services de Sèvres connus sous les noms *de services des Tuileries, de Saint-Cloud, de Fontainebleau.*

Les peintres sur porcelaine, très nombreux en France souffrent beaucoup du développement pris par l'impression des décors en couleurs sur porcelaine ; leurs rangs s'éclaircissent de plus en plus et les praticiens habiles deviennent de plus en plus rares.

CUISSON DES PORCELAINES DÉCORÉES. — Cette opération se fait dans des moufles que nous avons déjà décrits (page 19). Elle exige des soins tout particuliers, d'autant plus que les peintures soignées sont toujours cuites à plusieurs feux.

Le cuiseur peut se guider jusqu'à un certain point par la couleur que présente l'intérieur du moufle. Mais cela ne suffit pas ; il doit souvent *tirer des montres*, petits morceaux de porcelaine portant des touches d'or et de carmin et fixées au bout d'une tringle de fer avec du fil de fer très fin.

Voici les indications concordantes des températures et des variations de couleur du carmin :

DÉNOMINATION DES FEUX	COULEURS DES CARMINS	ÉVALUATIONS en degrés centigrades
Feu d'or sur fonds tendres.	Rouge brun sale, à peine glacé.	620
— de 2ᵉ retouche. . . .	Rouge un peu briqueté.	800
— de 1ʳᵉ retouche. . . .	Rose dans les minces, briqueté dans les épais	800
— de peinture tendre. .	Rose purpurin	900
— d'or sur blanc. . . .	Rose tirant sur le violâtre . . .	920
— filet or sur assiettes.	Ton violacé	950
— de couleur dure . . .	Ton violacé pâle.	950
— d'or mat.	Ton rose et violacé disparu . .	1.000

Il est bien entendu que les peintures doivent être exécutées après la cuisson de l'or mat et des couleurs de moufle dures et cuites à nouveau.

On voit, d'après le tableau précédent, que la cuisson du carmin donne des indications plus sensibles que celles du thermomètre ; ce qui peut s'expliquer parce que l'application un peu prolongée d'une même température suffit pour changer une couleur qui avait d'abord résisté à cette température.

On a déterminé avec beaucoup d'exactitude les températures correspondant aux divers degrés de rouge. Passé 300°, on ne peut guère employer le thermomètre à mercure : mais on se sert de thermomètre à gaz ou de pyromètres électriques.

Le *pyromètre à circulation d'eau* de MM. Boulier frères donne de bons résultats pour la détermination de la température intérieure d'un four. Il est gradué en divisions arbitraires.

Dans l'industrie, l'emploi de ces instruments est fort limité.

Il en est de même des alliages métalliques fusibles à de très hautes températures, déterminées une fois pour toutes dans le laboratoire.

Si on emploie un alliage comme *montres fusibles* dans un four à porcelaine, sous la forme de lames placées verticalement dans une cazette ouverte sur le côté, on reconnaît que ces lames ne fondent pas régulièrement aux températures déterminées, excepté cependant pour les alliages d'or et d'argent.

En effet, les alliages, chauffés pendant longtemps, sont sujets à la *liquation ;* les métaux se séparent à l'état isolé ou sous forme de nouveaux alliages ayant des points de fusion différents. C'est surtout pour des alliages peu fusibles contenant plus de 15 pour 100 de platine que la liquation trouble tous les résultats.

De plus, les alliages proposés sont d'un prix très élevé (argent, or, platine, etc.)

MM. Lauth et Vogt, à Sèvres, M. Seger, à Charlottenbourg, ont employé avec beaucoup d'avantage des montres de pâte céramique formées de *feldspath, marbre, quartz, kaolin.* De 1.150° à 1.200° on ajoute de l'oxyde de fer à la pâte, de manière à la rendre un peu plus fusible ; mais de 1.200° à 1.700°, on supprime l'oxyde de fer.

Les porcelaines craquelées. — Les pièces de porcelaine offrent assez souvent des *tressaillures* ou fendillements qui sont regardés comme des accidents de fabrication.

Depuis longtemps les Chinois ont réussi à régulariser les tressaillures, de façon à produire des *craquelures* disposées en réseaux d'un aspect très décoratif.

Si des réseaux sont à très petites mailles de manière à figurer des écailles de poisson, on désigne les pièces sous le nom de *porcelaines truitées.*

Les Chinois ont même réussi à combiner, sur une même pièce, les réseaux à grandes et à petites mailles. Ils sont tellement maîtres de leurs procédés que certaines parties de leurs pièces forment des ornements craquelés sur des fonds unis ou inversement.

Pour faire ressortir les craquelures, les pièces, chauffées avec précaution, sont frottées avec un chiffon imprégné d'encre de Chine. On peut aussi employer l'encre d'impression et surtout l'*encre à vignettes,* qui est faite avec du noir de fumée extrêmement divisé, broyé avec de l'huile de lin cuite.

Dans la fabrication de la porcelaine ordinaire on s'applique à composer une couverte dont la dilatation soit aussi rapprochée que possible de celle de la pâte.

La première *montre* tirée d'un four à porcelaine tressaille beaucoup par le refroidissement ; la couverte est déjà glacée, mais la pâte n'est pas encore assez cuite pour qu'elle ait pu prendre sa dilatation régulière.

La montre tirée au moment de la cuisson parfaite ne tressaille pas.

Mais, si l'on surchauffait la porcelaine pendant longtemps, on aurait encore des tressaillures, parce que la pâte surchauffée finit par se séparer en plusieurs composés dont la dilatation ne suit plus celle de la couverte.

Pour obtenir le craquelé d'une façon régulière, il faut donc modifier la composition de la pâte ou plutôt celle de la couverte ; car on a toujours à craindre que les craquelures ne deviennent de véritables fentes traversant toute la pièce ; de plus, on peut faire alterner sur une pièce la couverte à craquelures avec la couverte ordinaire.

A la suite de longues et patientes recherches, MM. Lauth et Dutailly ont employé la couverte suivante, qui leur a donné de bons résultats sur la pâte ordinaire de la porcelaine dure, à Sèvres :

Pegmatite	51.00
Sable.	38,00
Kaolin	6,00
Craie.	5,00
	100,00

Cette couverte est plus siliceuse que la couverte ordinaire ; elle est moins riche en alumine, ce qui permet de lui conserver la fusibilité nécessaire.

Voici d'ailleurs la composition des deux couvertes, rapportées à leurs éléments :

	COUVERTE pour craquelés	COUVERTE normale
Silice.	79,42	66,18
Alumine	11,89	14,55
Alcalis	5,81	3,55
Chaux	2,88	15,72
	100,00	100,00

On obtiendrait un résultat analogue en diminuant la silice et en augmentant l'alumine ; mais le craquelé n'est pas aussi beau, et les ruptures de pièces ont paru plus fréquentes.

Pour obtenir le *craquelé fin*, on emploie la couverte indiquée plus haut ; mais pour le *craquelé à larges mailles*, on ajoute une certaine quantité de couverte normale.

GRAVURE DE LA PORCELAINE. — On obtient d'heureux effets de décoration en gravant la porcelaine à l'acide fluorhydrique, comme on fait pour le verre.

La gravure se pratique principalement sur des fonds bleus de grand feu.

On transporte d'abord un dessin imprimé avec une *réserve* (sorte de vernis gras) qu'on *renforce* en passant légèrement une roulette enduite de réserve qui ne prend que sur les parties imprimées.

On fait *mordre* à l'acide ; il faut avoir grand soin d'éviter les brûlures par l'acide fluorhydrique, qui sont très redoutables.

Lorsqu'on a obtenu la profondeur désirée pour les creux les plus faibles, on lave et on sèche la pièce ; puis on imprime une nouvelle réserve de manière à conserver une partie de ces creux. On creuse les autres par l'acide et ainsi de suite, de manière à obtenir trois ou quatre profondeurs du creux.

Les parties gravées sont ensuite dorées et brunies.

Ce genre de décoration est fort remarquable ; il dérive des procédés généraux inventés par M. Jules Dopter pour graver sur les glaces toute espèce de sujets artistiques.

LES PATES ET LES COUVERTES COLORÉES. — On peut colorer les pâtes de porcelaine en les mélangeant avec des oxydes métalliques très finement broyés ; oxydes de fer, de manganèse, de cobalt, de chrome, etc.

Mais la porcelaine ainsi colorée perd une de ses qualités essentielles ; elle devient opaque, au lieu de garder cette demi-transparence qui est le principal mérite de la porcelaine.

Il ne faut donc employer les pâtes colorées dans la masse que dans des conditions exceptionnelles.

Au contraire, les couvertes colorées peuvent entrer largement dans la décoration, surtout pour la porcelaine nouvelle de M. Lauth.

A la suite de recherches persévérantes, MM. Lauth et Dutailly ont publié toute une série de compositions de couvertes colorées que l'artiste peut employer soit par couches d'épaisseur uniforme, soit pour exécuter des ornements en relief, à la façon des Chinois.

Ces couvertes sont composées de façon à suivre la dilatation de la pâte, sans écailles ni gerces, même sur de fortes épaisseurs.

SECONDE PARTIE

HISTOIRE DE LA CÉRAMIQUE

L'histoire de la céramique, qui doit faire l'objet des pages suivantes, est, ainsi que son nom l'indique — κέραμος (1), *argile* ou *vase en argile* — l'histoire de tous les objets, vases ou ustensiles fabriqués en terre, quelle que soit, du reste, la nature de cette terre. Elle peut être divisée en plusieurs chapitres, correspondant à une série de poteries bien distinctes les unes des autres, et dont chacune marque un progrès accompli par l'industrie humaine. Afin d'en faciliter l'étude, il nous semble indispensable d'indiquer ces grandes divisions ; nous les résumons ainsi :

1. — Poteries mates, non décorées ou décorées, soit

---

(1) Le mot κέραμος dérive de κέρας, corne d'animaux, qui indique la matière et la forme primitive des vases à boire, forme conservée directement ou par imitation dans des vases de terre ou de métal qui, dans les repas, servaient à boire. Le « Céramique » était un quartier d'Athènes où se trouvaient les fabriques de tuiles et briques. Platon dit que la « céramique » doit avoir été un des premiers arts.

par polissage, soit au moyen d'engobes terreuses ou d'un lustre silico-alcalin extrêmement mince.

2. — POTERIES VERNISSÉES, recouvertes d'un vernis transparent à base de plomb. C'est dans cette série que rentrent les *grès cérames* dont les éléments constitutifs sont à peu près analogues à ceux des poteries et qui n'en diffèrent que par le mélange de sable dans l'argile, la glaçure silico-alcaline et, surtout, par une cuisson plus forte.

3. — POTERIES ÉMAILLÉES ou *faïences*, recouvertes d'un vernis opaque à base d'étain, masquant la couleur de la terre.

4. — FAIENCES FINES, désignées aussi sous le nom de *terres de pipe, cailloutages*, etc., à pâte blanche opaque et à vernis transparent.

5. — PORCELAINES : *a. Porcelaine orientale*, à base de kaolin, connue et fabriquée par les Chinois dès la plus haute antiquité; — *b. Porcelaine tendre*, ou *Porcelaine française*, de composition variable, découverte à la fin du XVIIᵉ siècle; — *c. Porcelaine dure européenne*, à base de kaolin, fabriquée à Meissen, en Saxe, en 1710 et, vers 1765, en France, après la découverte des gisements de kaolin à Alençon et à Saint-Yrieix.

Bien que la fabrication des poteries, à quelque classe qu'elles appartiennent, n'ait jamais été interrompue et se soit continuée sans interruption jusqu'à nos jours, nous ferons cesser l'histoire de chacune des séries que nous venons d'indiquer au moment où commence d'une façon régulière et suivie celle de la série qui la suit. Il est à noter, du reste, qu'à mesure que l'industrie de la céramique fait des progrès et qu'un nouveau mode de fabrication ou de décoration apparaît, tout ce qui constituait l'intérêt historique ou artistique du genre qui l'a

précédé s'efface et disparaît presque complètement.
Moins exclusifs que leurs devanciers, nos modernes industriels ont su faire revivre tous les anciens procédés
dont beaucoup avaient été oubliés, et nous assistons,
depuis bientôt un demi-siècle, à une sorte de renaissance
de la céramique à laquelle nous consacrerons un chapitre spécial.

Toutes les poteries, à quelque classe qu'elles appartiennent, qui sont reproduites dans les pages suivantes
font partie des collections du Musée céramique de
Sèvres.

CHAPITRE PREMIER

POTERIES MATES

POTERIES PRÉHISTORIQUES. — Il est impossible de déterminer, même d'une façon approximative, l'époque à laquelle l'industrie de la poterie a fait son apparition sur la terre, mais il paraît évident que c'est, après l'art de façonner des armes pour leur défense et les besoins de leur chasse, ou de fabriquer des tissus grossiers pour se garantir du froid, une de celles que les hommes ont dû pratiquer tout d'abord. Si informes, cependant, et si imparfaits que soient les débris trouvés dans les cavernes de l'époque quaternaire en France et en Belgique, ils prouvent un degré de civilisation assez avancé, puisque certaines peuplades sauvages de l'Océanie ne connaissaient pas, à l'époque relativement récente où on les a découvertes, la fabrication et l'usage de la poterie. « Il a fallu peut-être, dit Brongniart, dans son *Traité des arts céramiques*, pour faire, avec le limon le moins rebelle au maniement du potier, un vase qui se durcira à l'air et au feu et ne servira qu'après le résultat éloigné de cette opération, plus de soin, de réflexion et d'observation que pour façonner avec du bois, des os, des peaux et des filaments, des armes et des vêtements, car ces matériaux offrent immédiatement à l'ouvrier le résultat de son travail. »

A en juger d'après les tessons trouvés dans les cavernes, les poteries primitives affectent la forme d'une calotte hémisphérique ; plus tard, à l'époque néolithique, surtout au temps des dolmens, les formes se multiplient. Le type que l'on rencontre le plus communément alors rappelle celui de nos vases à fleurs ; puis la panse se rétrécit au sommet, et un bord droit plus ou moins élevé en fait un vase qui pouvait être recouvert par une pierre plate ou par une planche de bois.

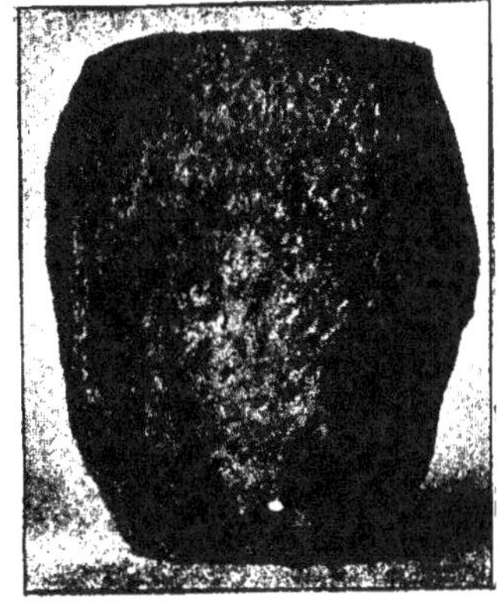

FIG. 17. — Vase trouvé dans un tumulus des environs de Pau.

La pâte est toujours extrêmement grossière, noirâtre, argilo-sableuse, mélangée de fragments de roches, de calcaire et de débris de coquilles et souvent aussi de paille hachée pour empêcher qu'il ne se produisît des fentes à la cuisson. Leur cassure présente presque toujours des colorations distinctes, noire extérieurement et grisâtre au milieu, différence qui tenait à l'imperfection des procédés de cuisson ; il est plus que probable, en effet, que ces poteries étaient cuites à l'air libre ou dans de simples trous creusés dans le sol, au moyen de brousailles et de bois encore vert produisant beaucoup de fumée.

La décoration, lorsqu'elle commence à apparaître, est des plus sommaires ; obtenue d'abord par la simple impression des doigts sur la pâte encore molle, ou au moyen d'un mince colombin de terre posé près du bord ou sur l'épaulement et fortement appuyé de distance en distance, de façon à former un ornement grossier, elle prend peu à peu plus d'importance. Des décorations géométriques, des lignes en zigzags, des dents de loup, des losanges, etc., sont tracés avec une pointe de bois ou de métal sur la terre encore molle. A l'époque du bronze, dans la région des palafittes, on rencontre de nombreux exemples de poteries ornées de lamelles d'étain.

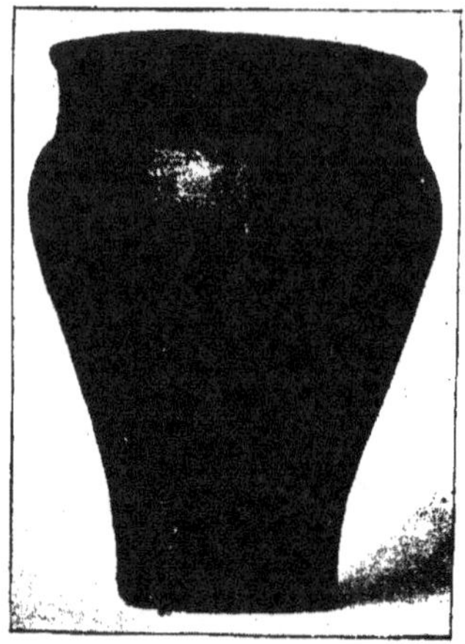

Fig. 18. — Vase trouvé dans les tourbières de Port-le-Grand (Somme).

Les anses, qui dénotent un progrès sensible dans l'industrie de la céramique, sont encore à l'état rudimentaire et ne se composent que de bourrelets saillants placés sur les côtés et percés de trous destinés à laisser passer les liens de suspension.

Presque partout où l'homme a laissé des traces de son passage, on a trouvé de ces sortes de poteries présentant toutes à peu près les mêmes caractères de fabrication et de décoration. Cela n'implique pas nécessairement des relations entre les différentes races, mais tient plutôt à ce que les hommes au début de la civilisation ne disposaient que de ressources restreintes et de moyens rudimentaires pour satisfaire aux besoins, assez limités du reste, de leur existence; de là cette analogie frappante que présentent les poteries des peuples primitifs, dans quelque contrée du globe qu'on les rencontre.

En réalité, la céramique ne se transforme, ne fait de véritables progrès et ne prend de caractère bien déterminé qu'après l'invention du *tour*. Pouvant alors donner plus de stabilité, plus d'élégance et de régularité à leurs produits, les potiers durent naturellement prendre plus de goût et d'intérêt à leur travail ; ils choisirent mieux les terres qu'ils devaient employer, les lavèrent et les pétrirent avec plus de soin et s'ingénièrent à multiplier les formes.

A quelle époque et par qui le tour du potier fut-il inventé ? C'est ce qu'il est impossible de dire. Ce qui est certain cependant, c'est que les plus anciens monuments de l'industrie humaine auxquels on puisse avec quelque apparence de certitude assigner un âge historique, ceux qui ont été trouvés dans les tombeaux de Memphis, nous montrent des poteries travaillées au tour. C'est donc par l'étude de la poterie égyptienne que nous commencerons ce rapide aperçu de l'histoire de la céramique.

ÉGYPTE. — Les poteries égyptiennes sont de plusieurs sortes. Les unes, les plus anciennes, mates, sans aucune décoration, à pâte rougeâtre, grise ou noire ; les autres, lustrées par polissage ou recouvertes d'une glaçure extrêmement mince, sorte de pellicule alcalino-terreuse adhérente à la pâte ; d'autres, enfin, ne remontant pas au delà de l'époque des Ptolémées, décorées, avec des couleurs mates terreuses ou au moyen de vernis végétaux, d'ornements de colorations variées.

Une autre série particulière et non des moins importantes est celle qui comprend les poteries couvertes d'une glaçure épaisse et brillante, désignées sous le nom de *faïences*, et quelquefois aussi, mais à tort, de *porcelaines d'Égypte*.

Les poteries lustrées dont la pâte est fine, bien cuite,

et dont la fabrication soignée dénote une technique assez avancée, sont souvent remarquables par l'élégance de leurs formes. C'est dans cette série que rentrent les vases désignés sous le nom de *canopes* que l'on rencontre gé-néralement dans tous les tombeaux. Destinés à contenir les viscères ré-putés impurs et les en-trailles des morts, les ca-nopes étaient placés aux angles des cercueils, ou aux « quatre points car-dinaux, comme pour les jeter à tous les vents (1)». Leur forme et leur di-mension étaient sembla-bles, mais les couvercles étaient différents ; l'un figurait une tête humaine, les trois autres une tête d'animal, cynocéphale, chacal et épervier. Sur la face antérieure, un car-touche portait le nom du génie funéraire auquel ils étaient consacrés, ou le nom du défunt suivi d'une prière adressée par lui aux divinités bienfaisantes.

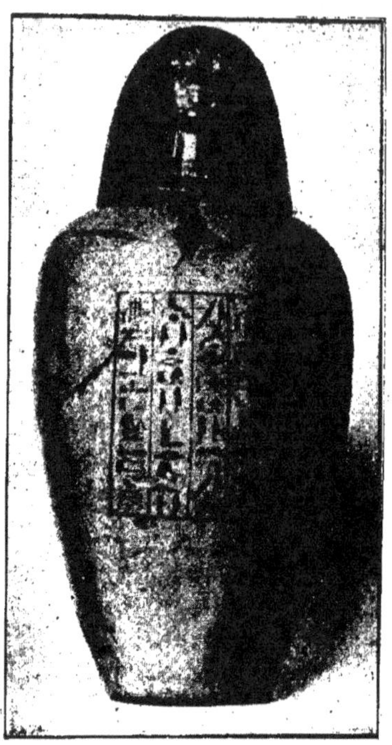

Fig. 19. — Vase « Canope » à tête hu-maine provenant des hypogées de Tanis (Haute-Égypte).

Les poteries de la troisième série sont décorées, ainsi que nous l'avons dit plus haut, soit au moyen de cou-leurs minérales terreuses, aux tons francs et harmonieux,

(1) Cf. MARIETTE, *Serapeum de Memphis*.

d'un aspect entièrement mat, mais qui, néanmoins, sous l'action du feu, ont adhéré assez fortement à la pâte, soit avec des couleurs vernies qui n'ont pas passé au feu et qui s'éraillent facilement. Les vases de cette catégorie, réservés plus spécialement aux usages funéraires, portent généralement des décorations symboliques, dans lesquelles figure le plus ordinairement le *lotus*, emblème de la résurrection.

L'industrie de la poterie dans l'ancien empire des Pharaons semble avoir été pratiquée surtout sur les bords du Nil qui fournissait une argile assez pure, onctueuse et facile à travailler. Coptos (ou *Kebti*), ville située au nord de Thèbes, sur la rive gauche du fleuve, paraît avoir été un des principaux centres de production ; les vases qui y étaient fabriqués étaient liés à des espèces de radeaux et descendaient le Nil pour alimenter les marchés des villes de la basse Égypte.

Bien que nous ne devions traiter dans ce chapitre que des poteries mates ou lustrées, il nous faut cependant, et afin de ne pas interrompre l'ordre chronologique, dire quelques mots de cette sorte de céramique particulière que nous avons désignée plus haut sous le nom de *faïence d'Égypte*, de même que nous parlerons dans les pages suivantes des briques émaillées de la Chaldée et de la Perse.

Les poteries de cette classe, réservées presque exclusivement aux usages religieux et surtout funéraires, sont faites d'une pâte siliceuse sans consistance et ne contenant que juste ce qu'il faut d'argile pour la lier et lui donner de la plasticité ; le vernis — ou émail — qui les recouvre est épais, brillant et presque toujours coloré, au moyen d'un oxyde de cuivre, en bleu verdâtre ou en vert ; il est très tendre et se laisse facilement rayer par l'acier.

La variété en est très grande, mais les plus communes, celles que l'on rencontre souvent par centaines dans les tombes, sont les petites figurines en forme de momies que les inscriptions désignent sous le nom de *schab-ti* ou *aides*, dont la mission était de venir en aide au défunt dans l'accomplissement de sa tâche et de lui servir de com-

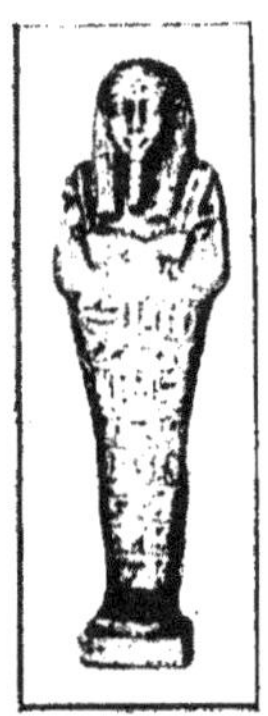

FIG. 20. — Figurine funéraire, en pâte siliceuse à vernis bleu verdâtre.

pagnon dans la tombe. Le défunt lui même était souvent figuré par de petites statuettes ou *doubles*, images impérissables qui devaient lui assurer une presque immortalité. Ces statuettes du défunt étaient en bois, en calcaire ou en pierre dure et, pour les gens peu fortunés, en terre cuite ou émaillée. Quant aux *schab-ti*, qui leur servaient de compagnons, ils étaient le plus souvent en terre et, à quelque époque qu'ils appartiennent, fabriqués tous sur le même type, les bras croisés sur la poitrine et tenant dans les mains les ustensiles qui doivent leur servir à labourer la terre avec le défunt, pour y jeter le grain de blé d'où sortent, sous l'effort caché de la nature, la nourriture et la vie.

C'est également en faïence émaillée qu'étaient fabriquées les amulettes que les Égyptiens aimaient à porter sur eux, qu'ils gardaient dans leurs demeures et qui descendaient avec eux dans la tombe : les bagues portant des inscriptions peintes ou gravées, les tubes cylindriques destinés à conserver les huiles et les onguents précieux, les vases à couvertes bleu uni, sur lesquels était finement gravée la fleur emblématique du lotus, et une multitude d'autres petits objets que le respect dont la mort était entourée et l'inviolabilité de la tombe nous ont si bien conservés qu'ils paraissent être tout récemment sortis des mains du potier.

Les briques ont joué un grand rôle dans la construction de presque tous les monuments de l'ancienne Égypte où on les employait concurremment avec les granits ou, même souvent, seules, à l'exclusion de tous les autres matériaux. Mélangée de paille hachée, de fragments de joncs ou de plantes de marais destinées à lui donner plus de consistance, la terre était simplement séchée au soleil, et, malgré leur friabilité apparente, ces briques, dont quelques-unes ne mesurent pas moins de 0^m,38 à 0^m,40 de long sur 0^m,18 de large et 0^m,14 d'épaisseur, sont arrivées aujourd'hui jusqu'à nous, après plus de cinq mille ans, dans un état de conservation extraordinaire (1).

A dater de la douzième dynastie, c'est-à-dire 2.800 ans à peu près avant notre ère, l'usage commença de cuire les briques et de les marquer de lignes ou de signes emblématiques grossièrement tracés avec les doigts sur la terre encore humide. Plus tard, sous les rois de la dix-septième dynastie (1.700 avant J.-C.), on les estampa, au moyen de marques en bois, d'un cartouche ovale ou carré portant en relief le nom du souverain régnant, ou les noms et qualités des personnages qui faisaient construire les monuments dans lesquels elles devaient être employées.

La céramique architecturale a fourni également des briques émaillées et surtout de petites briques à dessins

---

(1) Le chapitre v de l'*Exode* établit bien nettement cet usage. Moïse et Aaron ayant déclaré au Pharaon les ordres de Dieu, ce prince redoubla l'oppression des Israélites.

« 7. Vous ne donnerez plus de paille au peuple comme auparavant pour faire les briques; qu'ils aillent et s'en procurent eux-mêmes.

« 8. Et vous exigerez d'eux la même quantité de briques qu'ils fabriquaient auparavant sans en rien diminuer. »

Guignet et Garnier.   9

variés dont l'assemblage devait former une sorte de mosaïque aux tons lumineux.

Nous signalerons enfin parmi les produits de la céramique égyptienne des *cônes* ou *cachets* trouvés dans les tombeaux, principalement dans ceux des hypogées de Thèbes, et portant estampés en relief les noms et titres du défunt, ainsi que des fragments de poteries datant de l'époque ptolémaïque et sur lesquels sont écrits des actes de vente, des contrats de mariage, etc.

CHALDÉE, ASSYRIE, PERSE. — La céramique chaldéoassyrienne et persane — surtout depuis les importantes découvertes faites en 1885 et 1887 par M. Dieulafoy — est des plus intéressantes à étudier, principalement à cause de l'emploi considérable qui en a été fait en architecture.

C'est en terre, en effet, qu'ont été bâtis ces gigantesques palais de Sardanapale, de Darius et d'Artaxerxès, dont les écrivains de l'antiquité, Diodore de Sicile et tant d'autres, nous ont laissé de si merveilleuses descriptions et dont il ne reste aujourd'hui que des débris informes.

Comme les Égyptiens, les Chaldéens et les Assyriens — ces *pétrisseurs d'argile* — se servaient pour leurs constructions de briques de grande dimension, faites de terre mélangée de paille hachée, simplement séchée au soleil, qu'ils reliaient entre elles en les mouillant légèrement au moment de la pose et qui, recouvertes ensuite d'asphalte, acquéraient une dureté et une force de résistance extraordinaires.

Mais, plus amoureux du faste et de la couleur que les Égyptiens, ils cachaient ces lourds et tristes massifs de terre sous un revêtement de briques émaillées dont l'ensemble formait de grandes surfaces décoratives auxquelles la chaude lumière du soleil d'Orient devait donner un éclat incomparable.

Les ruines de Ninive et de Babylone explorées à différentes reprises avaient fourni des fragments de ces briques émaillées qui avaient permis à Victor Place de reconstituer dans les planches de son bel ouvrage, *Ninive et l'Assyrie*, plusieurs frises d'un grand caractère ; mais ces fragments faisaient d'autant plus regretter qu'aucune découverte ne mit au jour des spécimens plus complets de ce bel art de la faïence dont l'origine était restée jusqu'alors inconnue.

C'est à un Français, habile ingénieur autant que savant archéologue, M. Dieulafoy, qu'il était réservé de nous faire connaître dans leur ensemble plusieurs de ces splendides revêtements. Envoyé en mission en 1885, il eut le bonheur, malgré des difficultés sans nombre, d'exhumer des monticules élevés près de Suse, non loin du *tombeau de Daniel*, les ruines des palais des anciens rois de Perse, et d'enrichir ainsi notre musée du Louvre de deux monuments incomparables, la *frise des Lions* et la *frise des Archers*.

Cette dernière, qui décorait un édifice construit, d'après le témoignage d'Artaxerxès Mnémon, pour son grand aïeul Darius, et incendié beaucoup plus tard, a été retrouvée par M. Dieulafoy dans les substructions de ce monument, sous une épaisse couche de gravier. Longue de 11ᵐ,80 sur 3ᵐ,60 de hauteur, elle est de la plus grande beauté et d'une conservation parfaite. Elle représente, « figurés en bas-reliefs, douze archers de la garde royale avec le costume et les armes attribués par Hérodote au corps des Immortels qui formaient l'escorte particulière de Xerxès. Les personnages sont représentés de profil, tenant en main une pique ; sur leurs épaules sont jetés l'arc et le carquois. Ils sont habillés, comme les Arabes, d'une chemise à larges manches, d'une petite veste dont les manches, fendues jusqu'au coude, laissent passer les plis de la chemise, et d'une jupe ouverte sur le côté. La tête est ceinte d'une couronne de corde, les pieds chaussés de brodequins à lacet. La chemise est noire ou jaune ; l'habit est tantôt jaune, brodé d'étoiles bleues et vertes, tantôt blanc, brodé d'écussons armoriés ou de fleurs colorées, ou blanc, surchargé de marguerites bleues se détachant sur un cercle noir. Des galons de la plus grande richesse courent tout le long des vêtements ; des bracelets et des pendants d'oreilles en or complètent ce luxueux uniforme. Les draperies sont traitées de la même manière que les draperies grecques archaïques (1) ».

C'est bien là la confirmation du fait attesté par Ézéchiel (ch. xxiii) :

« V. 14. — Et Ooliba... ayant vu des hommes peints sur la muraille, des images des Chaldéens tracées avec des couleurs,

« V. 15. — Qui avaient leurs baudriers sur les reins, et sur la tête des tiares de différentes couleurs ; qui paraissaient tous des officiers de guerre et avaient l'air des enfants de Babylone et du pays des Chaldéens où ils sont nés (2). »

Théodore Deck, qui a examiné en céramiste les frises de Suse, en décrit ainsi les procédés de fabrication et de décoration : « Les briques sur lesquelles sont modelés les bas-reliefs sont très régulières et très lisses ; elles mesurent de 30 à 40 centimètres carrés sur 9 centimètres d'épaisseur ; elles sont faites avec une terre sableuse, ou plu-

---

(1) *Comptes Rendus des séances de l'Académie des Inscriptions et Belles-Lettres.* — Séance du 9 juillet 1886.
(2) *La Sainte Bible,* traduction LEMAISTRE DE SACY.

tôt avec du sable aggloméré avec un peu de terre et des frittes alcalines. Les lignes du dessin ont été posées au pinceau et font relief ; dans les cloisons ainsi obtenues on a déposé les émaux ; de cette façon on a empêché les couleurs de se mêler pendant la cuisson. L'étain est la base principale des émaux, parce qu'il a fallu cacher la couleur de la terre par une substance opaque ; les colorations résultent d'oxydes pareils à ceux que nous employons maintenant. L'émail me semble plus alcalin que celui qui est en usage de notre temps, parce que le nôtre ne saurait s'accorder avec une terre aussi siliceuse que celle des briques du palais de Darius. Je regarde cette fabrication comme extrêmement remarquable, et tout à fait digne de servir de modèle à la décoration céramique appliquée à l'architecture (1). »

En voyant à quel degré de science technique les anciens peuples de l'Orient étaient arrivés dans la préparation des terres et la composition des émaux qui servaient à fabriquer et à décorer ces briques de revêtement, on se demande comment ils n'ont pas appliqué les mêmes procédés à la fabrication de leurs poteries, et pourquoi ces poteries sont relativement grossières. En effet, à part quelques rares petits vases émaillés provenant surtout de la Chaldée, toute la céramique trouvée dans le bassin du Tigre et de l'Euphrate est loin de dénoter une industrie avancée. Les formes n'en sont ni élégantes, ni variées, et l'usage devait en être borné aux simples exigences de la vie usuelle ; elle ne comprend guère que des amphores à base arrondie destinées à conserver les grains, les huiles et le vin, des pots à bords droits, des vases à deux anses, de petites jarres ou des coupes peu profondes.

(1) Cf. Th. DECK, *la Faïence*, p. 20.

L'ornementation de ces poteries, quand parfois elles sont décorées, est tout à fait rudimentaire et ne se compose que de lignes droites, de cercles concentriques et de figures géométriques en brun rouge d'un dessin élémentaire. Entre le vue et le vue siècle cependant, on trouve sur quelques vases des frises d'oiseaux très grossièrement imités, motif qui se rencontre également à Chypre, à Mycènes et à Athènes dans les poteries qui forment la transition entre l'âge de la décoration purement géométrique et celui où commence la représentation de la vie.

Parmi les autres applications de la céramique, nous mentionnerons, chez les Assyriens, un usage qui ne se rencontre chez aucun autre peuple de l'antiquité, celui des briques, des cylindres creux et des prismes également creux en terre cuite, sur lesquels sont imprimés en caractères cunéiformes, estampés en creux avec beaucoup de netteté au moyen d'une tige en métal ou en bois dont l'extrémité était de forme prismatique, les noms des rois, des prêtres, les Annales d'un règne, les bulletins de victoire, les ventes de terres, les contrats, etc. Le musée du Louvre et surtout le British Museum possèdent une suite nombreuse de ces tablettes, entre autres celles qui rapportent les Annales des règnes de Sennachérib et d'Assurbanipal (705 et 668 ans avant J.-C.).

PHÉNICIE. — Les poteries phéniciennes proprement dites, c'est-à-dire celles qui proviennent de fouilles pratiquées dans le pays même, sont assez rares et offrent peu d'intérêt. Cela tient, d'une part, à ce que la plupart des sépultures phéniciennes avaient été déjà violées à l'époque où on les a explorées, et, d'autre part, à ce que ce peuple, essentiellement commerçant et navigateur, exportait au loin, dans les îles de la mer Égée, dans la Carinthie, la

Béotie et la Crète, aussi bien que dans tout le littoral de la Méditerranée et même jusque sur les côtes de l'Atlantique, des cargaisons de marchandises dans lesquelles la poterie devait occuper une place importante. Ce qui est certain, en effet, c'est que, en Étrurie aussi bien qu'en Grèce, surtout à Corinthe, on retrouve tous les éléments de l'art asiatique qu'y avaient importés les Phéniciens, de même que dans tous les pays où il y a eu des établissements phéniciens on rencontre de nombreux spécimens de figurines, en forme de *galettes* ou de *planches*, d'Astarté, la Vénus asiatique, dont les Phéniciens avaient introduit le culte à Chypre et à Cythère.

Mais ce qui, dans le domaine de la céramique, caractérise le mieux l'art et l'industrie de la Phénicie, qui se ressentent parfois de l'influence égyptienne, ce sont les cercueils anthropoïdes dont la forme procède de celle de la momie et qui ne se rencontrent que dans les colonies phéniciennes, dans l'île de Chypre, en Sicile, et, surtout, à Malte.

Grèce et colonies grecques. — Dans cette rapide revue des diverses manifestations de la poterie à toutes les époques, nous devons forcément restreindre la place que mériterait d'occuper la céramique grecque, une des plus importantes industries pratiquées dans l'antiquité et une des mieux connues aujourd'hui, grâce aux travaux et aux recherches des pensionnaires de nos écoles d'Athènes et de Rome. Nous nous bornerons donc à indiquer à grands traits les différentes phases qu'elle a parcourues, les principaux centres de fabrication et les caractères de la décoration, laissant de côté, malgré l'intérêt qu'elle présente pour l'histoire de la religion, des croyances, des coutumes et des mœurs, l'étude des sujets mythologiques et des scènes héroïques ou familières représentés sur les innombrables vases sortis des tombeaux de la Grèce, de l'Italie méridionale et de l'Étrurie.

Le nombre des vases grecs de toutes formes et de toute nature réunis dans les musées et les collections est évalué à plus de soixante mille, et ce chiffre n'a rien qui puisse surprendre si l'on songe à l'emploi considérable et exclusif qui a été fait de la terre pendant une longue suite de siècles, non seulement pour la fabrication des ustensiles ordinaires de la vie usuelle, mais aussi, et surtout, pour celle des vases funéraires et religieux.

Après celles d'Hissarlik, dans la Troade, et de Mycènes, qui ont donné les poteries des races pélasgiques, les fouilles de Santorin, de l'île de Rhodes et surtout de la nécropole de Camiros, ville de fondation phénicienne, sont celles qui ont mis au jour les témoignages les plus intéressants et les plus variés de l'industrie céramique de la Grèce primitive.

Les poteries découvertes à *Hissarlik* par le Dr Schliemann, de 1871 à 1873, bien qu'elles soient d'une contexture fort grossière, dénotent cependant une technique assez avancée. Certains vases, en forme de marmites, sont recouverts d'une calotte cylindrique à dessus plat surmonté d'une sorte de dôme formant bouton ; d'autres ont leurs anses largement détachées. Leur coloration est tantôt noire, tantôt brune, rouge, jaunâtre ou grise, mais ces différences proviennent de l'intensité plus ou moins grande de la cuisson qui a agi à des degrés différents sur l'oxyde de fer contenu dans l'argile. Quelques-unes sont lustrées par polissage, d'autres montrent l'emploi du tour.

Sur certains vases dans lesquels le Dr Schliemann a voulu voir une représentation de la Minerve Ilienne, l'Ἀθήνη γλαυκῶπις des temps homériques, le potier a modelé grossièrement sur le col des yeux, un nez, une bouche et des oreilles, quelquefois même des seins de femme et des appendices relevés en forme de bras ; mais c'est là un type exceptionnel, et les poteries troyennes sont généra-

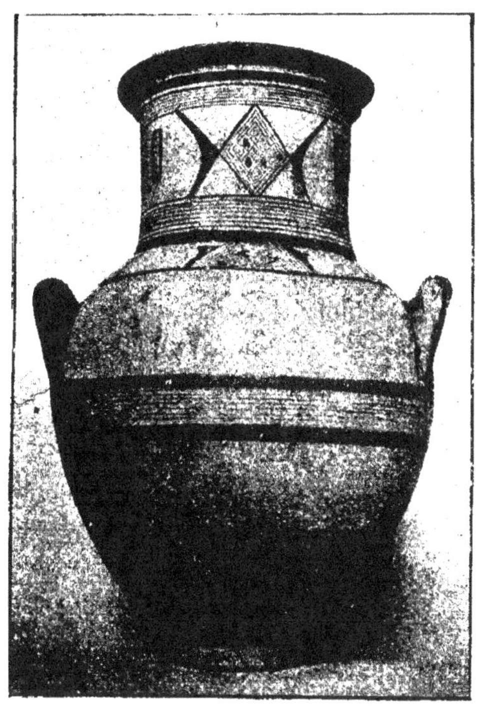

FIG. 21. — « Stamnos » provenant de l'île de Chypre.

lement décorées d'ornements géométriques et de dessins tracés à la pointe.

Nous signalerons aussi, mais sans pouvoir en déterminer exactement l'usage, qui a donné lieu à bien des supposi-tions, des petits cônes tronqués percés de trous à leur centre, sortes de *fusaïoles* décorées, sur leur face principale, d'étoiles, de croix de diverses formes, de chevrons, de lignes brisées ou ondulées, etc., gravés au trait en creux quelquefois remplis de terre blanche qui fait ressortir le dessin.

Toutes ces poteries, qui remontent à une époque qu'il est impossible de préciser, mais où la côte orientale de l'Asie Mineure était, sinon encore barbare, au moins de civilisation tout à fait rudimentaire, sont d'un art beaucoup plus grossier que celles qu'Homère a chantées.

Dans l'île de *Santorin* — l'ancienne *Théra* — on a découvert, sous la couche de pouzzolane émise par le cratère qui occupait le centre de l'île et qui a disparu environ 2.000 ans avant Jésus-Christ, des poteries qui sont contemporaines, sinon même plus anciennes que celles d'Hissarlik. Elles en diffèrent par leur couleur gris jaunâtre et par la nature de la terre mêlée de déjections volcaniques qui donnent à la pâte après la cuisson une densité et une dureté qui en font une sorte de grès.

La plupart de ces poteries ont été faites au tour et sont généralement remarquables par la régularité de leurs formes ; la décoration en est surtout intéressante, en ce sens qu'elle montre des imitations de fleurs et de feuillages, et même des reproductions sommaires d'animaux réels, bœufs, boucs, moutons, etc., vivant dans le pays, ce qui exclut toute idée d'une influence d'art étranger et surtout asiatique, où les animaux fantastiques constituent presque toujours le principal élément de décoration.

Ialysos, une des trois anciennes villes doriennes de l'île de Rhodes, a fourni des poteries qui se rapprochent des précédentes tout en montrant un progrès artistique et industriel considérable. Les ornements, d'une exécution plus soignée, sont peints en brun rougeâtre ; la représentation des animaux y est beaucoup plus fréquente, et l'on y rencontre même parfois des animaux marins, et surtout des poulpes, dont se nourrissait la population un peu sauvage qui, primitivement, habitait l'île. Sur quelques vases on voit des figures humaines conduisant des animaux domestiques, chevaux, bœufs ou chèvres, ou des cortèges de guerriers casqués et armés.

Les fouilles opérées à *Mycènes* en 1876-77 par le Dr Schliemann ont donné un grand nombre d'objets en or,

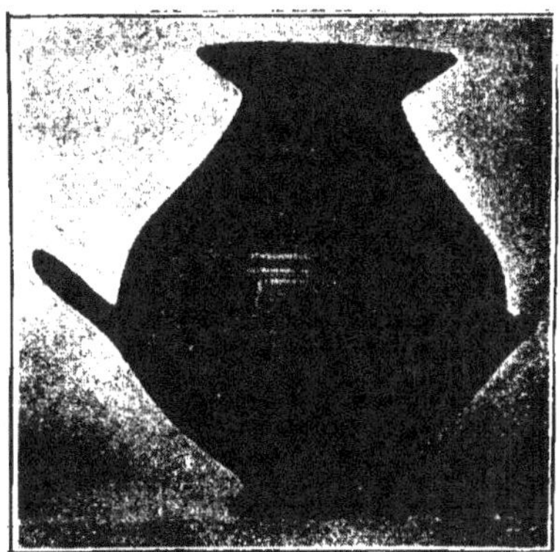

FIG. 22. — Poterie provenant de l'île de Santorin.

en argent, en bronze et en terre cuite. Sur ces derniers, les figures d'hommes et d'animaux sont dessinées avec une rigidité toute particulière. On y a trouvé également de grossières idoles en terre jaunâtre rehaussée de traits bruns et rouges.

Toutes ces poteries primitives sont bien le produit d'un art original et qui n'a encore subi aucune influence orientale ; mais bientôt la décoration se transforme et les ornements géométriques font place à des animaux fantastiques, sirènes, femmes à corps de poissons ou d'oiseaux, etc., ou à des animaux réels, mais inconnus en Grèce, le lion, par exemple. Ce sont là des représentations d'origine phénicienne dont on rencontre des exemples principalement dans les endroits où les Phéniciens ont eu des établissements, à Rhodes, à Tanagra, à Thèbes, à Thespies, à Cœre, etc. Les poteries de cette

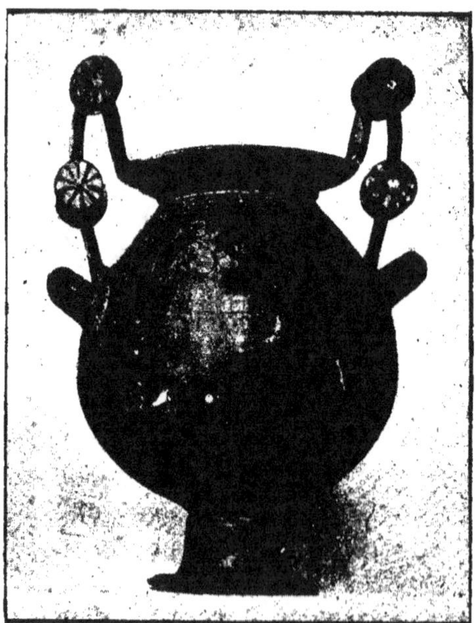

FIG. 23. — Vase grec à figures rouges sur fond noir.

époque sont d'une terre jaunâtre assez fine, lustrée, et décorées au moyen de couleurs brunes ou noirâtres ternes et terreuses.

L'influence de cet art nouveau se fit sentir dans tout le monde grec du IXe siècle jusqu'au milieu du VIIe, mais pas également. Partout où le sentiment hellénique était resté vivace, où l'influence phénicienne n'existait pas, l'art conserva son ancien caractère ; ailleurs il devint oriental. Mais bientôt les anciennes traditions ne tardèrent pas à reparaître, et les mythes grecs, prenant une plus grande importance, rejetèrent dans les zones inférieures les monstres de la Lydie et de la Perse ; c'est l'époque de transition caractérisée par une fabrication plus soignée, des formes plus pures, des noirs plus intenses et rehaussés parfois de rouge violacé ou de blanc mat. Les vases les plus parfaits de cette époque proviennent de Corinthe, de Cœre et de Tarquinies.

Vases à figures rouges sur fond noir. — Au ve siècle, un nouveau mode de décoration fait son apparition : au lieu de peindre en silhouette noire sur le fond rouge de la terre les figures qui constituaient le sujet, on les réserva en rouge en couvrant le fond lui-même de couleur noire et en dessinant ensuite l'intérieur des figures, les muscles et les plis des vêtements par de fins traits noirs. Un vase non terminé et un fragment de coupe du musée de Sèvres nous indiquent la manière de procéder des peintres grecs dans la peinture de ces vases. Après avoir tracé le dessin sur la terre rouge, l'artiste réchampissait avec un pinceau trempé dans un lustre noir assez épais le contour qu'il avait dessiné au crayon, en corrigeant les fautes de sa première esquisse, en assouplissant les lignes et en rectifiant les contours. Ce trait de réchampissage, large de 2 millimètres à peu près, était, ensuite, lorsqu'il était sec, recouvert lui-même d'une autre couche de noir qui remplissait tout le fond. Quand on regarde un vase à figures rouges à « jour frisant », on aperçoit très distinctement — et c'est là un des signes qui peuvent faire reconnaître les contrefaçons ou imitations des anciens vases grecs — le trait de réchampissage qui est recouvert par le fond noir général sous lequel il forme épaisseur.

Décoration sur fond blanc d'engobe. — A dater du ive siècle, la décoration perd son grand caractère artistique ; la vaisselle de métal remplace les vases de terre et ceux-ci, réservés seulement aux cérémonies religieuses ou funéraires, sont d'une exécution moins soignée que par le passé. Nous devons mentionner cependant à cette époque un mode de décoration employé assez fréquemment sur les petits vases qui servaient à conserver les parfums, et, notamment, sur les *lecythes* particuliers à l'Attique, dont le fond, presque entièrement recouvert d'une sorte d'engobage blanc, était décoré de figures et de sujets peints légèrement, souvent même presque simplement au trait, avec des couleurs qui semblent n'avoir reçu aucune cuisson ou qui paraissent absorbées pour ainsi dire par la nature terreuse de l'engobe, comme si elles avaient été employées à l'eau. Ces vases devaient avoir une destination exclusivement funéraire, presque tous ceux qui ont été trouvés, et qui tous étaient brisés, représentant des offrandes funèbres. Quelques coupes provenant des nécropoles de l'Étrurie et de la Campanie, peintes également sur fond d'engobe blanc, reproduisent principalement des mythes dionysiaques.

Vases peints dorés. — Une série peu nombreuse et qui semble particulière à l'Attique est celle des vases peints sur lesquels on observe des traces de dorure ; bien qu'appartenant à une époque de décadence, ces vases sont remarquables par leur exécution et la pureté de leur dessin.

Poteries à ornements en relief. — Nous mentionnerons enfin, au point de vue de la décoration, des coupes rondes qui ne paraissent pas antérieures à l'époque d'Alexandre ; d'une fabrication soignée, fines et bien cuites, ces poteries sont couvertes d'ornements en relief obtenus par estampage ou au moyen d'un cachet, *sigillum*, d'où le nom de *poteries sigillées* qui leur est donné quelquefois ; — elles sont grises ou rougeâtres et parfois recouvertes d'un lustre noir peu brillant. On ne les rencontre guère qu'en Grèce, du côté de Mégare, ou en Asie Mineure, à Héraclée de Latmos.

Formes, usages et noms des vases grecs. — On peut diviser les vases grecs en plusieurs classes, en se basant sur leur emploi reconnu ou présumé.

I. — *Vases à conserver*, c'est-à-dire destinés à contenir et à transporter des liquides, vins ou huiles, ou des grains et des céréales ; c'est dans cette classe que rentrent les *hydries*, les *stamnos,* les *calpis* et surtout les *amphores* généralement de grande dimension. Parmi ces dernières, nous citerons particulièrement des vases dont la forme et la décoration, à quelque époque qu'ils appartiennent, n'ont jamais varié et qui ont toujours conservé le dessin traditionnel et, pour ainsi dire, hiératique, des anciennes figures de style archaïque. Ces amphores, connues sous le nom d'*amphores panathénaïques*, étaient données en prix, à Athènes, aux vainqueurs des jeux qui avaient lieu tous les ans lors de la célébration de la fête des Panathénées. Par extension, on en donna de semblables dans toutes les villes grecques de l'Italie méridionale à ceux qui avaient remporté les prix dans les jeux et les luttes populaires. La face antérieure représente toujours Minerve, debout, la tête armée d'un casque, et brandissant sa lance ; sur la face postérieure, généralement d'un dessin moins soigné, on voit le jeu dans lequel le vainqueur a été couronné, c'est-à-dire un groupe de lutteurs, la course du stade, un quadrige ou autres jeux gymniques. A Athènes, surtout, ces amphores étaient données pleines d'huile pour rappeler que Minerve avait planté l'olivier dont l'Attique tirait sa plus grande richesse.

II. — *Vases à puiser*, servant à remplir les coupes qui circulaient entre les mains des convives. Le *cratère*, vase d'assez grande dimension, en forme de cloche renversée, à anses placées très bas, qui servait à mélanger l'eau et le vin, l'*oxybaphon*, la *kélibé*, destiné surtout à conserver le miel, et la *peliké*, sorte de cruche à deux anses verticales, rentrent dans cette seconde série.

III. — La troisième comprend les *vases à verser* : le *prochoos*, d'une forme élégante, qui servait à verser l'eau sur les mains des convives avant de se mettre à table, l'*œnochoé*, de forme plus ramassée, etc.

IV. — Viennent ensuite les *vases à parfums*, le *lecythus* au corps presque vertical, et l'*aryballos*, au corps presque sphérique, destiné à contenir l'huile pour les exercices du gymnase.

V. — La classe la plus nombreuse est celle des *vases à boire*, dans lesquels entrent : le *canthare* à deux anses verticales surélevées, particulièrement consacré à Bacchus, comme le *scyphus*, à deux anses horizontales et très profond, l'était à Hercule ; le *masthos*, terminé en pointe ; les *cylix*, dont la forme et la grandeur variaient beaucoup ; le *cyathus*, la *phiale* et, enfin, le *rhyton*, inspiré dans le principe de la corne des animaux, qui se termine toujours par une tête d'animal modelée avec beaucoup d'art et une grande observation de la nature ; quelques rhytons sont en outre couverts, au moins en partie, d'une riche décoration. Comme les masthos, ils devaient être vidés d'un seul coup.

Signatures et inscriptions des vases grecs. — Il n'est pas rare de rencontrer des vases portant, suivi du mot ἐποίησειν, *a fait*, ou ἔγραψε, *a peint*, le nom de l'artiste qui les a décorés. Sur un certain nombre, on trouve des inscriptions constatant, comme on l'a fait plus tard en Italie pour les *coppe amatorie*, que la personne à laquelle le vase a été donné est belle; sur les vases de la bonne époque, les noms des dieux ou des héros qui prennent part à l'action représentée sont peints en lignes horizontales ou verticales au-dessus des figures ou à la hauteur des têtes.

Statuettes en terre cuite. — La plastique grecque nous a laissé une multitude de petites statuettes que l'on trouve partout dans les tombeaux, même aux époques les plus reculées. Les plus anciennes sont des sortes de galettes plates grossièrement modelées à la main et chez lesquelles les bras manquent ou ne sont indiqués que par deux petits appendices latéraux qui ressemblent à deux moignons; des lignes de couleur brune ou noire, tracées au pinceau, indiquent les yeux, les tresses de cheveux et les plis des vêtements; dans quelques-unes les détails du costume, les diadèmes, les bandelettes, les colliers, les yeux mêmes sont ajoutés après coup en relief au moyen de petits colombins ou de boulettes de terre.

Mais, à côté de ces figurines primitives, il est une autre série qui sont de véritables œuvres d'art, d'un sentiment exquis et d'une exécution remarquable, bien qu'elles paraissent avoir été de fabrication courante; trouvées surtout dans les sépultures de Tanagra, en Béotie, ces statuettes représentent généralement des jeunes femmes assises, ou debout dans l'attitude de la marche, élégamment vêtues de tuniques qui les enveloppent entièrement et voilent parfois une partie de la figure; elles tiennent souvent à la main une bourse, un éventail, ou quelque autre objet et ont quelquefois la tête couverte du *pétasos,* sorte de chapeau à larges bords. On trouve aussi beaucoup de statuettes de jeunes filles agenouillées qui semblent jouer aux osselets ou cueillir des fleurs, ou des figures d'éphèbes portant une tunique courte et une chlamyde attachée sur l'épaule droite.

Ce sont là les types que l'on rencontre le plus communément, mais il en existe un grand nombre d'autres qui prouvent la fécondité d'invention des modestes artistes qui créaient les modèles de ces figurines pleines de vie et d'expression et qui dénotent une habileté de main extraordinaire. Toutes paraissent avoir été peintes avec des couleurs mates, terreuses, qui perdent leur vivacité après avoir été exposées pendant quelque temps à l'air; sur un grand nombre, on trouve encore des traces de dorure. La terre, d'un ton bistre clair, est fine, bien pétrie et homogène, peu serrée et très légère.

ITALIE (*Étrurie, Campanie, etc.*). — On ne sait encore rien de bien précis sur l'industrie céramique des races primitives de l'Italie; les fouilles pratiquées près d'Albano, dans des terrains recouverts de déjections volcaniques, ont donné des poteries grossièrement modelées à la main, en terre brune, et portant extérieurement des bourrelets saillants reliés par des bandes verticales également en relief dont on ne trouve pas d'analogues dans les poteries primitives des autres contrées de l'Europe, ainsi que des urnes funéraires en forme de huttes ou de cabanes qui renfermaient des cendres ou des ossements calcinés; mais ce n'est guère que chez les Étrusques que la céramique paraît avoir été en honneur. Il faut cependant distinguer, dans la quantité considérable de vases que nous ont fournis les chambres sépulcrales de Cœre, de Chiusi et de Vulci, les vases étrusques proprement dits, et ceux qui, bien qu'improprement appelés communément étrusques, sont d'origine grecque, soit qu'ils aient été importés en Étrurie, soit que, fabriqués dans le pays même, ils aient conservé l'empreinte de l'art grec.

Les véritables poteries étrusques sont noires, généralement d'une terre grossière et peu cuites ; les formes sont étranges et bizarres, tout en conservant parfois une grande élégance : les ornements en relief portent tous l'em-

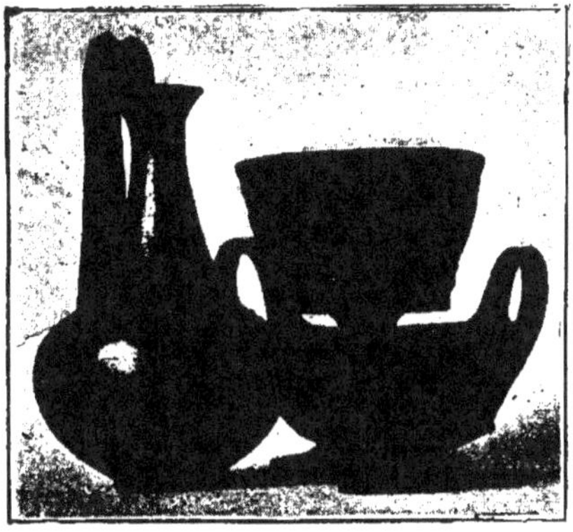

Fig. 24. — Poteries étrusques (des tombeaux de Chiusi).

preinte d'un symbolisme qui les rattache aux anciennes traditions religieuses de l'Étrurie et présentent toujours un caractère d'archaïsme oriental très prononcé ; la plupart sont modelées à la main, non pas que les potiers étrusques aient ignoré le *tour*, dont l'emploi, du reste, est visible sur un grand nombre de vases, mais parce que les formes étranges qu'elles affectent ne permettaient pas de les tourner. Quelques-unes, de formes simples et élégantes, dont la surface présente un lustre assez brillant, sont ornées de figures d'animaux dessinées en points très fins remplis d'une terre blanchâtre.

Ce qui, surtout, assure aux Étrusques une place à part dans l'histoire de l'industrie des peuples de l'antiquité, ce sont les terres cuites et les grandes briques de revêtement qui décoraient les chambres sépulcrales de Cœre et dont on peut admirer de très intéressants spécimens au musée du Louvre, qui possède également un des monuments les plus extraordinaires de la céramique antique, le magnifique groupe funèbre désigné sous le nom de « tombeau lydien », long de 2 mètres sur 1^m,17 de haut. On a trouvé également en Étrurie un assez grand nombre de caisses funéraires ou petits sarcophages en terre cuite, de 40 centimètres de longueur, dont le couvercle est surmonté de figures couchées et qui servaient sans doute, pendant la période d'incinération des cadavres, à recueillir les cendres et les ossements calcinés.

Rome, empire romain. — Partout où Rome a étendu sa domination, en France et en Espagne, en Angleterre et sur les bords du Rhin, aussi bien que dans l'Afrique du Nord, on rencontre de nombreux spécimens d'une poterie à pâte rouge, fine, serrée, très homogène et assez dure, recouverte d'un lustre ou glaçure extrêmement mince, d'un ton rappelant celui du corail ou plus exactement de la cire à cacheter.

Ces poteries, qui paraissent avoir été réservées aux usages de la cuisine ou de la table, sont de formes simples, décorées d'ornements en relief et ne portent jamais d'anses. Les ornements, moulés avec la pièce elle-même ou estampés au moyen de cachets — d'où le nom de *poteries sigillées* (*sigillum*, cachet, empreinte) qu'on leur donne généralement, — consistent en frises de rinceaux ou de feuillage simples, ou en médaillons ou compartiments représentant des divinités : Mars, Apollon, Mercure ou Vénus, des figures de gladiateurs combattant des cavaliers ou des animaux. Beaucoup sont marquées de noms de potiers imprimés en relief à l'aide de cachets et précédés ou suivis de la lettre F ou des formes diverses des abréviations du verbe *facere* : CRISPINUS F OU FC OU FX. Quelquefois le nom est accompagné des lettres O ou OF, abréviation de *officina* : OF ALBANI, ou de la lettre M signifiant *manu*, *manibus* : M CASSII.

On peut encore attribuer à la fabrication romaine les

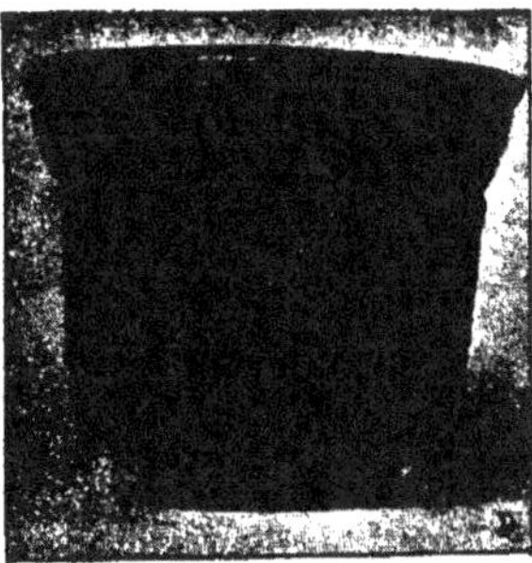

FIG. 25. — Poterie romaine portant la signature CORNERIVS.

grandes tuiles ornées trouvées en grand nombre dans les fouilles et les *tuiles légionnaires* fabriquées par les soldats eux-mêmes et portant des inscriptions et des numéros de légions qui fournissent aux historiens et aux commentateurs des indications précieuses sur l'emplacement et la marche des légions romaines.

GAULE. — Les explorations faites sur le sol de l'ancienne Gaule, et particulièrement dans les stations lacustres du lac d'Annecy et du lac du Bourget, montrent à quel point de perfection l'industrie de la poterie était arrivée avant la domination romaine. Si l'emploi du tour ou de la tournette n'était pas encore généralement adopté, on ne peut douter cependant qu'il n'ait été au moins très répandu, et certains fragments ont permis de reconstituer des vases, décorés il est vrai d'une façon assez rudimentaire, mais dont le diamètre atteignait parfois jusqu'à un mètre:

Quant aux poteries fabriquées pendant l'occupation romaine, si elles se ressentent de l'influence que devait

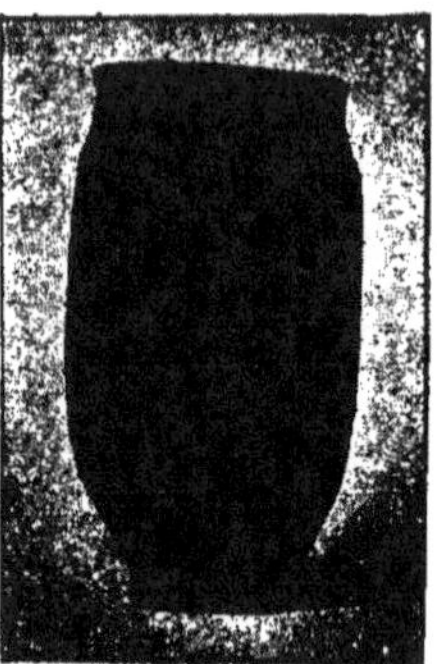

Fig. 26. — Vase gallo-romain.

exercer sur l'industrie d'un peuple aux mœurs rudes une civilisation déjà mûre et vigoureuse, elles n'en conservent pas moins un caractère particulier que l'on ne retrouve pas ailleurs et qui permet de les reconnaître assez facilement.

Les plus communes sont celles à pâte jaunâtre ou d'un blanc sale, qui atteignent parfois de grandes dimensions; c'est parmi ces poteries que l'on rencontre les *amphores* au ventre renflé terminé par une base pointue que l'on engageait dans des trous creusés dans la terre, ou les *dolia*, espèces de tonneaux qui servaient à conserver les grains.

Mais la classe la plus riche est celle des poteries à pâte fine, noirâtre ou grise, lustrée par polissage ou recouverte parfois d'une glaçure unie et brillante. C'est dans cette classe, dont le sol parisien, le cimetière de Terre-Nègre, à Bordeaux, les sépultures de Caranda, dans le département de l'Aisne, Nîmes, Lyon, Vienne, Orléans, etc., nous ont fourni des quantités considérables, qu'il faut ranger les vases à verser et les gobelets à dépressions longitudinales, dont quelques-uns sont ornés en engobes blanches d'inscriptions bachiques ou de souhaits tracés en beaux caractères romains : BIBE ; — REPLE ; — VIVAS FELIX, etc.

Époque mérovingienne. — Après le grand effondrement où devait sombrer, avec l'empire romain, ce qui restait de la civilisation antique, l'industrie céramique semble reculer de plusieurs siècles. Comme aux temps primitifs, ce sont les formes turbinées qui dominent dans les vases réservés exclusivement aux usages de la vie domestique la plus simple et la plus dépourvue de tout luxe. Bien que faites au tour, les poteries de cette époque sont lourdes, épaisses et d'un aspect triste ; l'ornementation en est grossière et n'offre plus aucun intérêt jusqu'au xie siècle où commence l'emploi du vernis plombeux qui devait être le point de départ d'une sorte de rénovation artistique.

CHAPITRE II

La seconde classe des poteries comprend, ainsi que nous l'avons indiqué en commençant, les *poteries vernissées* proprement dites, c'est-à-dire recouvertes d'un vernis généralement à base de plomb, transparent, incolore, mais facile à colorer à l'aide d'oxydes métalliques, et les *grès cérames* dont les éléments constitutifs sont les mêmes, mais qui en diffèrent, ainsi que nous l'avons dit plus haut, par l'addition de sable dans l'argile, par leur vernis silico-alcalin et, surtout, par une cuisson plus forte.

Poteries vernissées. — Les poteries que nous avons étudiées dans le chapitre précédent présentaient, au point de vue de leur emploi dans les usages domestiques, le grave inconvénient de se laisser trop facilement pénétrer par les liquides et surtout par les corps gras. Le lustre mince dont les potiers grecs se servaient pour masquer la couleur de la terre, et qui devait jouer un rôle si important dans l'ornementation de leurs vases, constituait évidemment un progrès considérable, mais ce vernis s'altérait facilement et il était trop tendre pour offrir une bien grande résistance ; aussi les potiers durent-ils de très bonne heure chercher le moyen de parer à ce désavantage : on en a la preuve dans un certain nombre de spécimens conservés dans les musées, mais ces poteries recouvertes d'un beau vernis vert ou brun, sur la nature duquel aucun doute n'est permis, sont relativement en si petite quantité qu'il est difficile d'admettre que la fabrication en ait été généralisée ; de plus, et à part quelques pièces peu importantes que l'on a attribuées, mais sans beaucoup de preuves, à l'industrie romaine, toutes sont d'origine orientale.

Quoi qu'il en soit, il paraît hors de doute que l'art de vernisser les poteries, en supposant qu'il ait été connu autrefois en Occident, avait été perdu et oublié et il faut attendre jusqu'au XIIᵉ siècle pour en voir réapparaître dans l'industrie l'application constante et durable.

Quant à la tradition, très répandue en Allemagne, qui veut que ce soit un potier de Schlestadt, mort en 1283 et dont le nom n'a pas été conservé, qui ait inventé en Europe le vernis plombeux, il est à peine besoin de l'examiner. Outre les faits qui la contredisent, puisque nos musées possèdent des monuments d'une authenticité indéniable trouvés en Italie et en France et qui datent du XIIᵉ et même de la fin du XIᵉ siècle, on ne voit pas trop sur quoi s'appuie cette assertion. La seule autorité dont on invoque le témoignage à cet effet est le passage suivant des *Annales dominicarum* de Colmar, qui, en parlant des événements de l'année 1283, dit : *Obiit figulus Slezlstatt, qui primus in Alsatia vitro vasa fictilia vestiebat.* Or, ce passage prouverait tout au plus que le potier dont il est fait ici mention a, le premier, en Alsace, fabriqué des poteries vernissées, art qu'il aurait pu apprendre soit en France, soit en Italie.

La glaçure, ou vernis, des poteries était, ainsi que

nous l'avons dit plus haut, transparente et incolore, mais facile à colorer au moyen d'oxydes métalliques : en vert, par le cuivre ; en brun, par le manganèse. La façon dont on l'appliquait, primitivement et même encore aujourd'hui, dans quelques localités, pour la fabrication des poteries très communes, était des plus simples : on mélangeait des rognures de plomb avec de la bouse de vache ou de la farine de blé noir de façon à former une bouillie plus ou moins épaisse que l'on étendait sur les poteries et qui se brûlait au feu pendant que le plomb, s'oxydant et entrant en fusion, se combinait avec le silice de la pâte et donnait aux pièces un vernis vitreux très pur et très étendu. L'emploi de ce procédé primitif nous paraît expliquer un article du *Livre des Métiers* d'Étienne Boileau, dont le sens était, jusqu'à présent, resté obscur : « *Item...* que nulz ne puisse embouser pos, ne recuire pos que de tel façon comme i sont faitz » Il nous semble évident, d'après cet article, que les potiers parisiens achetaient des poteries mates qui, au moyen d'une seconde cuisson, recevaient un vernissage *embousé* que le premier fabricant ne leur avait pas donné.

Mais cette glaçure, qui avait surtout pour effet de corriger les inconvénients si graves de la porosité de la terre et de la rendre ainsi plus propre aux usages domestiques, n'apportait aucun élément à la décoration. Aussi ne voyons-nous dans le principe que des poteries aux formes simples, couvertes en totalité, ou seulement par parties, d'un vernis vert quelquefois tacheté de brun. Lorsque, vers le xiiie siècle, l'ornementation commence à apparaître, elle est toujours assez rudimentaire et ne se compose que de « têtes de clous », de bourrelets, de pois, ou de filets en relief, pétris et façonnés au bout des doigts de l'ouvrier et appliqués sur la pièce avant la cuisson.

Cependant, à mesure qu'il devient plus maître de la matière et qu'il se perfectionne dans la pratique de son métier, le potier devient plus artiste ; dans des moules en creux, il estampe des motifs décoratifs, frises, mascarons, écussons, attributs religieux, lettres même, qu'il colle avec plus ou moins de soin et de goût sur la terre encore molle, au moyen de *barbotine* ou pâte étendue d'eau ; il modèle même quelques pots en forme de

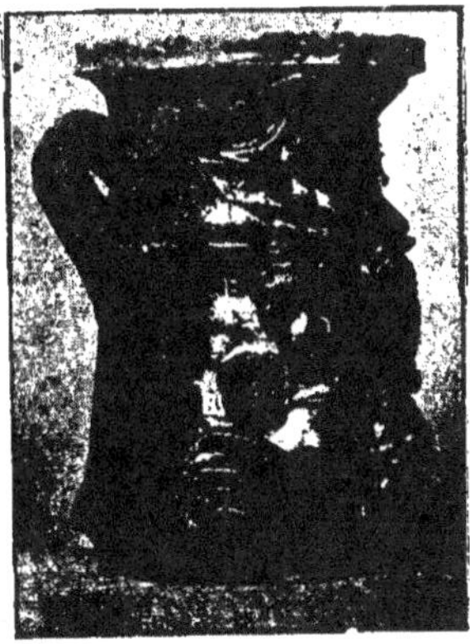

FIG. 27. — Poterie vernissée, trouvée à Paris.

figures d'hommes ou d'animaux, il fabrique des statuettes ou des bénitiers assez grossiers, des jouets d'enfants, tirelires, sifflets, petites pièces « de ménage », des ustensiles variés tels que des fers à repasser, des bassinoires, des porte-bouquets à plusieurs tubulures, voire même de grands arrosoirs et souvent, sur la même pièce, il pose des vernis de colorations différentes.

Bientôt apparaît un nouveau mode de décoration ; la terre est recouverte d'une mince couche de matière terreuse, ou *engobe* opaque, colorée dans un ton plus clair ou plus foncé que celui de la terre qu'il masque entièrement ; après une dessiccation plus ou moins complète, on enlève, au moyen de grattages par places et suivant un dessin tracé à l'avance, la couche superficielle jusqu'à ce que l'on mette à nu la couche du fond, et l'on obtient par ce moyen des filets, des ornements, des inscriptions et même des figures qui, par suite de l'opposition vivement contrastée de la couleur des deux terres, apparaissent avec une grande netteté ; souvent encore on se borne à inciser assez profondément le dessin sur la terre de façon à obtenir, par l'agglomération même du vernis dans les creux, un ton plus foncé que celui produit par la mince couche de dessus.

Il nous reste à mentionner un dernier procédé dont on se sert encore de nos jours en France, et plus particulièrement en Suisse, dans le canton de Berne, procédé connu sous le nom de *pastillage* et qui consiste dans l'emploi de bouillies liquides colorées par des oxydes très tingents, antimoine, cuivre, cobalt et manganèse ; ces bouillies sont renfermées dans de petites écuelles à anse dont le bec étroit est muni d'un tuyau de plume d'oie par où s'échappe la couleur qui tombe goutte à goutte ou en filets, formant ainsi des linéaments déliés, des pois, des ornements, des inscriptions, des fleurs, des armoiries et même des figures aux tons vifs et tranchés. Primitivement, on se servait, au lieu d'écuelles, de cornes de vaches finement percées à leur extrémité et que l'ouvrier bouchait avec le doigt ; ce mode de décoration était assez usité en France, surtout dans la région du Nord-Ouest.

Il est très difficile de dire exactement à quelles époques remonte l'emploi de ces différents procédés ; les deux derniers cependant ne paraissent pas être antérieurs au xve siècle. On ne sait rien non plus de positif sur les principaux centres de fabrication qui existaient au moyen âge en France et à l'étranger.

Pour la France, il est hors de doute cependant que dès le xiiie siècle le Beauvaisis possédait des ateliers importants dont la réputation était devenue assez populaire pour donner lieu à un proverbe : *On fait des godets à Beauvais* (1), et dont les produits devaient avoir une certaine valeur puisqu'il en est fait souvent mention dans les Inventaires et les Comptes royaux : « Ung godet de terre de Beauvais garny d'argent » (*Inventaire de Charles VI*, 1399) ; « pour plusieurs voirres, godez de Beauvais et autres vaisselles à boire... » (*Comptes royaux*, 1416). On lit aussi dans le *Ménagier de Paris* : « Si vous voulés garder roses vermeilles, les mettés en une cruche de terre de Beauvais et non mie d'aultre terre et l'emplés de verjus. »

Paris devait également renfermer de nombreux ateliers de poteries, si l'on en juge par la quantité considérable de fragments de même nature et presque tous du même type trouvés dans le lit de la Seine ou sortis du sol des vieux quartiers lors du percement des grandes voies de la rive gauche. Cependant, il est assez difficile de se rendre compte de leur importance, la désignation de *potiers* s'appliquant indistinctement autrefois aux potiers d'étain aussi bien qu'aux potiers de terre. Cependant, le nombre de ces derniers devait être assez considérable, puisqu'ils n'étaient soumis à aucune des formalités nombreuses qui entravaient l'exercice des autres professions. On lit, en effet, dans le *Livre des Métiers* d'Étienne Boileau : « Quiconques veut estre potier de terre à Paris,

---

(1) Leroux de Lincy, *Proverbes français*, I, p. 317. — « On appelait *godet* une sorte de gobelet évasé, quelquefois fait en *manière de coupe* et souvent couvert. » (L. de Laborde, *Glossaire*.)

estre le puet pourvu qu'il ait de coi et il faire le sache. » —
« Quiconques est mestre potier de terre, il puet avoir tant
de valléts et d'apprentis qu'il veut et que mestier li est. »

Le Poitou et la Saintonge possédaient également de
nombreuses fabriques de poteries vernissées (1) et
quelques belles pièces armoriées conservées dans les
musées de Nantes, de Quimper ou de Rennes, montrent
que la Bretagne, elle aussi, n'était pas restée en arrière.

Il suffit, du reste, de voir combien est grand le nombre
de villages appelés encore *La Poterie*, bien qu'il n'y sub-
siste plus aucun four, ou de localités dont le nom est
suivi d'une mention qui ne laisse aucun doute sur la
principale industrie exercée autrefois par les habitants,
telles que *Jouy-le-Potier, Mont-le-Potier, La Chapelle-
aux-Pots, Silly-la-Poterie*, etc., pour se rendre compte
de l'importance que cette industrie avait prise sur toute
l'étendue du territoire.

Les applications de la terre vernissée étaient considérables; outre les ustensiles de ménage et ces mille objets
de la vie usuelle que nous avons cités plus haut, les potiers fabriquaient des vases destinés à l'ornementation
des autels, des lampes de sanctuaire, des crucifix, des
bénitiers, des fontaines, des gourdes ou bouteilles de
voyage souvent décorées de riches armoiries, des tour-
tières, etc. Aux angles des rues on scellait de petites
niches à galbe denté, assez grossièrement façonnées, dans
lesquelles on posait des statuettes également en terre vernissée; dans les murs des maisons on incrustait des briques
portant en relief la figure du saint patron, sous la protection duquel la maison était placée et qui, souvent, ser-

---

(1) Cf. Benjamin Fillon, *Histoire de l'art de terre chez les Poitevins*,
in-4. Niort, 1864.

vait d'enseigne au marchand qui l'habitait ; parfois même, comme dans une ancienne maison à pans de bois de Beauvais que l'on désignait sous le nom de « maison des ménétriers » et d'où provient un curieux personnage conservé aujourd'hui au musée de Sèvres, la terre vernissée jouait un rôle plus considérable.

Les toits des édifices se couvrirent bientôt de tuiles étincelantes sous les rayons du soleil (1), et c'est en terre vernissée que dès le xve siècle on fabriquait en Bretagne, en Normandie, surtout aux environs de Lisieux, en Bourgogne, en Champagne et en Alsace, les monuments placés sur les pignons, sur les croupes des toits et sur les lucarnes des châteaux, des maisons et des fermes, les « épis de faîtage » qui, grossièrement exécutés dans le principe, devaient devenir au xvie siècle de véritables œuvres d'art ; ces épis, composés de tubes ou manchons superposés, décorés de mascarons, de fruits, d'ornements et de consoles revêtus de couleurs brillantes et retenus par une longue tige de fer scellée dans le poinçon du faîtage, atteignaient jusqu'à 1^m,60 et quelquefois même 1^m,80 de hauteur.

Mais c'est surtout pour le pavage des édifices que l'architecture trouva dans la terre vernissée un auxiliaire précieux.

Primitivement, on s'était servi, pour le pavage des temples et des palais, de mosaïques ou de dallages de pierre ou de marbre, et l'on sait quelle richesse ce genre de décoration avait répandue sur les somptueux édifices de

---

(1) La grande tour du Louvre, à toit conique, dite « Tour de Philippe-Auguste », était recouverte de ces tuiles vernissées de diverses couleurs dont l'emploi était également très répandu en Allemagne : *La Germania risplende per i tegoli invetriati*, écrivait un architecte italien du xvie siècle, L. B. Alberti.

Rome et de Byzance, mais le travail des mosaïques était
fort coûteux et leur exécution demandait un temps considérable ; d'un autre côté, il était difficile d'associer des
marbres ou des pierres d'une égale dureté, et les plus
tendres, s'usant facilement, produisaient forcément des
inégalités qui en hâtaient la destruction. On remplaça
donc le travail dispendieux du lapidaire par celui beaucoup plus simple et bien moins onéreux du céramiste et
l'on substitua aux mosaïques les carreaux de terre cuite
qui avaient en outre l'avantage d'être moins froids aux
pieds que le marbre ou la pierre.

Cependant l'emploi des carreaux de terre cuite ne se
généralisa visiblement qu'après la découverte du vernis
plombeux ; c'est alors que l'art si vivant et si imagé du
moyen âge, laissant de côté les dessins géométriques et
les figures simples, transporta sur les carrelages les fan-
taisies les plus étranges et les plus audacieuses. Tout ce
que l'imagination peut inventer de combinaisons ornemen-
tales, de chimères, d'animaux bizarres, de diableries, de
cortèges ou de chasses, se trouva assemblé dans les
chœurs des églises, dans les salles d'armes, dans les
vastes pièces des couvents et des châteaux formant avec
des rinceaux diversement agencés de riches mosaïques
d'un nouveau genre et d'un aspect particulier, dont nous
possédons de nombreux et intéressants spécimens, mais
dont bien peu, malheureusement, sont parvenus jusqu'à
nous dans leur état primitif.

La fabrication de ces carreaux, très répandue au XIVᵉ et
au XVᵉ siècle, surtout en France et en Angleterre, était
due généralement à des ouvriers nomades, selon toutes
probabilités d'origine flamande, qui voyagaient de pays
en pays, s'arrêtant pour travailler là où ils trouvaient des
briqueteries et des fours. Elle était des plus simples ; sur

un moule d'un très faible relief, on estampait un carreau
de terre sur lequel les dessins s'imprimaient en un creux
que l'on remplissait d'argile d'une coloration différente
de celle qui constituait le carreau : on affleurait les deux
terres afin d'enlever les bavures, on passait sur le tout
un vernis plombeux coloré en vert ou en jaune et la cuisson achevait le travail. En réalité, c'était une véritable
incrustation. Pour les carreaux qui sortaient des types
habituels, surtout pour ceux qui devaient représenter
certains personnages de fantaisie et pour lesquels il eût
été trop long de créer des moules, l'ouvrier était assez
habile pour graver sur la terre encore molle, et au bout
de l'outil, le sillon plus ou moins large qu'il devait ensuite
remplir de terre. Dans la série intéressante des carreaux
provenant de l'ancienne abbaye des Prémontrés de
Braisne-sur-Vesles (Aisne), qui appartient au musée de
Sèvres, il est facile de voir que plusieurs des personnages.
dessinés avec une certaine rudesse et une naïveté qui
n'excluent pas cependant une grande vérité d'allure et
dénotent une réelle habileté, ont été ainsi exécutés du
premier jet.

Au commencement du xvi⁰ siècle, l'application de
l'émail blanc à base d'étain, dont l'opacité masquait la
couleur de la terre et sur lequel on pouvait peindre facilement en toutes couleurs, ruina l'industrie des artistes
nomades qui fabriquaient ces carreaux incrustés, comme
elle devait du reste ruiner également celle des modestes
potiers de terre vernissée dont les produits, remplacés
par la faïence, ne furent plus réservés désormais qu'aux
usages les plus communs.

Quelques centres cependant continuèrent à fabriquer
des poteries qui conservèrent jusqu'au xviii⁰ siècle une
certaine recherche d'ornementation et dont beaucoup peu-

vent être classés parmi les produits les plus intéressants
de la céramique française. Tels furent, entre autres, ÉPER-
NAY qui avait la spécialité des terrines à pâtés en terre
brune vernissée, décorées en demi-relief d'un lièvre, d'une
volaille, de fleurs de lis, etc., et qui portent souvent le
nom d'*Épernay* marqué sur le couvercle en toutes lettres ;
AVIGNON, dont les belles poteries en terre rouge, d'une
exécution fine et soignée et de formes élégantes, vernissées en brun écaille, et rehaussées souvent d'ornements
en relief recouverts parfois d'un ton d'or patiné, étaient
renommées au XVIIe siècle ; APT, qui n'a jamais cessé de
fabriquer des poteries à vernis jaune, unies et marbrées,
facilement reconnaissables à la finesse de leurs reliefs et
dont beaucoup étaient surmoulées sur des pièces d'orfèvrerie, etc.

En Italie, l'art de vernisser la terre qui, si l'on en croit
Passeri, remonterait au XIe siècle, était pratiqué surtout
à *Castello*, près de Gubbio. C'est principalement dans
cette ville qu'aurait été exécuté le genre de décoration
que les Italiens nomment *sgraffio*, qui rappelle le procédé de décoration par *engobage* que nous avons mentionné plus haut. Les poteries vernissées de Castello,
dont le décor a toujours un caractère un peu archaïque,
et qui devaient représenter l'art populaire en Italie, sont
en terre rouge recouverte d'une engobe en terre blanche
sur laquelle le dessin a été tracé par enlevage de façon
que la terre apparaît pour former une décoration au trait
modelée de hachures ; le tout est recouvert d'une couche
de *marzacotto* ou silicate alcalin de plomb légèrement
ferrugineux et coloré en vert de place en place avec de
l'oxyde de cuivre fondu à une température peu élevée et
qui glace la pièce. Dans certains cas, l'engobe reçoit des
colorations variées. Ce genre de décoration a été employé

également à Montelupo, à Padoue, à Pavie et à La Fratta,
petite ville voisine de Castello.

En Allemagne et surtout à Nuremberg, la poterie vernissée fut principalement appliquée à la fabrication de
ces magnifiques poêles recouverts d'un beau vernis

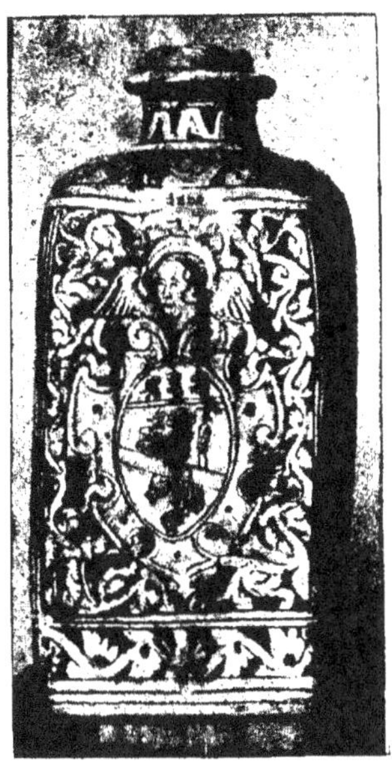

Fig. 28. — Bouteille à décor gravé sur engobe.
(Fabrique de La Fratta, xv° siècle.)

vert foncé ou brun — rehaussé parfois de dorures au
xvii° siècle, — composés de deux masses cubiques super-
posées et formées de pièces fabriquées séparément, carreaux, plaques, pilastres, cariatides, chapiteaux, etc.,
dont l'assemblage constituait un ensemble riche et varié
et sur lesquels étaient le plus souvent reproduits en relief
des sujets mythologiques, des scènes prises dans l'Ancien
et le Nouveau Testament, des figures allégoriques ou des

motifs décoratifs d'une belle ordonnance architecturale. On faisait également en Alsace et en Suisse de ces sortes de poêles, véritables monuments qui ne mesurent souvent pas moins de 2^m,5o à 3 mètres de hauteur et formaient dans la pièce principale de la maison une masse imposante autour de laquelle se réunissait la famille dans les longues soirées d'hiver (1).

GRÈS-CÉRAMES. — Concurremment avec les poteries vernissées, on fabriqua en Europe, principalement en Allemagne et en France, surtout à partir de la fin du xve siècle, une poterie à pâte plus fine, plus dense, très dure et sonore, désignée sous le nom de *grès*, nom auquel Brongniart, dans son *Traité des arts céramiques*, a cru devoir ajouter l'épithète de *cérame*, pour distinguer cette poterie de la roche de quartz qui porte le même nom.

En réalité, cette nouvelle sorte de poterie ne constituait pas un sensible progrès. A cette époque, en effet, les grès, ainsi que nous l'avons dit, ne différaient des poteries que par l'introduction d'un peu de sable dans l'argile qui entre dans leur composition, par leur glaçure silico-alcaline et surtout par une cuisson plus forte et plus prolongée. On pourrait même supposer, d'après plusieurs spécimens de poteries trouvées en Égypte, en Asie Mineure, sur les bords du Rhin et dans les pays scan-

(1) Autrefois même, en Allemagne et en Suisse, cette pièce était appelée le *poéle*. « Mme Darbeau, de Berne, avait toujours bonne compagnie dans son poësle... » — « En Souabe, quand nous arrivions le soir, on nous faisoit entrer dans un grand poësle ouvert des quatre côtez et dont les murailles n'étoient que vîtres. » — « ... Quand il fit jour, elle descendit et trouva les deux cavaliers dans le poësle qui ne s'étoient pas couchez de toute la nuict. » (*Mémoires de Mme Du Noyer*, passim.)

dinaves, que les anciens connaissaient le grès, s'il n'était plus simple d'admettre que ces poteries relativement peu nombreuses ne sont dues qu'à un excès accidentel de cuisson, ou à la présence, également accidentelle, de sable dans la pâte. Ce n'est que vers la fin du xviiie siècle, surtout en Angleterre, que la composition des grès-cérames fut modifiée de façon à créer une véritable poterie nouvelle, d'une nature tout à fait particulière et différente de celle des grès du xve et du xvie siècle, mais jusque-là il y a une ressemblance si grande entre les procédés de fabrication et de décoration des poteries vernissées et du grès, qu'il nous semble rationnel de les étudier ensemble.

Il est assez difficile de déterminer à quelle époque la fabrication du grès s'établit d'une façon suivie. Suivant une tradition très répandue en Hollande, ce serait la comtesse Jacqueline de Bavière, prisonnière, en 1425, au château de Teylingen, non loin de Leyde, qui, autant pour occuper les tristesses et les loisirs de sa captivité, que pour laisser aux âges futurs des souvenirs de sa présence, aurait, avec une terre d'une nature particulière qu'elle avait sous la main, fabriqué des poteries et surtout des *cannettes*, qu'elle jetait ensuite dans les fossés du château, où on en aurait trouvé un nombre assez considérable. L'histoire est touchante, mais en ce qui concerne la céramique elle ne prouve rien. Il se peut que l'infortunée prisonnière du château de Teylingen ait fabriqué des cannettes (1), et ces cannettes, si l'on en juge par un spécimen qui appartient au musée de Sèvres, ne donnent pas une bien haute idée du sentiment artis-

---

(1) Un traité sur les *Vrow Jacoba's Kannetjes* a été imprimé à Arnheim en 1757.

tique ni de l'habileté de leur auteur, mais l'on peut affirmer aussi que l'industrie du grès est bien antérieure à l'époque où vivait Jacqueline de Bavière et que depuis longtemps elle était connue et pratiquée sur les bords du Rhin.

C'est en Allemagne, en effet, et plus particulièrement dans les contrées situées sur les bords du Rhin, que l'industrie des grès paraît avoir pris naissance en Europe. Mais, de même que les vases antiques, ainsi que nous l'avons dit plus haut, ont été pendant longtemps, et sont même encore parfois aujourd'hui, improprement appelés *étrusques,* de même les grès du xvie et du xviie siècle ont reçu, à tort, jusqu'en ces derniers temps, le nom de *grès de Flandre,* bien que les inscriptions allemandes et les armoiries qui les décorent eussent dû indiquer la provenance exacte de la plupart d'entre eux. Grâce aux recherches de plusieurs savants, et en particulier de M. Schuermans, de Liège, la question est aujourd'hui nettement tranchée, et l'on peut établir d'une façon à peu près précise les lieux où ces grès ont été fabriqués, ainsi que les caractères qui distinguent les produits de chacun des principaux centres de fabrication.

« L'expression *grès flamands,* dit M. Schuermans (1), est impropre si l'on fait allusion à la Flandre proprement dite ; jamais celle-ci n'a eu de fabrique de grès. Mais l'expression est ancienne ; on la retrouve dès la fin du xvie siècle dans un document des archives de Cologne, à propos d'un navire qui transportait, par le Rhin, des grès, sans doute de Raeren, à destination de Lindau. C'est que Raeren qui a produit des « grès flamands »

____

(1) Cf. H. Schuermans, *Mille inscriptions de vases de grès* dits « *flamands* ». In-8°, Anvers, 1885.

appartenait au Limbourg et, par conséquent, aux Pays-Bas, et, comme ceux-ci étaient connus à l'étranger sous le nom général de Flandre, la dénomination de flamands a été appliquée aux produits de Raeren. Et dans le présent siècle on se serait bien gardé de changer l'expression qu'une raison spéciale expliquait : les principales collections de grès ont été formées ou vendues à Gand ; la collection de Joan d'Huyvetter, la première et la plus importante de ces collections, a approvisionné directement ou par des acquéreurs intermédiaires, le musée de Cluny, à Paris, le musée Britannique et le musée de Kensington, à Londres, et les catalogues de ces musées ont continué à répandre l'expression de « grès flamands » justifiée par une apparence d'origine flamande. Même en Allemagne, la dénomination de « grès flamands » a persisté. »

On peut diviser les grès en quatre variétés principales suivant la couleur de leur pâte et celle de leur glaçure :

1° *Grès à pâte blanchâtre ou gris perle sans aucune glaçure.* — Fabriqués à Siegburg, siège d'une abbaye importante située en face de Bonn à quelque distance de la rive droite du Rhin, les grès de cette catégorie affectent le plus souvent la forme de cannettes cylindriques (*snelles*) ornées en relief de riches armoiries, de figures allégoriques avec inscriptions, de médaillons représentant des scènes de l'Ancien Testament, etc. La hauteur de ces cannettes, qui sont les plus rares parmi les grès allemands, atteint quelquefois 35 centimètres. Les poteries de grès, du reste, grâce à la texture fine et serrée de leur pâte, étaient souvent d'assez grande dimension : c'est ainsi qu'une aiguière du musée de Cluny, provenant également de Siegburg, ne mesure pas moins de 90 centi-

mètres de haut. Ces grès sont généralement désignés
sous le nom de *grès de Cologne*, Siegburg n'étant pas
très éloignée de cette dernière ville.

2° *Grès à pâte jaunâtre, recouverts d'une glaçure
brune plus ou moins foncée et quelquefois un peu bronzée.*
— Ces grès, qui sont les moins rares, ont été fabriqués

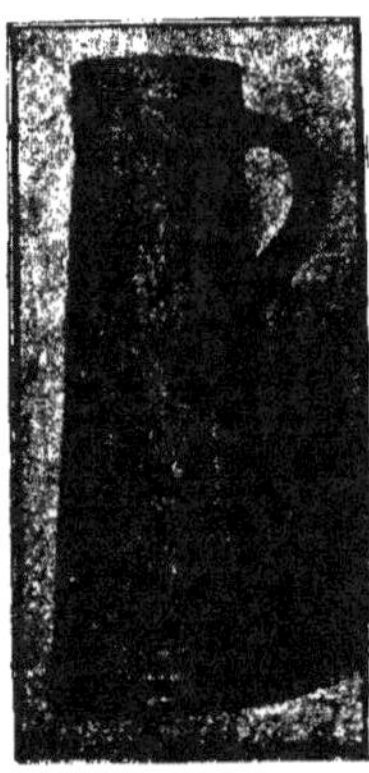

FIG. 29. — Grès (*snelle*) de Cologne.

dans plusieurs localités, notamment à Raeren, à deux
lieues au-dessous d'Aix-la-Chapelle, dépendant autrefois
du duché de Limbourg, et à Frechen, environ à deux
lieues à l'ouest de Cologne.

Raeren possédait dès le commencement du XVIe siècle
des fabriques de grès semblables comme apparence à
ceux de Frechen ; ils se distinguent de ces derniers par
leur forme, le plus souvent sphérique, divisée en deux parties par une large bande cylindrique, ou frise horizontale
circulaire, sur laquelle sont représentés en relief des sujets
empruntés à l'Ancien ou au Nouveau Testament, des
chasses, des danses, des cortèges, des écussons armo-

riés, etc. ; le col est orné de médaillons également en relief ; l'épaulement et le culot, de guillochages, d'ornements géométriques, de canaux, etc. C'est à Raeren que
furent fabriquées la plupart des cruches formées de deux
anneaux s'entre-croisant dans le sens vertical ou d'un
seul anneau vertical coupé par une bague horizontale.

Dans les grès bruns, les plus remarquables et les plus
nombreux sont ceux qui sont connus sous le nom de

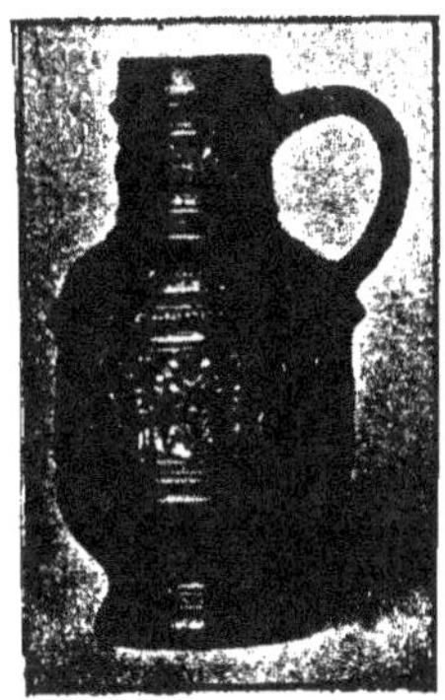

FIG. 3o. — Grès de Raeren.

Bauerntanz-Krüge, sur la frise desquels sont représentées en relief des danses de villageois dans le genre des
sujets gravés par Beham et Aldegraver et les *Susanna-
Krüge* qui reproduisent en plusieurs tableaux l'histoire
de la chaste Suzanne. Les premiers sont souvent accompagnés d'inscriptions qui ne sont pas toujours d'un goût
irréprochable.

Suivant M. Schuermans, Raeren aurait fabriqué également des grès gris et bleus.

Les grès de Frechen, de forme sphéroïdale, parfois de
grandes dimensions, portent souvent sur la partie antérieure du col des mascarons à longue barbe qui leur

avaient fait donner dans le peuple le nom de *barbmans* (1).
Comme ceux de Raeren, ils sont fréquemment ornés de
frises circulaires, représentant, toujours en relief, des
chasses, des danses ou des sujets bibliques. M. Schuermans, qui, ainsi que nous l'avons dit, a fait une étude

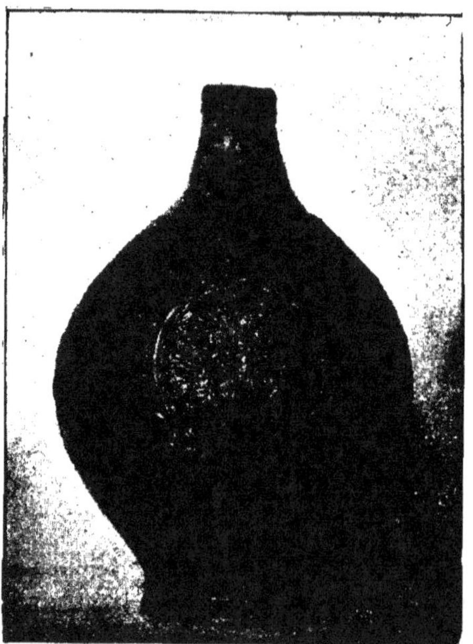

Fig. 31. — Grès (*barbman*) de Frechen.

toute particulière des grès, indique, pour distinguer les

(1) En Angleterre, où les grès bruns furent importés de bonne heure
et où plusieurs potiers allemands vinrent ensuite établir des manufactures, on les appela d'abord *grey-beards* ou *long-beards* (*barbes grises*
ou *longues barbes*) et plus tard, sous le règne de Jacques Ier, *bellar-
mines*, par allusion au cardinal Robert Bellarmin, qui s'était opposé au
progrès de la religion réformée et qui portait une longue barbe. Les
pièces de théâtre et les recueils de l'époque parlent souvent de ces
sortes de cruches que l'on rencontre fréquemment en Angleterre.

grès de Frechen de ceux de Raeren, un signe qui trompe
rarement : le dessous des vases de Frechen porte *presque
toujours* la trace elliptique de la corde qui a servi à séparer le pied du vase du pivot sur lequel il était adapté ;
le foyer des ellipses parallèles ainsi formées n'est jamais

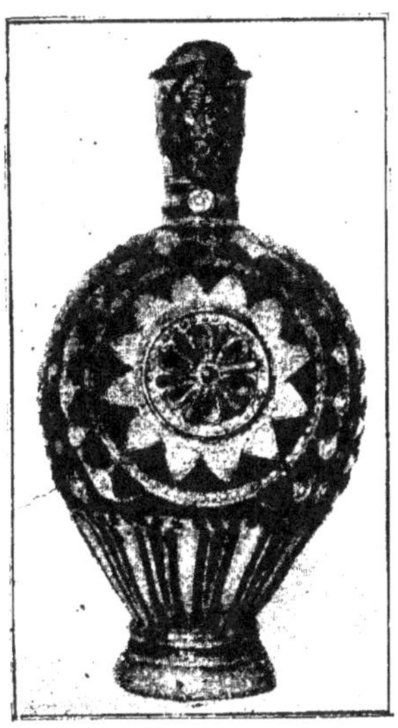

Fig. 32. — Grès de Grenzhausen,

le centre réel du pied du vase. Cette trace est presque
toujours effacée sur les produits des autres ateliers.

3° *Les grès à pâte grise ou bleuâtre décorés d'émaux
bleus, violets, lie de vin ou bruns, avec dessins au trait
séparant les émaux.* — Hœhr et Grenzhausen, à quelque
distance de la rive droite du Rhin, en face Coblentz, paraissent avoir été les centres les plus importants de la fabrication de ces poteries dans lesquelles on trouve une
grande richesse d'ornementation en même temps qu'une

diversité considérable de formes élégantes et parfois bizarres qui dénotent une remarquable ingéniosité de composition et, surtout, une extrème habileté de la part des
ouvriers.

La décoration est estampée en creux ou moulée en
relief ; dans certaines grandes pièces, elle est quelquefois formée d'éléments hétérogènes, appliqués au hasard
et sans aucune idée d'ensemble, au moyen de ceux des
moules qui étaient le mieux en rapport avec la surface
à orner. C'est ainsi qu'une grande cruche du musée de
Cluny, dont la panse divisée par des pilastres à cariatides est décorée des figures de Neptune, du Soleil, de
la Lune, de Pluton, de la Justice, etc., a son goulot
couvert de sujets de chasse avec la légende : « Je ne
sais rien de meilleur sur terre et au ciel que de savoir
que nous serons des bienheureux par Jésus-Christ. » On
a fait en grès des *pots trompeurs* ou *pots à surprise* d'une
disposition assez ingénieuse, des chauffe-mains en forme
de livres et surtout de petites cruches avec médaillons
et rosaces découpées à jour, des salières, des flacons, etc.

*4° Grès à pâte brune et à glaçure noire ou décorés
d'émaux polychromes posés après la fabrication et la
première cuisson, et cuits à une basse température.* —
C'est surtout à Creussen, en Bavière, que l'on a fabriqué, pendant le XVIIᵉ siècle et au commencement du XVIIIᵉ,
des grès à pâte brune, recouverts d'une glaçure noire ou
décorés en relief de figures ou frises circulaires, d'armoiries et d'ornements peints en couleurs opaques, d'un
ton un peu cru, ayant au premier abord l'apparence de
couleurs à l'huile. Les plus connus sont les pots cylindriques représentant sur la panse les figures du Christ
et des Apôtres, ou celles des Électeurs, et qui sont par

cette raison désignés sous le nom de *cruches des Apôtres*
ou *cruches des Électeurs*. Quelques-uns, d'assez grande
dimension, portent parfois des inscriptions singulières,
celle-ci entre autres que nous avons relevée sur un des
grès du musée de Cluny : « Celui qui me boira d'un trait
sera béni par la Sainte Trinité. »

On a fait souvent des contrefaçons de ces grès surmoulés sur les originaux et peints à l'huile, mais il est
facile de les reconnaître en grattant légèrement la couleur qui s'enlève ou se raye sous la pointe du canif.

Nous n'avons pu indiquer ici que les principales
fabriques de l'Allemagne et les caractères particuliers de
leurs produits, mais nous devons ajouter qu'il est souvent bien difficile de déterminer d'une façon positive la
provenance des grès, les reliefs qui les décorent se ren-
contrant souvent sur des pièces de nature différente.
Beaucoup, il est vrai, portent les initiales des graveurs
qui ont fourni les moules en terre ou en bois dans lesquels les motifs décoratifs étaient estampés, mais c'est
là une indication à laquelle il est prudent de ne pas trop
se fier, les graveurs travaillant pour tous les fabricants
qui s'adressaient à eux et les potiers ne se gênant pas
pour se piller mutuellement. C'est ainsi que le sujet, très
populaire au xvi⁰ siècle, la *Danse des Paysans*, que nous
avons mentionné, se trouve reproduit sur des vases de
Raeren ou de Siegburg, aussi bien que sur ceux de
Bouffioulx, en Belgique, qui, dès la fin du xvi⁰ siècle, re-
produisait les types de Raeren. L'étude des grès est, du
reste, de date toute récente et il y a encore beaucoup à
glaner dans ce champ récemment exploré.

L'industrie des grès allemands, qui avait été florissante
pendant près de deux siècles, commence à perdre son

caractère artistique dans la dernière moitié du xviiᵉ siècle pour s'éteindre peu à peu et disparaître bientôt presque complètement. Dans ces derniers temps, quelques fabricants des environs de Cologne ont voulu tenter de la faire revivre, mais leurs produits, quoique copiés et même surmoulés entièrement sur les œuvres de la belle époque, sont loin d'avoir le même charme ; la glaçure, pauvre et empoisonnée par le bleu des émaux, est d'un ton dur, désagréable, et masque cette belle couleur grise de la pâte si fine, si harmonieuse, et qui s'alliait si bien dans les anciens grès avec les ornements dont elle faisait ressortir le relief fin et précis.

La France possédait également des fabriques de grès en Bourgogne, dans le Nivernais et, surtout, dans le Beauvaisis. C'est de Savignies et de La Chapelle-aux-Pots, petites localités situées aux environs de Beauvais, que sont sorties ces *poteries azurées* dont parle Rabelais et que mentionnent souvent les écrivains des xviᵉ et xviiᵉ siècles. Ces poteries avaient une très grande réputation et étaient assez estimées pour être jugées dignes d'être offertes aux souverains. Lorsque François Iᵉʳ, se rendant à Arras, en 1520, passa par Beauvais, le chapitre diocésain, par délibération du 16 mai, décida qu'il serait offert à la reine, qui accompagnait le roi dans ce voyage, « des bougies et des *vases de Saveignies* » ; une autre délibération, en date du 4 décembre 1536, porte que l'on donnera au roi « un buffet de Saveignies », et d'autres hommages semblables lui furent faits par décision des 6 août 1540 et 16 juillet 1544. La réputation de ces poteries durait encore à la fin du xviiᵉ siècle et lorsque, au mois de janvier 1689, la reine d'Angleterre, s'enfuyant de Londres, s'arrêta à Beauvais pour se rendre à Saint-Germain, on lui en offrit plusieurs spécimens. Le musée

de Sèvres possède quelques beaux et rares échantillons
de ces poteries azurées, entre autres deux belles gourdes
de voyage fleurdelisées, dont une, décolorée en partie
par un long séjour dans la Somme, porte sur ses deux
faces l'écusson de France avec, d'un côté, l'inscription
Charles Roy et, de l'autre, le nom d'*Anthoine Loysel*,
avocat, historien du Beauvaisis (1536-1617).

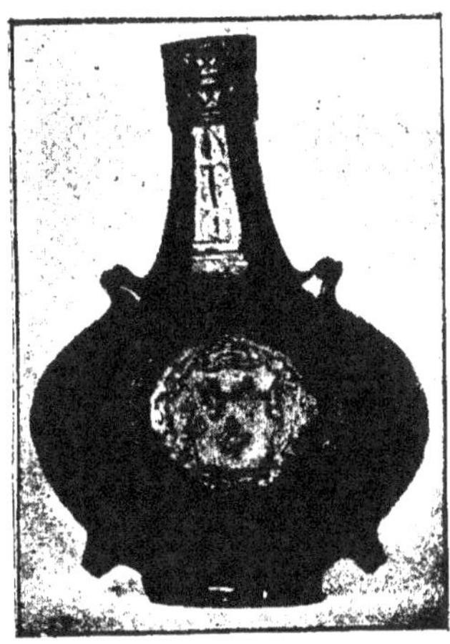

Fig. 33. — Grès azuré de Beauvais (xvie siècle).

Mais bientôt, probablement à cause du développement
considérable que prenait en France l'industrie de la
faïence, la fabrication des grès à émail bleu cessa complètement pour faire place à une fabrication plus commune qui se borna à la confection des ustensiles réservés aux usages domestiques.

On a prétendu, mais sans apporter de preuves à l'appui,
que des manufactures de grès avaient existé en Angleterre dès le xvie siècle ; la chose est au moins douteuse.
Les plus anciens spécimens qui ont été trouvés en An-

gleterre offrent tous les caractères des grès bruns allemands et il est à présumer qu'ils y furent importés par
les Pays-Bas, dont les relations avec la Grande-Bretagne
étaient fréquentes à cette époque. Peut-être pourrait-on
faire une exception pour certains grès bruns, jaspés, d'une
fabrication très particulière et extrèmement soignée, que
l'on enrichissait de superbss montures en argent, mais
le caractère même de ces grès, ainsi que leur extrème
rareté, exclut l'idée d'une fabrication suivie. Il faut attendre la fin du xvii° siècle pour voir s'implanter à Lambeth
et à Fulham l'industrie du grès, qui se perfectionna rapidement et arriva bientôt à produire des grès blancs
d'abord, et ensuite, avec le célèbre Josiah Wedgwood,
des œuvres d'une perfection et d'une finesse d'exécution
admirables, qui ne présentent aucune analogie avec ceux
dont nous venons d'étudier les caractères ; nous nous en
occuperons en traitant de l'ensemble des poteries anglaises, de même que nous parlerons plus loin des grès
que Bœttger fabriquait à Meissen dans les premières
années du xviii° siècle et dont l'histoire est intimement
liée à celle de la porcelaine.

CHAPITRE III

POTERIES ÉMAILLÉES

Faïences. — L'origine des *faïences émaillées* ou faïences proprement dites (1), c'est-à-dire des poteries recouvertes d'un émail blanc opaque masquant complètement la couleur de la terre et susceptible de recevoir des colorations riches, brillantes et variées, est des plus difficiles à déterminer.

Nous avons dit plus haut que les briques émaillées trouvées dans les ruines de Ninive et de Babylone, aussi bien que les superbes frises rapportées de la Susiane par M. Dieulafoy, contiennent de l'étain, mais sa présence y est purement accidentelle; il n'entre guère que dans les pétales blancs des rosaces qui jouent un si grand rôle dans la décoration assyrienne et il y est toujours recouvert d'un vernis vitreux, alcalin ou plombeux.

Or, il est évident que le secret de ces glaçures, dont les anciens peuples de l'Orient avaient revêtu les murs de leurs palais, n'a jamais été perdu ; les Persans le conservèrent, et leurs plus anciennes mosquées nous montrent jusqu'à quel point et avec quelle grande intelligence du sentiment

---

(1) Afin de les distinguer des *faïences fines* ou *terre de pipe*, Brongniart les appelle également *faïences communes*.

décoratif ils surent pousser l'art d'enrichir leur architecture de plaques éblouissantes sous leur manteau d'émail. En Asie Mineure, de nombreuses manufactures situées entre Brousse et Nicée, et qui, selon toutes probabilités, étaient dirigées par des Persans, fournirent de faïences décorées avec un art merveilleux les mosquées, les bains, les palais et les tombeaux de l'Égypte et de la Turquie, en même temps qu'elles fabriquaient des vases, des coupes et des écuelles dont nos pères, au retour des croisades, rapportèrent des spécimens comme des souvenirs ou de pieux trophées de la guerre sainte. Ce sont certainement ces rares échantillons de la céramique orientale que les *Inventaires* du moyen âge désignent sous le nom *d'œuvre d'oultremer* ou *d'ouvrage de Damas* (1). L'absence de documents précis ne permet pas d'assigner une date certaine à cette fabrication que l'on peut cependant faire remonter au commencement du VIIIe siècle.

Il est donc à peu près certain que les Persans ont été les conservateurs de l'industrie céramique dans l'ancien Orient et que ce sont eux qui en ont enseigné la pratique aux Arabes qui, à leur tour, importèrent en Europe les secrets de la fabrication orientale par deux voies différentes, l'Espagne et la Sicile.

Mais ici, grâce aux recherches faites par le baron Davillier qui en a consigné les résultats dans son *Histoire des Faïences hispano-moresques*, grâce aussi au témoignage des œuvres elles-mêmes, nous quittons le champ des hypothèses pour entrer dans le domaine des faits.

(1) « Ung petit pot en terre en façon de Damas ; — ung pot de terre à biberon, sans garnyson (garniture), de la façon de Damas. » (*Inv. de Charles VI*, 1439.) « Ung pot de terre de l'ouvraige de Damas, blanc et bleu... » (Cf. L. de Laborde, *Glossaire*.)

Faïences hispano-moresques. — Maîtres de l'Espagne
dès le commencement du viiie siècle, les Arabes y appor-
tèrent les sciences et les arts qu'ils cultivaient et il leur
fut d'autant plus facile d'y mettre en œuvre les perfectionnements qu'ils avaient introduits dans la fabrication
des poteries, que l'Espagne avait dû conserver quelques
traditions des arts céramiques qu'y avaient pratiqués
autrefois les Romains. Mais, à la fin du xiie siècle, ils
furent chassés de la péninsule par les Almoravides venus
du nord de l'Afrique et ceux-ci, à leur tour, durent céder
bientôt la place aux Almohades, dynastie des princes
mores. Ces derniers continuèrent les traditions artistiques des Arabes, mais en imprimant à leur œuvre un caractère particulier qui ne permet pas de confondre les
deux arts ensemble, quoique le second dérive du premier.
La désignation de *faïences hispano-moresques* proposée
par le baron Davillier est donc plus logique que celle de
faïences hispano-arabes employée autrefois, et cela d'autant mieux que dans les produits de cet ordre trouvés en
Espagne il n'en est pas que l'on puisse faire remonter avec
certitude au temps de la domination arabe, ni même au
delà de la fin du xiiie ou du commencement du xive siècle.

Il n'en est pas de même pour la Sicile et, quoique
ayant la même origine, les produits de l'art céramique
dans les deux pays présentent des caractères parfaitement tranchés. Soit que les Arabes chassés de l'Espagne
et réfugiés en Sicile y aient établi des ateliers, soit que
les potiers venus d'Égypte ou des côtes de l'Asie Mineure
y aient apporté leur industrie, les faïences qui y furent
fabriquées pendant le xive et le xve siècle diffèrent tellement au point de vue technique de celles d'Espagne que
l'on peut, sans hésitation, les désigner sous le nom de
faïences *siculo-arabes*.

Les différences qui séparent ces deux sortes de poteries, d'origine commune cependant, sont, à notre avis du moins, le résultat de la nature même de leur pâte. Dans les faïences siculo-arabes ainsi que dans les poteries persanes, la pâte argilo-siliceuse, blanchâtre, pouvait recevoir directement une décoration qui prenait de la vigueur sous un émail vitreux et transparent, mais il n'en fut pas de même en Espagne, où les potiers, ne trouvant qu'une argile fortement colorée, durent nécessairement chercher à en masquer la couleur. C'est alors qu'ils furent amenés à recouvrir entièrement leurs produits avec l'émail d'étain, blanc et opaque, qui n'avait été employé jusqu'alors que comme un élément décoratif, c'est-à-dire que comme une couleur blanche venant s'ajouter à la gamme des autres couleurs.

Il nous semble donc hors de doute que c'est en Espagne qu'a pris naissance l'industrie de la véritable faïence, la faïence à émail stannifère qui, pendant plusieurs siècles, régna en souveraine et qui, dans ses diverses manifestations, nous a laissé tant d'œuvres remarquables.

Il est bien difficile de dire à quelle époque furent établies en Espagne les premières fabriques de faïences. Ce qui est positif, c'est que MALAGA, ville située à l'embouchure de la Guadajoz et voisine de Grenade, était dès le commencement du xive siècle le centre d'une industrie assez renommée, puisqu'un voyageur, Ibn-Batoutah, de Tanger, qui visitait Grenade en 1350, écrivait : « On fabrique à Malaga la belle poterie en porcelaine dorée que l'on exporte dans les contrées les plus éloignées (1). » Cette

(1) *Voyages d'Ibn-Batoutah,* traduction française de Defrémery, Paris, 1858.

« belle poterie dorée » n'est autre évidemment que la suite, la tradition, des revêtements à lustres auréo-cuivreux que l'on trouve sur les plus anciens monuments de la Perse, et qui décorent si richement la plupart des faïences hispano-moresques. C'est à Malaga, selon toutes probabilités, qu'ont été fabriqués, vers 1320, les célèbres vases qui décoraient le palais de l'Alhambra, à Grenade, et que l'on peut regarder comme les produits. les plus remarquables de l'ancienne industrie céramique des Mores d'Espagne.

Viennent ensuite les fabriques établies dans les îles Baléares, notamment à MAJORQUE, qui faisait de la poterie un commerce si considérable avec toutes les côtes de la Méditerranée que « le mot *majolica*, dit le baron Davillier, anciennement employé en Italie, et dont on se sert encore aujourd'hui pour désigner la faïence en général, tire son étymologie du nom de cette île, nom que les auteurs italiens, par un euphonisme naturel à l'esprit de leur langue, ont toujours écrit « majolica » au lieu de « majorica » (1).

YNCA, petite ville située dans l'intérieur de l'île, et IVIÇA étaient les centres principaux de la fabrication de ces faïences, généralement décorées d'arabesques, de fougères et de dessins géométriques de style moresque, accompagnés d'inscriptions en caractères moitié gothiques et moitié arabes, sans signification réelle et la

(1) DAVILLIER, *op. cit.*, p. 24. — Scaliger dit en parlant des poteries qui arrivaient d'Espagne : « ... Nous les appelons *majolica* en changeant une lettre du nom d'une des îles Baléares, où, assure-t-on, se font les plus belles... ; » et Fabio Ferrari, dans ses *Origines de la langue italienne*, dit également que le mot « majorica » a été changé en « majolica » « par une certaine caresse de langage » (*per un certo vezzo di lingua*). Le *Dictionnaire de la Crusca* au mot « majolica » assure aussi que la faïence est ainsi nommée de l'île Majorque où l'on commença à la fabriquer.

plupart du temps illisibles ; toute cette décoration est
exécutée en lustre métallique rouge cuivreux employé
seul ou quelquefois rehaussé, mais très discrètement, de
traits bleus. Suivant un passage des *ordonnances royales*
concernant l'île d'Iviça, les vaisselles de terre des îles
Baléares étaient recherchées dans tous les pays, non
seulement à cause de leur supériorité et de leur valeur,
mais aussi « pour la nature spéciale de leur terre *qui pré-
servait du poison* ».

Les fabriques du royaume de VALENCE, beaucoup plus
importantes, devaient avoir une origine au moins aussi
ancienne, mais ce n'est guère qu'à partir du XVᵉ siècle
qu'il est possible d'assigner à leurs produits un caractère bien déterminé. C'est à Valence que l'on attribue
généralement les grands et beaux plats entièrement décorés en lustres métalliques et portant au centre des
armoiries qui peuvent souvent fournir des indications
précieuses, ainsi que ceux qui portent l'aigle de Saint-
Jean particulièrement vénéré à Valence. On ne sait si les
ateliers étaient établis à Valence même ou seulement à
Manisès, petit village des environs, dont les faïences
étaient « si bien dorées et peintes avec tant d'art, dit
Diago dans ses *Annales*, qu'elles ont séduit le monde
entier, à tel point que le pape, les cardinaux et les
princes envoient ici leurs commandes, admirant qu'avec
de simple terre on puisse faire quelque chose de si
exquis. » Même après l'expulsion des Maures, la fabrication des faïences à lustre auréo-cuivreux n'a jamais
cessé à Manisès. En 1780, un voyageur anglais rapporte
que « ses habitants, potiers pour la plupart, fabriquent une
belle faïence couleur de cuivre ornée avec de la dorure, que
le peuple du pays emploie tout à la fois pour l'ornementation et les usages domestiques » ; en 1801, un voyageur

allemand, Fisher, mentionne encore « les plats ornés de
figures dorées » que l'on y faisait, et le baron Davillier
raconte avoir vu un simple aubergiste, Jayme Cassans,
qui, aidé de sa femme, occupait ses loisirs à fabriquer

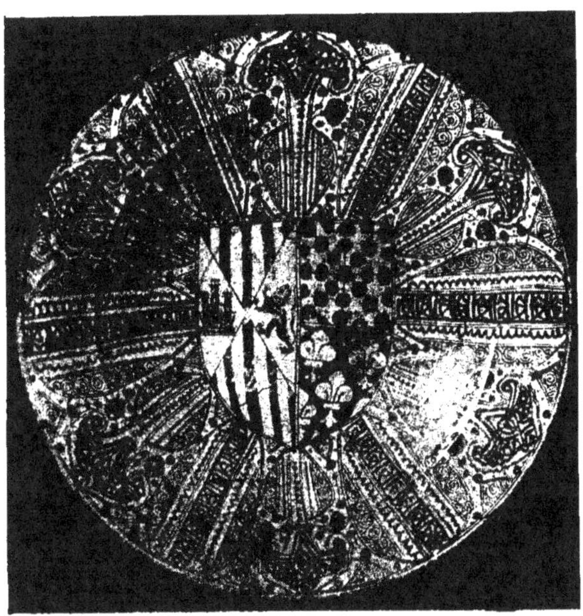

Fig. 34. — Plat de Valence aux armes de *Blanche de Navarre*
(fin du xv⁰ siècle).

des faïences d'ouvage doré « obra dorada » qu'il vendait
pour quelques sous.

Selon toutes probabilités, c'est surtout à Manisès
qu'étaient fabriqués les *azulejos* ou carreaux émaillés,
peints ou à relief, employés dans le revêtement intérieur
ou extérieur des édifices, décorés souvent avec une
grande richesse, et dont l'usage était si général que le
vieux dicton castillan : *Non ava casa con azulejos*, était,

dans toute l'Espagne des xvi⁰ et xvii⁰ siècles, l'indice de la pauvreté.

FAIENCES ITALIENNES. — Après l'Espagne, c'est l'Italie qui nous montre en Europe les plus anciens spécimens de la poterie émaillée ; mais ici encore les origines sont douteuses. Quelques auteurs italiens ont bien cherché à prouver que l'art de recouvrir la terre d'un émail brillant, de couleurs variées, l'art de l'*invetriatura*, avait toujours été pratiqué en Italie et que, progressant peu à peu, il y était arrivé à son complet épanouissement dans la première moitié du xvi⁰ siècle pour s'affaiblir ensuite et disparaître presque complètement à la fin du xvii⁰ ; mais les preuves qu'ils apportent à l'appui de leur assertion sont loin d'être convaincantes. Quant à attribuer, comme on l'a affirmé pendant bien longtemps, l'invention de l'émail stannifère à Luca della Robbia, il n'y a pas lieu de s'y arrêter. Cependant, si l'on examine avec attention, et seulement au point de vue technique, les terres émaillées sorties des ateliers des della Robbia, on y voit l'emploi d'un émail blanc, opaque et d'apparence solide, que l'on ne trouve dans aucune des céramiques anté-rieures ; et quand certaines parties sont rehaussées de colorations toujours sobres, du reste, ces colorations participent de l'opacité et de la solidité de l'émail. Malgré leur vigueur apparente, malgré l'éclat que leur donne la lumière frappant sur une surface brillante, il semble qu'elles soient alourdies par le blanc sur lequel elles ont été appliquées et avec lequel elles paraissent avoir été mélangées ; elles manquent de profondeur, d'éclat et de transparence. Mais, pour des œuvres exclusivement réservées à la décoration architecturale, ce n'était pas là un défaut, et si Luca ne fut pas l'inventeur de cet émail, il eut du moins le mérite de l'avoir appliqué le premier d'une façon inconnue avant lui, pour en recouvrir ses admirables terres cuites, de façon à leur donner une durée presque indéfinie (*faceve l'opere di terra quasi eterne*, a dit Vasari).

Les Della Robbia. — Le chef de la famille, *Luca di Simone di Marco*, naquit à Florence en 1399 ou 1400. Très habile sculpteur, il fut, tout jeune encore, chargé à Rimini de travaux qui le firent promptement connaître et lui valurent à son retour à Florence la commande d'œuvres importantes qui rendirent son nom célèbre dans toute l'Italie. Peu satisfait cependant, si l'on en croit Vasari, des résultats pécuniaires qu'il obtenait et irrité des lenteurs qu'apportait à son ardeur de produire l'exécution en marbre de ses œuvres, il s'appliqua à leur donner l'éclat et la solidité du marbre en les recouvrant d'un émail blanc semblable à celui qui était employé dans les faïences hispano-moresques qui arrivaient alors en grande quantité en Italie. D'après Vasari, son premier ouvrage en ce genre serait le beau bas-relief de la *Résurrection* dans l'église Santa-Maria-del-Fiore, exécuté en 1443, où les figures se détachent en blanc sur un fond bleu lapis ; puis vinrent successivement les *Évangélistes* de la chapelle des Pazzi, à Santa-Croce, où paraît dans les détails la première application des couleurs (vert, violet et jaune) et le bas-relief de l'*Ascension* qui date de 1446. Il décora ensuite un grand nombre de chapelles et d'églises de la Toscane d'œuvres qui alors, comme aujourd'hui, excitaient l'admiration générale. Dans ses compositions toujours simples, les figures sont en petit nombre, l'expression calme, les attitudes nobles et naturelles. Les encadrements sont formés de peu de moulures décorées sobrement d'ornements empruntés à l'art grec ; l'émail est très pur, d'un ton doux qui participe à la fois du marbre et de l'ivoire un peu jauni ; le bleu des fonds est doux et harmonieux. — Il mourut en 1482.

Son neveu, Andréa, né à Florence, le 28 octobre 1435, qu'il avait associé depuis longtemps à ses travaux, transforma son atelier en fabrique, tout en lui conservant cependant un grand caractère d'art. Il fit surtout des pièces sans destination définie à l'avance, tableaux d'autels, médaillons, tabernacles, etc., faciles à reconnaître à leurs encadrements composés de lourdes guirlandes de fruits et de feuillages, admirablement modelés et d'une coloration forte et soutenue, mais qui écrasent parfois le sujet principal. — Il s'éteignit à Florence le 4 août 1525, laissant sept fils dont trois seulement sont connus comme artistes.

L'aîné, Giovanni, né le 8 mai 1469, demeura à Florence ; ses œuvres, d'une composition lourde et confuse et d'une exécution froide malgré les surcharges de couleurs qui les distinguent, marquent une décadence très accentuée.

Luca, le second, se rendit à Rome, où, après avoir peint et émaillé, à la demande de Raphaël, les pavages en terre cuite des *Loges* au Vatican, il établit une fabrique de poteries. C'est de cette fabrique que, suivant quelques auteurs, seraient sortis les vases bien connus, à émail stannifère bleu lapis, décorés d'imbrications et d'entrelacs en léger relief, et dont les anses sont figurées par des dauphins.

Le troisième, Girolamo, né le 9 mars 1488, est plus connu, surtout en France, où il fut appelé vers 1527 pour travailler à la décoration du château de Madrid — ou *château de faïence* — au bois de Boulogne. Forcé, après

la mort de François Ier, de retourner en Italie par suite
de la jalousie de Philibert Delorme, envieux du succès
des artistes italiens, il revint en France en 1557 rappelé
par l'influence du Primatice. Il mourut à Paris, à l'hôtel
de Nesles, le 4 août 1566. On lui doit, outre de nombreuses terres cuites émaillées, des sculptures en pierre
et en marbre qu'il exécuta à Fontainebleau, à Orléans
et dans plusieurs autres villes de France.

Si on les examine seulement au point de vue de la
céramique, les œuvres des Della Robbia témoignent
d'une connaissance approfondie des procédés techniques.
L'émail en est très glacé, très pur et sans aucune tressail-
lure ; la terre est bien cuite et les retraits en ont été si
habilement calculés, que toutes les pièces qui composent l'ensemble des bas-reliefs et des statues de
grande dimension s'ajoutent et s'assemblent sans laisser
aucun vide. Dans quelques bas-reliefs, les nus sont restés à l'état de biscuit, c'est-à-dire sans être recouverts
d'émail ; le musée du Louvre possède en ce genre plusieurs œuvres qui font regretter que ce procédé, qui
laisse au modelé toute sa finesse et tout le caractère que
l'émail, malgré son peu d'épaisseur, tend toujours à enlever à la terre cuite, n'ait pas été plus souvent employé.

Les Majoliques. — Avant de commencer l'étude des
majoliques, nom qui, dans le principe, semble n'avoir
été appliqué qu'aux seules faïences qui, comme nous
l'avons dit, arrivaient des îles Baléares, mais qui, plus
tard, s'est étendu à tous les produits des nombreux ateliers qui couvrirent le sol de la péninsule à la fin du
xve et pendant tout le xvie siècle, il nous semble indispensable de donner quelques renseignements sur les

procédés employés par les artistes italiens dans la fabrication et la décoration de leurs faïences.

Les faïences, façonnées au moyen du tour, ou, dans certains cas, moulées, étaient ensuite réparées, séchées, et cuites d'abord, à un feu assez léger ; cette première cuisson dite à *bistuggio* (en biscuit) n'avait pour objet que de leur donner assez de solidité pour qu'on pût les manier plus facilement, les tremper dans l'émail, et les décorer sans craindre de les voir se briser entre les mains de l'ouvrier. On les émaillait ensuite, soit en les arrosant avec de l'émail liquide que l'on agitait sans cesse afin qu'il fût toujours en suspension dans l'eau, soit en les trempant entièrement dans l'émail. Les plus anciennes faïences italiennes ont été émaillées par le premier procédé ; on les reconnaît au *dessous* qui n'est recouvert que d'un émail vitreux, laissant transparaître la couleur de la terre, ou d'un émail opaque, sali, piqueté, et qui paraît provenir de résidus. On faisait alors sécher cette première couche d'émail dans lequel il entrait une assez grande quantité de terre très blanche et qui, en réalité, n'était qu'une sorte d'engobage et on peignait avant la cuisson.

L'émail des faïences italiennes était plus sec, plus dur et moins absorbant que celui de nos faïences françaises, et c'est à cette qualité toute particulière qu'il faut attribuer la finesse, la netteté et la précision des détails, ainsi que la délicatesse de modelé qui caractérisent les œuvres de la belle époque. Cependant, les couleurs délayées à l'eau, et additionnées d'un *fondant*, nommé *marzacotto*, composé de lie brûlée et de sable formant sous l'action du feu un silicate de potasse qui corrigeait la sécheresse de l'émail, devaient être appliquées du premier coup et sans retouche possible. Ce même *marza-*

cotto était employé également pour émailler une seconde
fois les pièces après la décoration et avant leur passage au
feu, mettant ainsi la couleur sous une couche de vernis
transparent qui en avivait les tons. C'est là la différence
qui existe entre les majoliques italiennes du xvie siècle
et les faïences françaises ou étrangères des siècles suivants, sauf cependant celles de Delft, en Hollande. Dans
les premières, l'émail opaque qui couvre la terre est
recouvert lui-même d'une couche d'un autre émail vitreux
qui donne la glaçure aux couleurs ; dans les secondes,
la couleur, posée sur un émail pulvérulent qui l'absorbe
aussitôt, qui la boit, pour ainsi dire, s'incorpore sous
l'action du feu dans cet émail qui lui communique son
éclat.

Le beau lustre métallique qui enrichit de ses reflets
irisés un grand nombre de majoliques n'était posé que
sur les pièces entièrement terminées et nécessitait ainsi
une troisième cuisson à feu très doux.

La décoration des faïences suivit les variations du
goût ; chaque fabrique s'ingéniait à trouver un genre qui
devenait bientôt à la mode et que les chefs des ateliers
rivaux copiaient aussitôt ; aussi est-il souvent très difficile de déterminer le point de départ d'un système d'ornementation que l'on retrouve sur des pièces d'origine
différente. Nous nous bornerons donc à indiquer les caractères distinctifs des principales fabriques et à signaler
les analogies qui se présenteront en cherchant à faire
ressortir les différences d'exécution. Nous chercherons
à suivre l'ordre chronologique, autant du moins que
peut le permettre l'incertitude qui règne encore sur
l'époque de la fondation et les origines d'un grand
nombre de ces fabriques.

Au début, la décoration est exclusivement *décorative*,

c'est-à-dire que les ornements dominent, épousant toujours la forme des pièces qu'ils recouvrent ; les représentations de personnages, en pied ou en buste, sont des plus simples ; le dessin exprimé par un trait bleu ou violet de manganèse est légèrement modelé du même ton dans les chairs, rehaussé de teintes plates dans les vêtements ; les lustres métalliques empruntés à l'Espagne y sont fréquemment employés, surtout à Gubbio,

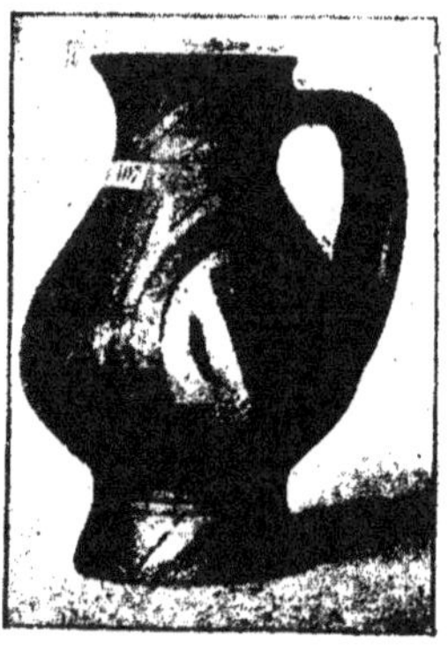

Fig. 35. — Vase de Faenza (?) (xivᵉ siècle).

avec maëstro Giorgio Andreoli ; l'aspect archaïque est très prononcé. Mais bientôt les peintres faïenciers, plus maîtres de leur palette qui s'enrichit chaque jour, deviennent plus habiles et, en même temps, plus ambitieux. Les gravures de Marc-Antoine, de Marc de Ravenne et de tant d'autres, en vulgarisant les œuvres des maîtres, leur donnent l'idée de les reproduire sur l'émail inaltérable. A Urbino, surtout, des artistes doués d'une adresse prodigieuse, mais qui manquent assurément du sentiment décoratif, les transportent sur des plats, des coupes et des vases sans aucun souci de la convenance des formes et, sauf peut-être à Faenza qui conserve les anciennes traditions, ils trouvent partout des imitateurs ; c'est la décadence qui commence. Puis on crée à Urbino un nouveau genre, celui des *groteschi* peints en couleur sur l'émail blanc ; d'une exécution délicate et très soignée au début, ce genre, qui devient bientôt à la mode, tombe dans le commerce, le dessin s'alourdit, les

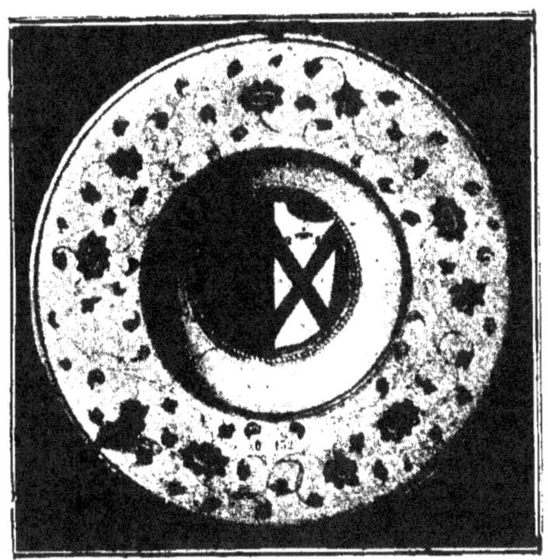

FIG. 36. — Plat de Faenza (décor dit *alla porcellana*, XVIe siècle).

couleurs s'empâtent, et, vers la fin du XVIe siècle, il ne reste plus guère que le souvenir de ces ateliers si renommés dont les souverains et les grands seigneurs, aussi bien en Italie qu'à l'étranger, se disputaient autrefois les produits.

Faenza. — Les manufactures de Faenza sont, sinon les plus anciennes, au moins les plus importantes et les plus célèbres de l'Italie ; on connaît des pièces datées de 1475 — entre autres une plaque du musée de Cluny — et Piccolpasso, qui possédait lui-même en 1548 une fabrique rivale à Castel-Durante, fait le plus grand éloge de Faenza « qui tient le premier rang pour la fabrication des vases » (1).

Au début, la décoration, un peu archaïque, se ressent de l'influence orientale et surtout persane ; le dessin est raide, la coloration rude, surtout dans les bleus qui, mélangés avec le manganèse, tournent parfois au noir violacé. Bientôt cependant les couleurs sont plus harmonieuses et plus douces, les formes plus élégantes, la décoration plus souple et plus originale.

Dès le commencement du xvie siècle apparaissent les sujets de figures, les *historie*, qui sont éxécutés sans caractères bien déterminés et qu'il serait facile de confondre avec ceux des autres ateliers si la plupart ne portaient au revers des lignes concentriques tantôt bleues, tantôt alternées avec des filets jaune orange qui peuvent servir à les faire reconnaître ; souvent aussi les produits de Faenza sont marqués d'un cercle traversé par deux traits en croix avec un point dans un des secteurs ;

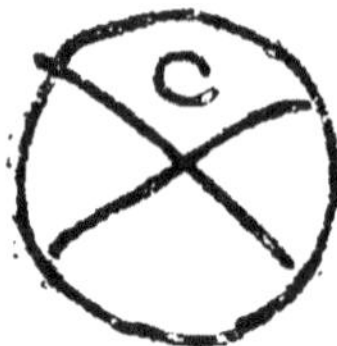

d'autres ont des marques qui n'ont pu être encore identifiées. Un atelier qui semble avoir eu une assez grande importance était établi dans la *Casa Pirota* ; on en con-

(1) Cf. Piccolpasso, *Li tre libri dell' arte del Vasaio,* manuscrit appartenant au *South Kensington Museum,* traduit en français par Claudius Popelin.

naît plusieurs belles pièces portant la mention, *Fata in Faenza in caxa Pirota.*

Caffagiolo. — La manufacture de Caffagiolo, dont l'existence, pendant longtemps contestée, a été définitivement prouvée il y a quelques années, a été fondée, selon toutes probabilités, sous les auspices de Cosme de Médicis qui s'était fait construire un château dans cette petite ville située sur la route de Florence à Bologne. Ses faïences, faciles à reconnaître au dessin correct des figures dessinées en bleu assez accentué et sobrement modelées en bleu plus clair, puis rehaussées de couleurs et particulièrement d'un ton orangé particulier à cette fabrique, méritent d'être placées au rang des plus belles et des plus artistiques de l'Italie. Dans plusieurs pièces les figures se détachent sur un fond bleu lapis appliqué largement et laissant apparaître en stries verticales les reprises du pinceau ; malgré leur étrangeté, ces fonds sont du plus bel effet sous un émail d'une pureté remarquable.

Les marques que l'on rencontre le plus communément sont les deux suivantes :

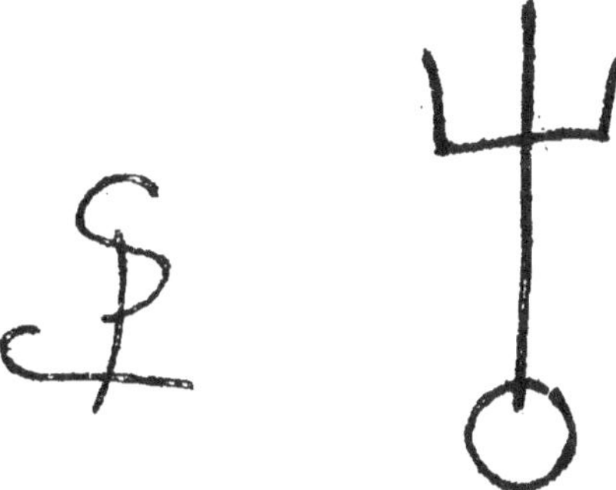

Beaucoup de pièces portent en toutes lettres le nom de *Caffagiolo*.

GUIGNET ET GARNIER. 13

Deruta, petit bourg dépendant de Pérouse, aurait, suivant l'historien Lazari, possédé, dès 1461, une manufacture de faïences fondée par un élève de Luca della Robbia, mais le fait n'est pas absolument prouvé ; ce qui est certain, toutefois, c'est que, en 1501, il y avait à Deruta une fabrique de pleine activité qui connaissait l'emploi des lustres métalliques et à laquelle on attribue généralement aujourd'hui ces belles faïences d'un style un peu archaïque, dessinées et ombrées de bleu, qui furent pendant longtemps confondues avec celles de Gubbio et de Pesaro dont elles se distinguent cependant par le ton chamois assez particulier et parfois un peu nacré de leurs lustres. Bien que le secret s'en soit conservé assez longtemps, il semble que l'emploi en ait été abandonné, au moins d'une façon suivie, vers 1525, pour y être remplacé par la décoration peinte en couleurs, et, principalement, par le décor plein à sujets de figures imité d'Urbino d'où l'on fit venir plusieurs artistes dont les noms se retrouvent sous quelques pièces marquées en toutes lettres :

1537. *Fran Urbini j deruta.*

Un autre artiste, qui devait venir également d'Urbino et dont on rencontre assez souvent la signature sous des faïences facilement reconnaissables à leur dessin un peu rude et à l'emploi d'un bistre brun, d'un ton triste et monotone, est celui qui signait *El frate* (le frère, le moine) :

1545. *in deruta frate fecit.*

La manufacture de Deruta est une des rares fabriques italiennes qui aient subsisté jusqu'au xviiie siècle, mais elle ne produisait plus à cette époque que des faïences lourdes, à émail gris, à décor banal et dénué de tout intérêt, marquées cependant : *maiolica fina*.

Gubbio, dans l'ancien duché d'Urbino, a possédé une manufacture fondée, selon toute apparence, par *Giorgio Andreoli*, ou, comme il s'appelait lui-même, *maëstro Giorgio*, sculpteur et peintre sur faïence, mort vers 1540, qui y rehaussait d'un lustre métallique rouge rubis, dont il semble avoir seul possédé le secret, des faïences fabriquées probablement dans d'autres ateliers, soit qu'il fît ce travail pour le compte de ses confrères, soit qu'il les achetât pour les revendre plus cher ensuite ; on trouve, en effet, sa signature ou seulement les entrelacs et les fleurons qu'il mettait habituellement au revers des pièces qu'il *lustrait*, au-dessus d'inscriptions indiquant le sujet représenté sur des faïences qui proviennent évidemment d'autres fabriques que celles de Gubbio. Cette signature se compose habituellement des lettres *M° G*, suivies quelquefois de la mention : *da Ugubio*, ou simplement de *M°* et d'une lettre, le plus souvent un *N*, parfois même d'un *N* seul. En réalité, cependant, la plus grande incertitude règne sur l'origine de ces faïences qui sont attribuées également à Pesaro, mais ce lustre ne ressemble pas à celui de Deruta dont nous venons de parler.

Pesaro, petite ville du duché d'Urbino, a de tout temps possédé de nombreuses fabriques de poteries ; suivant Passeri qui y était né et à qui l'on doit des renseignements précieux sur l'industrie de la faïence en Italie au XVIᵉ siècle, une manufacture de majoliques y aurait été établie vers 1462 et se serait rendue célèbre par ses lustres métalliques. Toutefois, la fabrication de la faïence n'y aurait pris une grande extension que vers 1538, époque à laquelle le duc Gui d'Ubaldo II fit construire à Pesaro un palais somptueusement décoré.

C'est à Pesaro que paraissent avoir été fabriquées les premières faïences ornées de portraits et de devises, les *coppe amatorie* que les jeunes gens envoyaient à leurs fiancées comme un hommage rendu à leur beauté et qui sont précieuses en ce qu'elles nous donnent des documents intéressants sur les ajustements et les coiffures des dames italiennes du xvie siècle : sur une banderole ou un ruban qui occupe le fond, ou, sur le fond lui-même, on lit le nom de la personne à qui elles étaient destinées : *Camilla bella ; Lucrecia diva*, etc.

Les faïences de Pesaro portent souvent, avec une date, la mention *Fatto in Pesaro* accompagnée, mais rarement, de la désignation du sujet et du nom de l'artiste et du fabricant : *La chacia del porco Chalidonio, fatto in Pesaro 1541*.

Urbino. — Ce n'est guère que dans le second quart du xvie siècle, sous la protection du duc Gui d'Ubaldo II, que la fabrication de la faïence prit à Urbino le développement considérable et l'importance artistique qui lui valurent d'occuper avec Faenza le premier rang dans l'histoire de la céramique italienne. Trois artistes surtout contribuèrent à établir la réputation si justement méritée de ses majoliques que l'on envoyait en présents aux souverains et aux grands seigneurs et qui reproduisaient avec une perfection incontestable les compositions des maîtres les plus célèbres de l'Italie.

Le premier est Guido Fontana, plus connu sous le nom de Guido Durantino, probablement parce qu'il était originaire de Castel Durante, dont nous parlerons plus loin. C'est à lui que l'on doit plusieurs pièces, conservées aujourd'hui dans les musées et les collections les plus célèbres, d'un service aux armes du connétable de

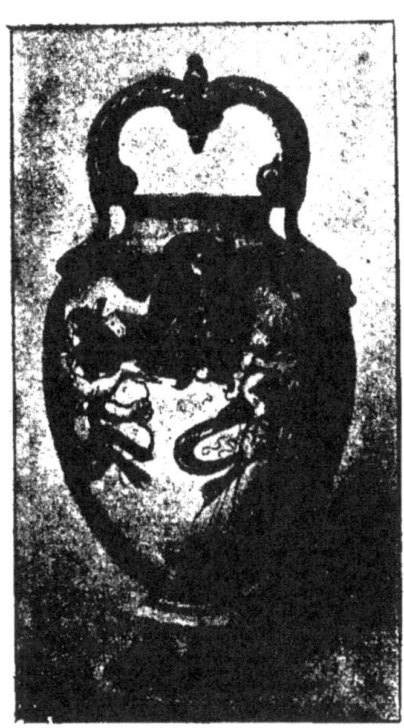

FIG. 37. — Aiguière en faïence d'Urbino (xvie siècle).

Montmorency, et des plats portant l'écusson du cardinal-chancelier Duprat. Très fier de ses œuvres, maëstro Guido les signait en toutes lettres en faisant précéder son nom de la désignation du sujet. C'est ainsi qu'on lit sur un plat du musée de Sèvres (n° Da 176) : *Joseph revenduto in Egitto a Putiphar captanto. In la botega di M° Guido durantino in Urbino* 1535. Bien que d'un dessin souvent incorrect et d'un modelé parfois sec et dur, ses faïences sont remarquables par leur coloration vigoureuse et leur exécution franche et hardie. C'est lui

qui semble avoir, le premier, couvert les majoliques de
sujets qui en occupent toute la superficie sans tenir
compte des exigences de la forme et, par conséquent,
des déformations que le dessin devait subir dans la plupart des cas ; il y a là, il faut bien le dire, un manque de
goût que la richesse des couleurs et la perfection de
l'exécution peuvent à peine excuser.

Le second, qui vivait à la même époque, est Francisco
Xanto Avelli da Rovigo, dont on trouve également le nom
écrit en toutes lettres sous des pièces qui ont été souvent
recouvertes partiellement de lustres métalliques : 1532
F. Xanto. A. de Rovigo i Urbino. Il signait également
avec ses seules initiales *F. X. A. R. i Urbino*, 1530, ou
même simplement : 1539 X.

Le ton général de ses œuvres est clair avec des
oppositions d'un noir brillant et des verts lumineux
d'un grand éclat dans les feuillages et les draperies.
Il copiait surtout, d'après les compositions de Raphaël, des gravures qu'il n'hésitait pas à modifier et à
arranger suivant les exigences de la place dont il dis-
posait.

Puis vint Orazio Fontana, fils de Guido, dont le nom
domine tous les autres. Les faïences sorties de ses
mains, d'une exécution bien supérieure souvent à celle
des majoliques en général, sont facilement reconnaissables à une légère ébauche faite avec la couleur bleue
qui lui servait à dessiner les figures et qui modèle dou-
cement les chairs ; quelquefois même le sujet est peint
entièrement en camaïeu bleu. C'est à lui que l'on doit
les décors dits à *grotesques*, sur fond blanc, d'un aspect
léger, gracieux et véritablement décoratif, dont l'arran-
gement est inspiré de compositions de Jean d'Udine et
de Perino del Vaga ; quelques pièces sont décorées en-

tièrement de ces grotesques ; sur d'autres, ils entourent des médaillons dans lesquels sont peints des sujets et des figures.

On trouve quelquefois des pièces qui portent son nom en toutes lettres : *Fate in botega di mestro Oratio Fontana in Orbino*, et on lui attribue comme marques un monogramme assez compliqué dans lequel on retrouve les éléments de toutes les lettres formant son nom Oratio

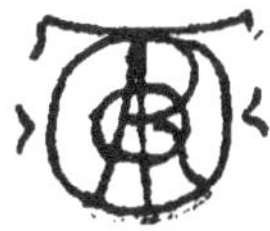

ou les lettres grecques Φ et Δ inscrites dans un parallélogramme,

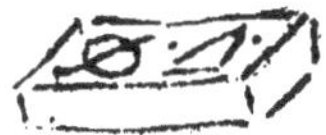

dans cette marque le Φ grec est fait quelquefois de façon à former un O traversé par un F ; quant au Δ, il serait la première lettre de Durantino ; Orazio Fontana était, du reste, un érudit si l'on en juge d'après les longues inscriptions destinées à expliquer et à commenter les sujets dont il décorait ses œuvres.

C'est surtout à Urbino qu'ont été fabriquées les faïences avec figures, chimères, mascarons et ornements en relief si communes dans les musées et les collections, salières, vasques, écritoires, aiguières, etc., qui, malgré l'émail qui les alourdit un peu, sont d'une forme élégante et souvent d'une conception heureuse.

Castel-Durante. — Cette petite ville, située non loin d'Urbino, dont les produits sont souvent confondus avec les siens, fut le centre d'une des fabrications les plus actives de l'Italie. Ses faïences sont généralement ornées de rinceaux et surtout d'entrelacs et de trophées réservés en blanc sur des fonds de couleurs variées, dessinés en traits bleus et modelés en bistre avec une grande habileté ; quelquefois des rehauts de blanc fins accentuent le modelé des ornements. La fabrication des vases de pharmacie tenait une grande place dans l'industrie de ses ateliers.

On rencontre souvent des pièces marquées en toutes lettres : *In Castello Durante apreso a Urbino* 1555.

Deux de ses principaux fabricants, Piccolpasso et Guido Durantino, inscrivaient également leurs noms dans les faïences sorties de leurs mains : *Fatto in botega di Piccolpasso. — Francesco Durantino vasaro* 1553.

Castel Durante, admis au rang de cité en 1623, par le pape Urbain III qui y était né, changea alors son nom contre celui d'*Urbania* que l'on trouve souvent sous des faïences qui n'ont rien conservé du caractère artistique qui distinguait ses anciens produits. La fabrication s'y est conservée sans interruption jusqu'au commencement du xviiie siècle.

Ce sont là les manufactures les plus importantes de l'Italie du xvie siècle; à côté d'elles, il a existé de nombreux ateliers dont nous n'avons pas à nous occuper ici, leur histoire étant peu connue, et leurs produits, qui n'étaient, en réalité, que des imitations, n'offrant rien de remarquable ni d'intéressant.

Au xviie siècle, les traditions d'art se perdent et la faïence devient plus commune et d'une fabrication plus courante. Il est cependant des manufactures, telles que celles de Venise, de Castelli, de Savone, de Turin, de Milan, etc., qu'il serait injuste de ne pas mentionner et qui méritent d'occuper une place assez importante dans l'histoire de la céramique, ne fût-ce qu'à cause de l'influence exercée par certaines d'entre elles, Savone, notamment, sur l'industrie française.

Venise. — On connaît quelques rares faïences de Venise datées du xvie siècle, mais elles ne présentent aucun caractère particulier et ne laissent pas supposer une fabrication bien importante ; on attribue également aux ateliers vénitiens, mais sans preuve bien certaine, des pièces assez importantes décorées avec beaucoup de soin en camaïeu bleu rehaussé de blanc fixe, mais, en réalité, on ne peut considérer comme étant réellement de Venise que des faïences, assez nombreuses dans les collections, caractérisées par la finesse, l'extrême légèreté et surtout la densité de leur pâte qui les fait résonner comme du métal. Ces faïences, sorties probablement de la manufacture établie à Murano, par les frères Bartoloni, qui obtinrent du Sénat l'autorisation d'ouvrir un magasin de vente à Venise, sont généralement à bords légèrement bombés, ornés de fleurs et d'ornements repoussés en relief se détachant parfois sur un fond coloré ; elles paraissent avoir été surmoulées sur des pièces d'argenterie. Les reliefs et bossages sont cernés et dessinés de traits noirs ou violets assez fins et le bassin est décoré de paysages largement peints et d'une coloration vigoureuse, représentant le plus souvent des ruines.

Elles portent comme marques un A et un F accolés à une ancre — ou hameçon — à trois branches, ou placées au-dessous de deux grandes palmes encadrant une croix de Malte et une couronne (*v. p. suivante*).

On rencontre aussi quelquefois des faïences décorées avec beaucoup de soin, à l'imitation des porcelaines chinoises et portant, comme les porcelaines fabriquées à Venise dans la dernière moitié du XVIIIe siècle, la marque : *Ven^a*.

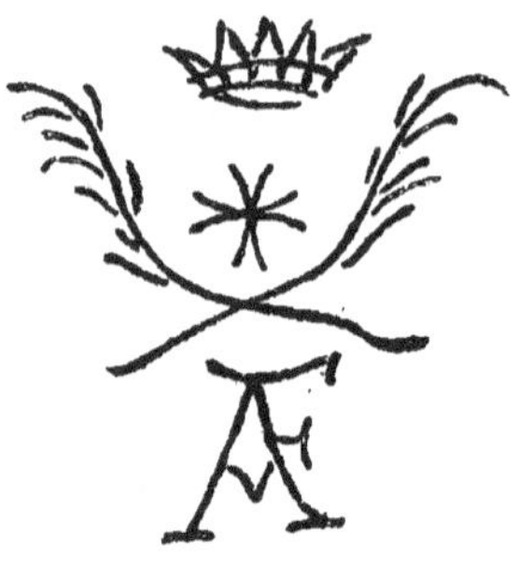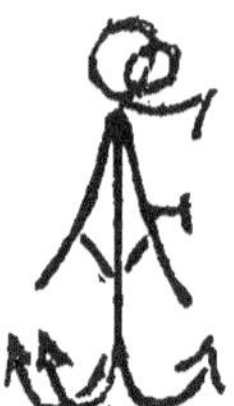

Castelli. — Suivant quelques auteurs, la petite ville de Castelli, dans les Abruzzes, aurait possédé dès le XVe siècle une manufacture de faïences, mais on ne sait rien sur l'histoire de cette manufacture et, sauf peut-être une plaque que possède le Musée d'art industriel de Rome, on ne connaît aucune pièce qui puisse lui être attribuée. Mais à dater du XVIIe siècle et, surtout pendant le XVIIIe, Castelli devint un des centres les plus importants de la production de la faïence en Italie.

Les faïences de Castelli sont généralement décorées, en plein, de paysages d'une exécution habile et d'une coloration assez harmonieuse, remarquable surtout par un beau violet foncé et un vert doux et lumineux. C'était là la fabrication courante, celle dont on rencontre assez communément des spécimens. Mais, à côté de ces faïences, il en est d'autres assez rares, d'un bon dessin et d'une exécution très soignée, rehaussées d'or, surtout sur les marlis ornés le plus souvent de trophées militaires peints en camaïeu brun sépia.

L'histoire de la production de la faïence à Castelli se résume presque tout entière dans celle d'une seule famille, celle des *Gruë*, qui comptait de nombreux artistes dont quelques-uns ont été des peintres d'un réel talent. Le plus célèbre fut *Francesco-Antonio*, docteur en philosophie, qui prit part aux luttes politiques de son pays et passa en prison, à Naples, huit années qu'il employa à décorer des faïences que ses frères lui envoyaient, ainsi que le prouve l'inscription suivante qui se trouve sur un petit plat à paysage : *Doctor Franc. Ant. Grue F. Neap. anno* 1718. Son fils, Saverio, fut également un céramiste des plus habiles.

Cependant, en dehors des membres de cette famille, on connaît à Castelli d'autres artistes qui ne manquaient pas de talent, entre autres *Carmine Gentile* et son fils, *Giacomo, Cappelletti Candeloro*, etc.

Savone, sur les côtes de Gênes, à 4 kilomètres à l'ouest de cette ville, fut également un centre important de fabrication de la faïence ; c'est Savone qui fournissait le nord de l'Italie et ses produits s'exportaient non seulement en France, mais dans tout le bassin de la Méditerranée. Les faïences de Savone sont généralement décorées en camaïeu bleu de figures et de sujets isolés empruntés aux faïences orientales.

L'influence de cette manufacture sur l'industrie française fut assez considérable ; c'est de Savone que vinrent à la fin du xvie siècle les *Conrade* qui, les premiers, établirent à Nevers, d'une façon suivie, la fabrication de la faïence et, cent cinquante ans plus tard, on retrouve encore à Marseille des céramistes originaires de cette ville.

Les marques des faïences de Savone sont assez variées ; celles que l'on rencontre le plus souvent sont l'écu aux armes de la ville accompagnées ou non de la lettre S, ou cette même lettre placée au-dessous d'une étoile à cinq pointes ; quelques-unes, portant le *phare* de Gênes, ont été attribuées à une fabrique établie à Gênes même, mais il est à peu près prouvé aujourd'hui que cette manufacture n'a jamais existé et que cette marque est celle d'un des ateliers de Savone.

Turin a possédé également des manufactures dont les produits décorés en bleu dans le style de Moustiers et, surtout, de Savone, sont marqués de l'écu de Savoie. Un très beau plat du musée de Sèvres représentant *Moïse sauvé des eaux* porte le nom italianisé de Hyacinte Roux, de Moustiers, dont nous aurons plus loin l'occasion de signaler plusieurs œuvres remarquables.

Pesaro et *Milan* terminent la série des fabriques italiennes qui méritent d'être mentionnées. En pleine activité dans la seconde moitié du xviii⁰ siècle, elles semblent s'être surtout attachées à copier, sur émail *cuit*, les décors des porcelaines orientales. Les faïences de Pesaro sont marquées généralement des lettres initiales (C. C.), des noms de ses deux directeurs Callegari et Casali, accompagnées quelquefois du mot *Pesaro;* celles de Milan portent, en toutes lettres ou en abrégé, le nom de la ville, *Milano :* ou *Mil⁰.*

Faiences françaises (xvi⁰ siècle). — Cette magnifique industrie de la faïence, dont nous venons d'esquisser la marche en Italie où elle devait produire tant d'œuvres d'un art merveilleux, fut longue à s'implanter en France. Quelques tentatives y furent faites au xvi⁰ siècle, à Paris d'abord, avec Girolamo della Robbia qui couvre le château de Madrid, au bois de Boulogne, de revêtements de faïences; à Lyon, où vinrent s'établir plusieurs artistes italiens, Sébastien Griffo, de Gênes, Jean Francesco, de Pesaro, et, plus tard, Gambyn et Dominique Tardessir, de Faenza, qui obtinrent de Henri III des lettres patentes; à Nantes, par Jehan Perro; au Croisic, par Horace Borniola, etc.; toutes ces fabriques semblent n'avoir eu qu'une existence éphémère et il est bien difficile aujourd'hui d'identifier leurs produits.

On s'accorde cependant à attribuer à *Lyon* des faïences présentant tous les caractères des majoliques

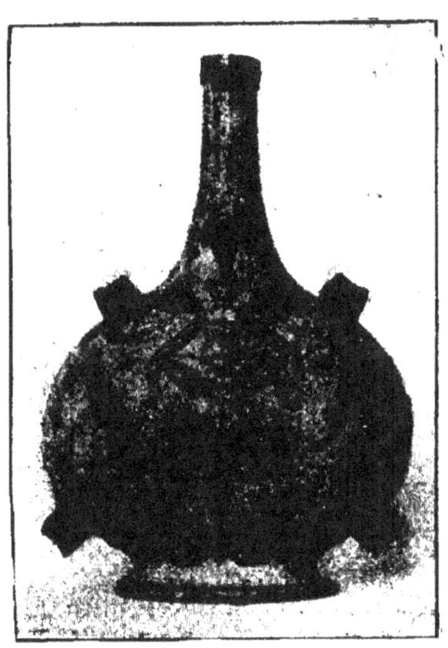

FIG. 38. — Bouteille de voyage en faïence de Rouen
(xvie siècle).

italiennes de la dernière moitié du xvie siècle, mais avec plus de lourdeur dans l'exécution, un dessin accentué et parfois très incorrect, et portant généralement au revers des inscriptions françaises de tournure italienne. Le plat du musée de Sèvres représentant la *Reine de Sabat* (n° Da 38o) peut être considéré comme le type de ces faïences. On lit au revers l'inscription suivante : *La rayne de Sabat qui vient à Sallomon au 3 livre Des Roys Chapitre* x.

Rouen a possédé également un atelier de faïences dirigé par Masseot Abaquesne « esmailleur de terre » dont le nom se trouve sur un reçu daté du 7 mars 1548 « pour des carreaux de terre esmaillées » exécutés à la demande du connétable de Montmorency et qui décoraient les salles du château d'Écouen, ainsi que sur une quittance du 22 septembre 1557 pour « façon et fourniture d'un certain nombre de carreaux et terre esmaillée qu'il avait ci-devant entreprise de faire et parfaire pour le sieur Durfé.... » Ces carreaux, qui enrichissent aujourd'hui les vitrines de nos musées, sont bien connus, mais on ne sait rien de plus sur ce potier auquel on attribue, mais sans preuves bien certaines, quelques rares faïences d'un style bien français, quoique l'influence italienne s'y fasse sentir, entre autres une bouteille de voyage (n° D^a 381) du musée de Sèvres (fig. 38) et un vase daté de 1559, autrefois dans la collection du baron Pichon et qui appartient aujourd'hui au musée de Cluny.

Ces tentatives, ainsi que nous l'avons dit plus haut, semblent n'avoir pas eu de suites et il faut attendre presque un siècle pour voir s'établir en France d'une façon définitive l'industrie de la faïence qui devait y prendre un si grand développement, mais il se produisit à la même époque deux manifestations isolées qui occupent une place considérable dans l'histoire de la céramique et qui nous ont laissé des merveilles dont nous pouvons à bon droit nous enorgueillir, les faïences de *Saint-Porchaire* — pendant longtemps connues sous le nom de *faïences de Henry II* ou d'*Oiron* — et celles de *Bernard Palissy*, l'illustre potier de Saintes.

Faïences de Saint-Porchaire. — Grâce aux recherches d'un de nos plus savants critiques d'art qui est en même temps un collectionneur au goût délicat et un

chercheur passionné, M. Edmond Bonnaffé, l'origine de
ces faïences, qui pendant si longtemps avaient mérité
d'être considérées comme les « sphinx de la céramique »,
est aujourd'hui connue. Nous ne pouvons raconter ici
comment, après avoir été attribuées successivement à
des artistes italiens, puis à des ateliers français, et, en
désespoir de cause, désignées simplement sous [le nom

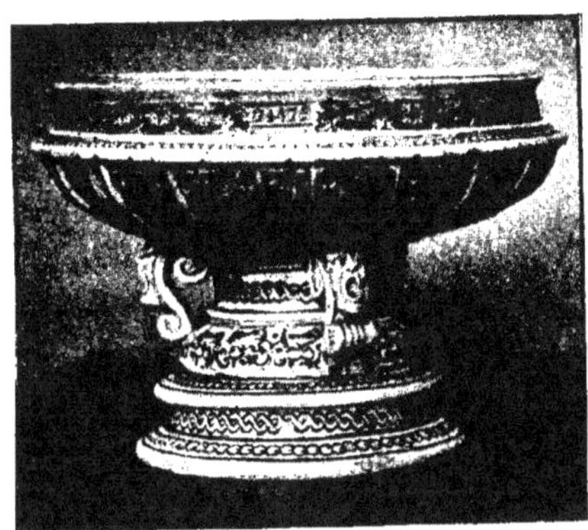

FIG. 39. — Coupe en faïence dite « de Henri II »
(Atelier de Saint-Porchaire, xvıe siècle).

de *faïences de Henri II*, elles semblaient définitivement
avoir eu pour berceau le château d'Oiron, jusqu'au jour
où M. Bonnaffé a démontré par des preuves irréfutables
qu'elles avaient été fabriquées à Saint-Porchaire, petite
commune de l'arrondissement de Bressuire (Deux-Sèvres)
qui, de tout temps, avait été renommée pour ses poteries
et qui aujourd'hui encore possède plusieurs ateliers.

Le procédé employé pour la décoration de ces faïences
a été décrit tout au long par Brongniart (1) qui, pour s'en
rendre compte, n'a pas hésité à faire scier le pied de la

(1) Cf. BRONGNIART, *Traité des arts céramiques.*

coupe du musée de Sèvres (n° D^h 1 *du Catalogue*). C'est, en réalité, mais avec une délicatesse extrême, le procédé qu'avaient employé dès le xive siècle les fabricants de carreaux incrustés ; sur la terre encore molle on appliquait des matrices en métal ou en bois qui produisaient des creux que l'on remplissait avec de la terre colorée, on arasait les bavures, on collait à la barbotine les ornements en relief, figurines, mascarons, consoles, etc., estampés ou modelés à l'avance, on cuisait en biscuit, puis on mettait en vernis.

On connaît à peu près soixante-cinq pièces de ces délicates faïences, aujourd'hui classées dans les musées ou dans les plus célèbres collections de France et d'Angleterre ; la plupart d'entre elles portent l'écusson de France et le chiffre de Henri II ou des armoiries de grandes familles, les Laval-Montmorency, les La Trémoïlle, les Gouffier, etc., mais toutes n'ont pas, à beaucoup près, la même valeur et on peut les diviser en trois catégories bien distinctes.

Dans la première, les formes sont simples et les ornements sévères, d'un ton brun noirâtre rehaussé de quelques notes discrètes d'un beau rouge d'œillet ou d'un brun plus clair ; ce sont là certainement les plus belles.

Dans la seconde, les formes sont plus compliquées, plus lourdes, et le plus souvent empruntées à l'architecture ; elles sont d'un goût moins pur, mais néanmoins très délicatement exécutées. C'est l'époque des salières triangulaires ou carrées, aux pilastres ornés de chapiteaux finement fouillés, aux fenêtres ogivales, à la décoration plus riche et plus claire, aux ornements en relief employés avec profusion ; c'est la série la plus nombreuse.

Puis vient la troisième période où la fabrication est moins soignée, où les ornements sont poinçonnés au hasard, sans grand souci de la forme, où les reliefs, sans finesse dans les détails et sans retouches, sont appliqués sans beaucoup de soin. L'influence de Palissy se fait sentir, et sur certaines pièces apparaissent quelques petits animaux, entre autres les lézards, qui sont comme une imitation des *rustiques figulines* du potier de Saintes dont les œuvres commençaient à être connues.

Faïences de Bernard Palissy. — Bernard Palissy, le plus célèbre de tous les hommes qui se sont adonnés à l'art de la terre et en qui semble s'être incarnée, pour ainsi dire, toute la céramique française, naquit, suivant toutes probabilités, à La Chapelle-Biron, près Agen, vers 1510. On sait peu de chose sur sa jeunesse ; comme la plupart des artistes et des artisans de son temps, il commença par voyager, exerçant plusieurs métiers, entre autres la *vitrerie* (qui comprenait la peinture et l'assemblage des vitraux), la *pourtraiture*, l'arpentage et la géométrie. Il parcourut ainsi successivement les provinces du Midi et de l'Est, la Basse-Allemagne, les Flandres, etc., où, tout en travaillant pour gagner sa vie, il recueillait des trésors d'observations géologiques et de remarques ingénieuses qu'il a consignées plus tard dans ses écrits (1) et qui devaient l'aider dans les recherches qu'il entreprit par la suite. Il se maria vers 1539, et nous le retrouvons à Saintes en 1542, « déjà aux prises avec la pauvreté ». C'est alors qu'il se mit en tête de faire de la poterie et de chercher la composition des émaux. Après des essais et des travaux sans nombre, il arriva à trouver un

______

(1) Il a laissé, entre autres ouvrages, un livre intitulé: *Discours admirable de la nature des eaux et fontaines, métaux, etc.* « qui le place, disait le savant Chevreul, tout à fait au-dessus de son siècle par ses observations sur l'agriculture et la physique du globe, en même temps que par la nouveauté de la plupart de ses remarques ».

GUIGNET ET GARNIER. 14

émail blanc « qui estoit, dit-il, singulièrement beau »,
mais qu'il ne sut pas employer d'une façon pratique. Pour
faire taire ses créanciers et nourrir sa nombreuse famille,
il dut alors avoir recours à son ancien métier d'arpen-
teur, mais aussitôt qu'il avait un peu d'argent devant lui,
c'était pour reprendre la recherche de ses émaux. Après

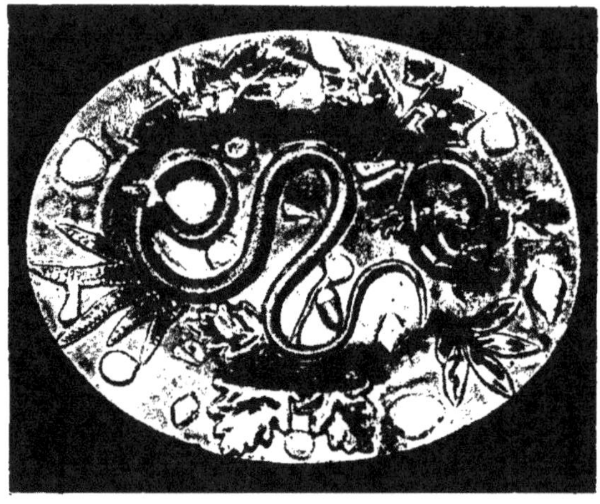

Fig. 40. — « Bassin rustique », faïence de Bernard Palissy.

deux ou trois nouvelles tentatives, aussi infructueuses que
la première, et pendant lesquelles, suivant son expression, « il cuida entrer jusques à la porte du sépulchre »,
il parvint enfin à se rendre entièrement maître de son art.
Il fabriqua d'abord des faïences couvertes d'émaux jaspés,
qui le firent vivre pendant quelques années ; puis ensuite des plats ou bassins rustiques, ornés de serpents,
grenouilles, poissons, lézards, etc., moulés en relief, qui
sont restés les monuments les plus populaires de son
génie. Sa réputation grandit alors ; ses curieuses et remar-

quables vaisselles de terre furent de plus en plus recherchées des grands seigneurs et lui donnèrent, avec l'ai-
sance, qui lui fit oublier ses misères passées, des
protections qui devaient lui être d'un grand secours,
entre autres celle du connétable Anne de Montmorency,
qui lui commanda pour son château d'Ecouen des tra_
vaux importants dont il ne reste malheureusement plus
aucune trace. Mais bientôt, emporté par son esprit ar-
dent et inquiet, Palissy embrassa les nouvelles idées
religieuses ; il fut un des fondateurs de l'Église réformée
de Saintes, et son atelier devint un lieu de réunion et de
conciliabules. Lorsque, en 1562, le Parlement de Bordeaux
ordonna d'exécuter dans son ressort l'édit de Henri II
qui punissait de mort « le crime d'hérésie », il fut arrêté
et, malgré la sauvegarde que lui avait donnée le gouverneur d'Aquitaine, Louis de Bourbon, duc de Montpen-
sier, conduit de nuit aux prisons de Bordeaux. Heureusement pour lui, le connétable de Montmorency ayant
appris le danger qu'il courait, lui fit accorder par Catherine de Médicis le brevet d'*inventeur des rustiques figulines du roy* et put le soustraire ainsi à la juridiction du
Parlement de Bordeaux comme faisant partie de la maison du roi ; il était sauvé. Il quitta alors Saintes, et,
après un séjour de quelques années à La Rochelle, alla
s'établir à Paris, où il dut arriver vers 1565 et où il
retrouva la protection de Catherine de Médicis qui lui
commanda une *grotte rustique* dans les jardins du palais
des Tuileries qu'elle venait de faire construire. C'est à
Paris que, tout en continuant la fabrication de ses poteries, il publia son *Discours admirable sur la nature des
eaux et fontaines, métaux, etc.*, et qu'il fit publiquement
des cours scientifiques, véritables conférences auxquelles
il conviait les savants, et qui étaient annoncées au moyen

d'affiches collées « dans tous les carrefours ». Il mourut en 1590. Dénoncé par un de ses anciens coreligionnaires, il fut arrêté en 1588; ses protecteurs étaient morts, et, malgré l'appui du duc de Mayenne, qui fit prolonger son procès, mais ne put le rendre à la liberté, il termina en prison, à l'âge de quatre-vingts ans, une existence commencée dans la misère.

L'œuvre assez considérable de Palissy comprend trois périodes distinctes, correspondant à chacune des phases de sa vie que nous venons d'esquisser.

De la première période, celle des recherches et des tâtonnements, datent les plats, les « *vaisseaux* de divers émaux entremêlés en manière de jaspe » et le commencement des « bassins rustiques ». Au point de vue purement céramique, ce sont les plus belles et les plus intéressantes de ses œuvres. Même lorsqu'il fut arrivé à posséder complètement la pratique de son art, Palissy n'a rien produit qui vaille ces premières pièces aux tons chauds et brillants, aux émaux limpides et profonds.

La seconde période est caractérisée principalement par la fabrication des *pièces rustiques* ; ce sont celles qui portent surtout l'empreinte la plus franche et la plus caractéristique de son talent si original et si épris des merveilles de la nature. Elles se composent principalement de plats ou bassins presque toujours ovales, peu profonds, à bords évasés, dont quelques-uns sont parfois d'assez grandes dimensions ; elles sont émaillées au revers d'une jaspure de différents tons. Les feuilles, les coquillages, les reptiles et les poissons en relief qui les décorent et les animent sont moulés avec une habileté extrême et disposés avec un art parfait.

La troisième période comprend les plats à ornements et à figures en bas-relief. C'est dans cette série qu'il

convient de ranger les corbeilles si délicatement découpées à jour, les bassins dont les bords présentent des
cavités destinées à recevoir les épices, les vases d'apparat, les aiguières imitées des étains de Briot ou quelquefois même moulées sur les originaux, les salières

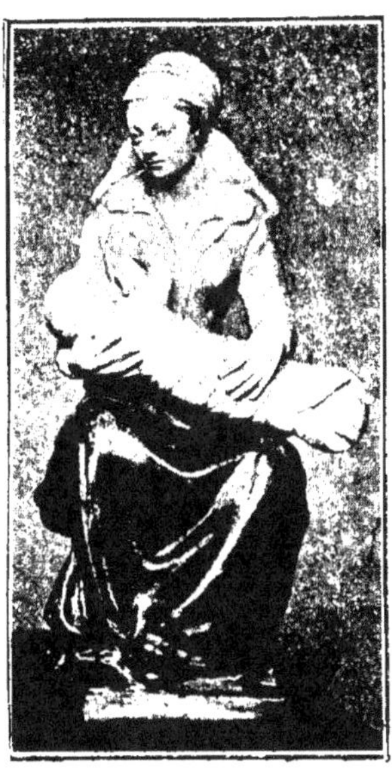

Fig. 41. — La *Nourrice*. — Atelier d'Avon, près Fontainebleau
(commencement du xviie siècle).

ornées de figures de sirènes et de masques grimaçants,
les saucières, les flambeaux et tant d'autres pièces sur
lesquelles on retrouve toujours la marque du goût pur et
élevé du célèbre potier.

Palissy a exécuté également un grand nombre de ces
« grottes rustiques » si fort à la mode au xvie siècle. Lui-
même, dans une quittance datée du 1er février 1565, se
donne le titre d' « Architecteur et Ynventeur des grotes
figulines des rois de France ». Ces grottes, garnies à

l'intérieur de jets d'eau, de fontaines, de dressoirs, de buffets, de sièges et de tables rustiques, étaient destinées à offrir contre les chaleurs de l'été un abri frais et luxueux où l'on pouvait « banqueter » à l'aise. Palissy a pris soin de nous apprendre que les siennes étaient « de terre cuite insculptée et émaillée en façon d'un rocher tortu, bossu et de diverses couleurs estranges », sur lequel se montraient à profusion « des plantes, des coquillages et des animaux aquatiques ». Si l'on en juge par les fragments retrouvés aux Tuileries en 1878 sur l'emplacement même où il avait établi ses fours (1), il devait y ajouter parfois de grandes figures.

Palissy eut, non pas des élèves dans la véritable acception du mot, puisqu'il ne les initia pas entièrement à la connaissance de la fabrication des émaux, mais des aides, entre autres ses fils — ou neveux, — Nicolas et Mathurin Palissy, dont les noms figurent avec le sien sur les *comptes* de la reine mère. Il eut des imitateurs et des continuateurs qui héritèrent de ses procédés, qui, peut-être, apprirent le métier sous sa direction, mais auxquels il ne livra pas entièrement les secrets qui lui avaient coûté tant de pénibles recherches et tant de misères. Aussi l'art qu'il avait si péniblement créé disparaît-il presque entièrement avec lui, ne produisant plus, sous ses continuateurs immédiats, que des œuvres médiocres, relativement ternes, sans finesse, et sorties de moules usés. Il faut cependant faire une exception pour la fabrique d'Avon, près Fontainebleau, à laquelle on a pu restituer, à la suite de la publication du *Journal* d'Héroard, premier médecin de Louis XIII enfant, bien des pièces

____

(1) Ces fragments, trouvés dans les fouilles de la place du Carrousel, ont été répartis entre le Musée de Sèvres et le Musée Carnavalet.

recouvertes d'émaux assez brillants pour qu'on les ait pendant longtemps attribuées à Palissy ; telles sont le *Joueur de cornemuse*, le *Joueur de tambourin*, l'*Enfant poursuivi par une lice*, etc., et, surtout, la délicieuse petite *Nourrice* (fig. 41), une des plus gracieuses figurines qu'ait produites la plastique émaillée.

FAIENCES FRANÇAISES (XVIIe et XVIIIe siècles). — *Nevers*. — Ainsi que nous l'avons dit plus haut, les tentatives qui avaient été faites pour établir en France l'industrie de la faïence paraissent avoir été assez promptement abandonnées. En 1592, cependant, nous trouvons à Nevers un atelier fondé sous le patronage de Louis de Gonzague, parent de Catherine de Médicis, devenu duc de Nivernais en 1565, à la suite de son mariage avec Henriette de Clèves, fille aînée du dernier duc de Nevers, par les frères Conrade, originaires de Savone, qui s'étaient adjoint Scipion Gambyn, d'Urbino, « pothier ». Mais, là comme à Lyon, c'est le style exclusivement italien qui domine ; surtout au début, l'imitation de la décadence d'Urbino y est flagrante, mais avec une infériorité marquée. Ces faïences de la toute première époque de Nevers, assez rares, et qui sont très recherchées par les amateurs, sont caractérisées généralement par un fond bleu ondé sur lequel se détachent des dieux marins ; le dessin en est presque toujours très incorrect et l'exécution maladroite. Quelques très belles pièces cependant datent de cette époque, entre autres la grande vasque du Musée de Sèvres (n° D^a 393) représentant au fond du bassin *Diane au bain surprise par Actéon*, mais ce sont là des exceptions.

Puis vint le genre de décoration particulier aux fabriques de Savone et qui est caractérisé par l'emploi presque

exclusif de motifs jetés un peu au hasard, sans aucun
parti pris de décoration, sans ensemble, empruntés tantôt aux porcelaines orientales, qui commençaient alors
à affluer en Europe, tantôt aux ornements italiens de
l'époque, et qui se trouvent mélangés ensemble sur la
même pièce; tous ces motifs sont peints généralement en

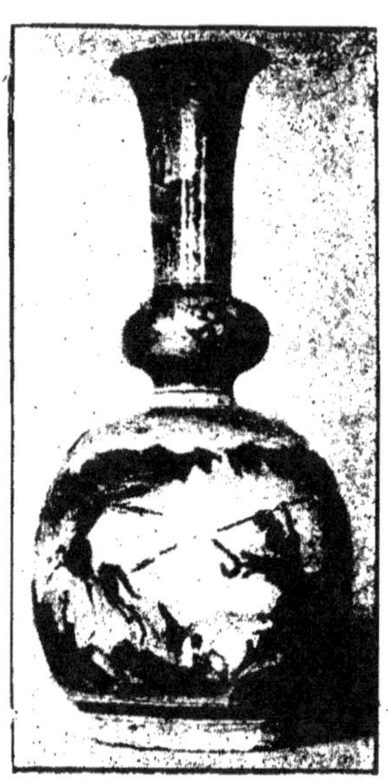

Fig. 42. — Nevers. — Influence italienne (fin du xvi° siècle).

camaïeu bleu assez doux, parfois rehaussé de manganèse,
quelques pièces (n°s D° 407 et 408 du Musée de Sèvres)
sont signées en toutes lettres

de conrade
a
nevers

D'autres manufactures s'élevèrent bientôt. En 1632, on en compte quatre dont la plus importante semble

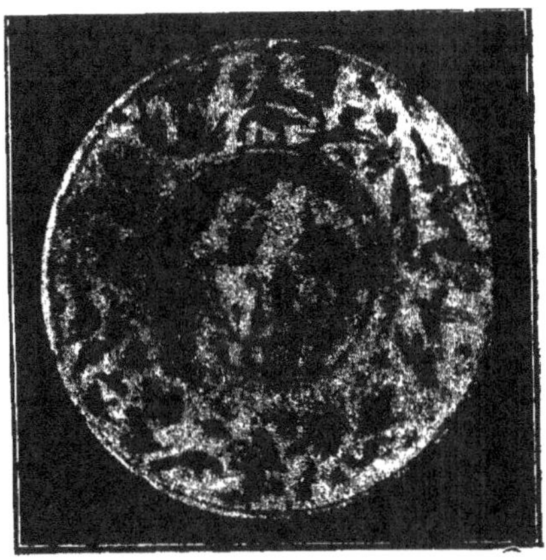

Fig. 43. — Nevers. — Influence italienne, deuxième période (xviiᵉ siècle).

avoir été celle des Custode, également italiens, et qui sont certainement les plus habiles de tous les faïenciers

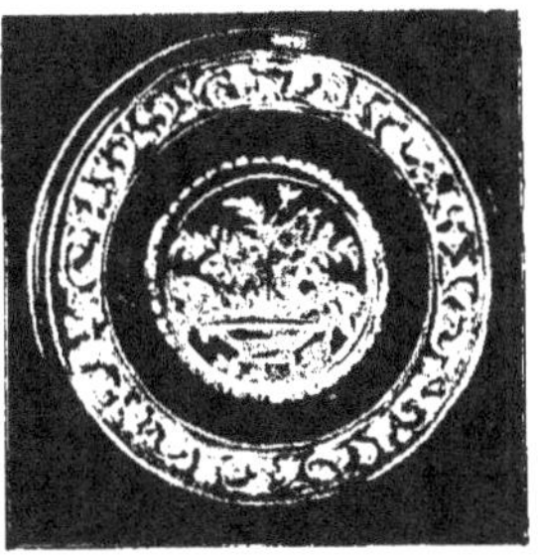

Fig. 44. — Nevers. — Fond bleu persan (xviiᵉ siècle).

de Nevers. C'est à eux que l'on doit les belles faïences à fond bleu, d'un ton chaud et vigoureux, dit *bleu persan*, décorées, en blanc fixe parfois rehaussé de jaune, d'arabesques, de fleurs, d'animaux et quelquefois, mais rarement, de personnages.

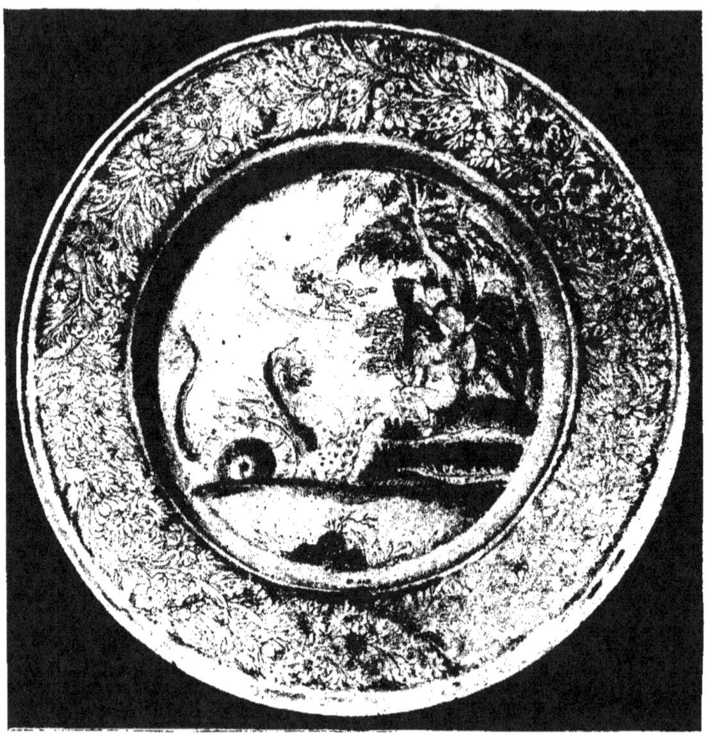

FIG. 45. — Nevers. — Décor bleu et manganèse (fin du XVIIᵉ siècle).

Mais bientôt l'influence italienne cesse de se faire sentir, et le décor devient d'abord français, avec des personnages empruntés au roman de l'*Astrée*, si fort à la mode alors, puis, et surtout, pseudo-chinois, avec des motifs copiés sur des porcelaines de Chine, que les céramistes nivernais traduisent avec une liberté franche et souvent

spirituelle, et qui sont remarquables par la qualité excep-
tionnelle et l'intensité de leur beau bleu accompagné parfois de manganèse.

Puis ces beaux produits disparaissent pour faire place
à des œuvres beaucoup plus communes, et c'est alors que
l'on fabrique par milliers les plats et les assiettes patro-
nymiques qui portent, avec des dates, la figure du saint

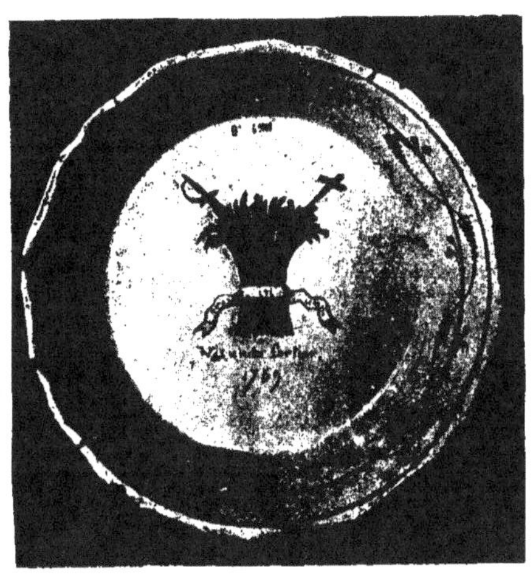

Fig. 46. — Nevers. — Faïence dite « patriotique » (fin du XVIIIᵉ siècle).

patron et le nom de la personne à laquelle on les desti-
nait, les faïences à sujets et à attributs se rapportant à la
profession de celui qui les commandait, ou ornées de
scènes grivoises et souvent licencieuses empruntées à
l'imagerie populaire de l'époque. Presque toujours ces
faïences, sans excepter celles qui ont été fabriquées pendant la période révolutionnaire et qui sont désignées sous
le nom de faïences « patriotiques », sont généralement
des œuvres lourdes, communes et sans aucune valeur
d'art.

Nevers, cependant, n'en reste pas moins un des centres les plus importants de la production de la céramique française ; les faïences qui sortaient des fours de ses nombreuses fabriques étaient transportées à Paris sans beaucoup de frais par le canal de Briare ou descendaient la Loire approvisionnant les marchés d'Orléans, de Blois, de Tours, et allaient jusqu'à Nantes d'où on les envoyait en Amérique ; son commerce, sous ce rapport, était certainement le plus considérable du royaume.

Rouen. — Rouen, qui, dans l'ordre chronologique, vient en second rang dans l'histoire de la faïence française, mérite certainement d'y occuper la première place, autant par l'importance et le nombre de ses manufactures que par la valeur artistique et la supériorité incontestable de ses produits. Cependant Rouen procède de Nevers, et ce sont des ouvriers nivernais qui, les premiers, y ont établi cette industrie.

Depuis Abaquesne, dont nous avons parlé dans les pages précédentes, jusqu'en 1644, c'est-à-dire pendant près d'un siècle, on ne trouve aucune trace de la fabrication de la faïence à Rouen, mais cela ne prouve pas qu'elle y ait été tout à fait abandonnée. La Normandie, du reste, était depuis longtemps renommée pour ses poteries vernissées, et, si ce n'est de Rouen même, c'est au moins de la province, à Manerbe, à Bonnebault ou au Pré d'Auge, dans les environs de Lisieux, que sortaient ces beaux épis de faîtage, d'un aspect si décoratif, que les amateurs recherchent aujourd'hui avec un empressement bien justifié.

C'est en 1644 que Nicolas Poirel, sieur de Granval, huissier du cabinet de la reine régente, Anne d'Autriche, obtint un privilège pour « faire faire en la province de Normandie toute sorte de vaisselle de faïence blanche et couverte d'émail de toutes couleurs pour l'utilité publique », privilège qu'il céda bientôt à Edme Poterat, sieur de Saint-Etienne, dont, vraisemblablement, il n'avait été que le prête-nom, et qui, bien que complè_tement étranger à la fabrication de la faïence, commença son entreprise « sur la foi de quelques ouvriers *qu'il fit venir de Nevers* ». Selon toute apparence, ces ouvriers étaient italiens ou tout au moins encore sous l'influence des traditions italiennes, si l'on en juge par les plus anciennes pièces connues de la fabrication rouennaise, notamment par un plat à larges bords et à bassin profond et étroit (*tondino*), portant au revers la mention : *Faict à Rouen*, 1647.

L'industrie nouvelle prospéra assez rapidement pour qu'en 1663, moins de vingt ans après l'obtention du privilège accordé à Nicolas Poirel, Colbert la jugeât digne d'être encouragée, mais ce fut surtout vers la fin du règne de Louis XIV qu'elle prit une extension considérable. La nécessité de subvenir aux dépenses occasionnées par les guerres du dehors, les inondations de la Loire et, surtout, la terrible disette de 1709, avaient complètement épuisé les finances. On cherchait « à faire argent de tout », et quelques seigneurs, afin de venir en aide au trésor, ayant porté leur argenterie à la Monnaie et l'ayant remplacée par de la faïence, virent bientôt leur exemple suivi de toutes parts. Ce fait est relaté dans un grand nombre de lettres et de *Mémoires* du temps. C'est, d'abord, Madame, duchesse d'Orléans, belle-sœur de Louis XIV, qui écrit le 8 juin 1709 : « La famine est telle que des enfants se sont mangés les uns les autres. Le roi

---

(1) Cf. *Documents sur les fabriques de Rouen* recueillis par HAILLET DE COURONNE et publiés par LÉOPOLD DELISLE, membre de l'Institut, p. 51.

est tellement résolu à continuer la guerre qu'il a, hier, remplacé son service d'or par de la vaisselle de faïence. » Puis Saint-Simon qui, dans ses *Mémoires* (1709), dit : « Tout ce qu'il y eut de grand et de considérable se mit en huit jours à la faïence ; ils épuisèrent les boutiques et

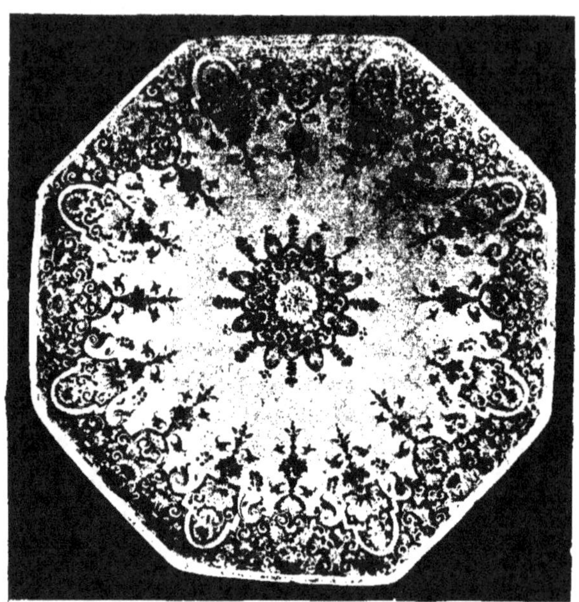

Fig. 47. — Rouen. — Décor de style rayonnant (fin du xviie siècle).

mirent le feu à cette marchandise... Le roi agita de se mettre à la faïence ; il envoya sa vaisselle d'or à la Monnoie et M. le duc d'Orléans le peu qu'il en avoit. »

On voit par ces simples citations combien le nombre des fabriques dut s'accroître alors rapidement, non seulement à Rouen, mais encore dans toute l'étendue du royaume et quel développement prit cette belle industrie de la faïence.

L'influence italo-nivernaise dura peu, et Rouen eut bientôt créé un décor assez simple dans le principe, mais qui devait bientôt donner naissance à tout un système d'ornementation bien particulier et tellement caractéristique qu'on ne peut le confondre avec aucun autre ; c'est le décor dit à *lambrequins*, composé le plus souvent de deux motifs alternés, reliés entre eux, et répétés

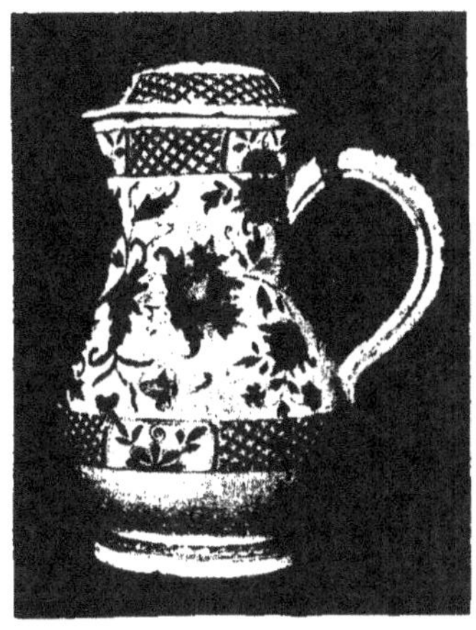

Fig. 48. — Rouen. — Décor polychrome
(commencement du xviiie siècle).

de façon à former une bordure sur le marli des plats ou des assiettes, sur le pourtour des vases, des aiguières, des sucriers et autres objets de forme symétrique. Plus ou moins compliqués, les lambrequins étaient toujours cependant composés, d'après le même principe, de palmettes, de feuilles et de rinceaux en camaïeu bleu ; quant au centre des plats et des assiettes, il était occupé par une rosace ou, plus communément, par un fleuron qui a subi de grandes variations, mais qui, presque toujours, était emprunté aux beaux livres de l'époque.

Un des caractères distinctifs de ce décor bleu est la
répétition symétrique des motifs de l'ornementation.
Même dans les plats les plus riches, les ornements
constitutifs sont presque toujours très simples, et l'on
est étonné, en les décomposant, de voir avec quelle ingéniosité les faïenciers rouennais les ont disposés et quel
parti ils en ont su tirer. Lorsque ces motifs alternés et
répétés à intervalles égaux partent du bord de la pièce

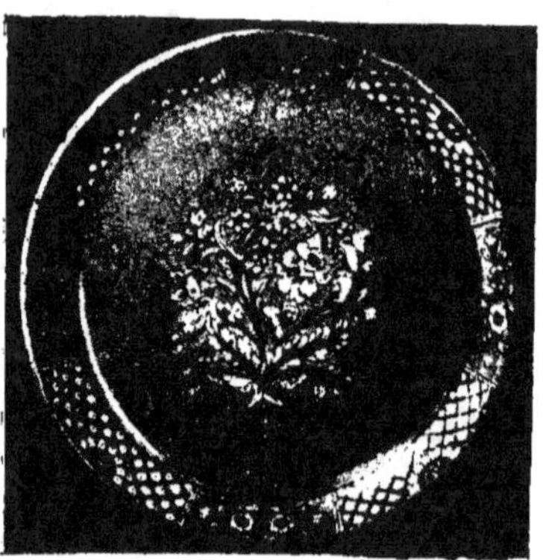

Fig. 49. — Rouen. — Fond bleu persan
(commencement du xviiᵉ siècle).

et convergent vers le centre en couvrant tout ou partie
du bassin, ils forment ce que l'on appelle le décor *de
style rayonnant* (fig. 47). Ce décor, souvent d'une richesse
inouïe et dont les dispositions rappellent parfois les rosaces de nos vieilles cathédrales, est toujours obtenu
par la répétition symétrique d'un seul motif.

Bientôt on associa au décor bleu des rehauts de rouge
de fer, mais les motifs restèrent toujours les mêmes,
exécutés avec une grande hardiesse et une liberté de
pinceau qui corrigent la froideur résultant de la disposition symétrique. Un grand nombre de pièces de cette

époque portent des armoiries dans lesquelles les couleurs des émaux sont indiquées par des tailles diverses,
suivant les règles héraldiques.

Vers la fin du xviie siècle, un maître faïencier du nom
de *Guillibaud*, s'inspirant de certains décors des porcelaines chinoises que la Compagnie des Indes importait

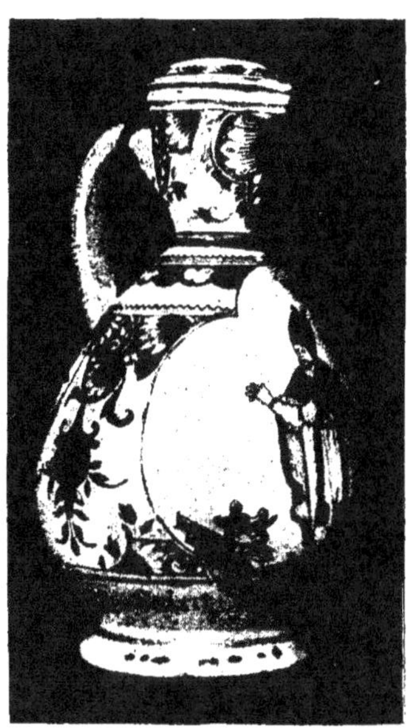

Fig. 5o. — Rouen. — Broc à cidre avec décor polychrome
(xviiie siècle).

en France en assez grandes quantités, commença à fabriquer des faïences polychromes dont les premiers spécimens furent les pièces d'un très beau « service » aux armes
de **François-Henri** de Montmorency, duc de Luxembourg,
maréchal de France et gouverneur de la Normandie
de 1690 à 1695. Le musée de Cluny possède plusieurs
pièces de ce service dont le décor se compose de

pagodes et d'arbustes en fleurs accompagnés d'insectes, de papillons, et, presque toujours, du *Fong-hoang*, l'oiseau sacré des impératrices, le tout entouré de bordures à quadrillages rouges et verts coupés par des réserves de crevettes ou de fleurs bien caractéristiques. Les couleurs sont vives et éclatantes, et, les rouges notamment, d'une très grande intensité de ton.

De cette époque également, datent les faïences à fond bleu-empois imitées de Nevers, mais d'un bleu moins intense et moins pur, sur lequel se détachent en blanc fixe et en jaune des fleurs et des insectes dessinés d'un trait fortement accentué (fig. 49) et, surtout, un genre qui n'a d'analogue dans aucune fabrication et dont les spécimens sont de la plus grande rareté, les belles faïences à fond jaune ocré orné d'arabesques, en bleu très foncé, formant des rinceaux élégants et variés au milieu desquels ressortent en réserves blanches, légèrement modelées en bleu, des rondes d'enfants d'un dessin un peu incorrect mais pleines d'entrain et de verve. Les faïences de Rouen étant rarement marquées, il est bien difficile de dire de quels ateliers sont sortis ces deux derniers décors, ainsi, du reste, que les assiettes « à musique », les brocs à cidre, les boîtes à épices, les lampes d'églises, les jardinières, les sucrières à poudre et tous ces objets de formes et d'usages variés décorés avec une vigueur et une franchise de ton dont la faïence de Rouen seule montre des exemples. Ce que l'on sait cependant, c'est que les plus belles et les plus importantes pièces de ce genre, les bustes et les gaines des *Quatre Saisons* que l'on admire au musée du Louvre, les sphères qui décoraient le vestibule du château de Choisy-le-Roy, les globes terrestres et célestes, etc., sont sorties d'une fabrique dirigée par une femme d'un grand goût, Mme de Villeroy, qui avait succédé à Louis Poterat, dont nous avons parlé plus haut.

Vers le milieu du XVIIIᵉ siècle, la décadence commence avec le décor *rocaille* si fort à la mode dans la dernière moitié du règne de Louis XV. Les couleurs sont toujours aussi belles, mais l'exécution est moins soignée, plus lourde; c'est l'époque des carquois, des arcs et des flèches, des torches enflammées, des trophées d'armes et des instruments de musique. Une dernière transformation s'opère

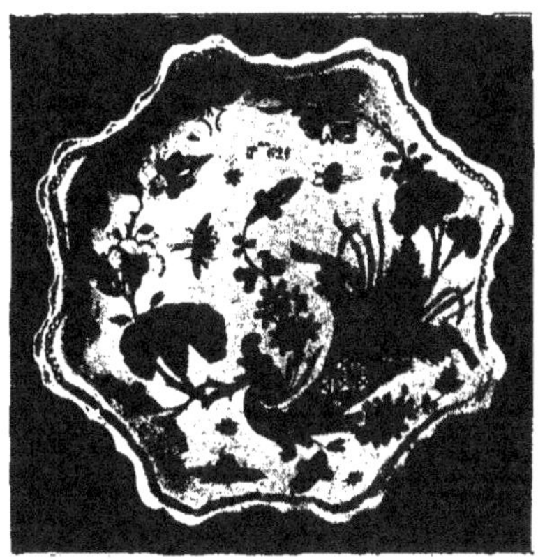

Fig. 51. — Rouen. — Décor polychrome dit « à la corne » (XVIIIᵉ siècle).

enfin et l'on voit apparaître le décor *à la corne*, double ou simple, formé par une sorte de corne d'abondance d'où s'échappent des tiges de fleurs, surtout d'œillets, accompagnées d'oiseaux, généralement de perroquets, d'insectes et de papillons, d'une coloration intense, où dominent le jaune et le beau rouge particulier à Rouen (fig. 51).

Ruinée par l'extension que prenait la fabrication de la porcelaine, dont l'emploi commençait à se généraliser, et, surtout, par la libre introduction en France de la faïence anglaise ou *terre de pipe*, l'industrie rouennaise décline rapidement. Quelques fabricants, entre autres *Le Vavasseur* dont on trouve la signature sous un certain nombre de pièces, voulurent essayer de lutter en tentant d'imiter sur la faïence la décoration des porcelaines, mais leurs efforts furent infructueux, et, bientôt, il ne resta plus, à Rouen comme à Nevers, que le souvenir de ces manufactures autrefois si vivantes et si prospères.

Moustiers. — Moustiers-Sainte-Marie, petite ville du département des Basses-Alpes, perdue au milieu des montagnes, fut, avec Nevers et Rouen, le troisième grand centre de la production de la faïence. Dès la fin du xviie siècle, elle possédait des fabriques qui prirent rapidement une importance considérable et qui, vers le milieu du siècle suivant, jouissaient d'une réputation si bien établie que l'abbé J. de Laporte, dans son *Voyageur François*, écrivait que sa faïence « passait pour la plus belle et la plus fine du royaume ».

Suivant toute apparence, la première fabrique de faïence y fut fondée par *Pierre Clérissy*, né en 1652, qui, dès 1686, est mentionné dans plusieurs actes comme « maistre faïencier » et qui eut pour aide et successeur son neveu, nommé également Pierre, qui donna une grande extension à la fabrication. Les Clérissy, très habiles praticiens, surent s'entourer d'artistes et d'ouvriers de grand mérite, entre autres Gaspard Viry, dont le nom se trouve sur plusieurs pièces d'une très belle exécution (*G. Viry f^{it} à Moustiers chez Clérissy*), Hyacinthe Roux, dont on trouve également la signature sous de très belles faïences, Fauchier, Pelloquin, etc.

Pierre Clérissy, en 1748, céda sa fabrique à Joseph Fouque avec lequel il était associé depuis de longues années, et celui-ci, à son tour, eut pour sucesseur son fils Gaspard Fouque.

A côté de cette manufacture, la plus importante de Moustiers, celle dont les produits sont les plus remarquables, il y en eut d'autres qui, pendant longtemps, furent en pleine prospérité, particulièrement celle d'Olerys,

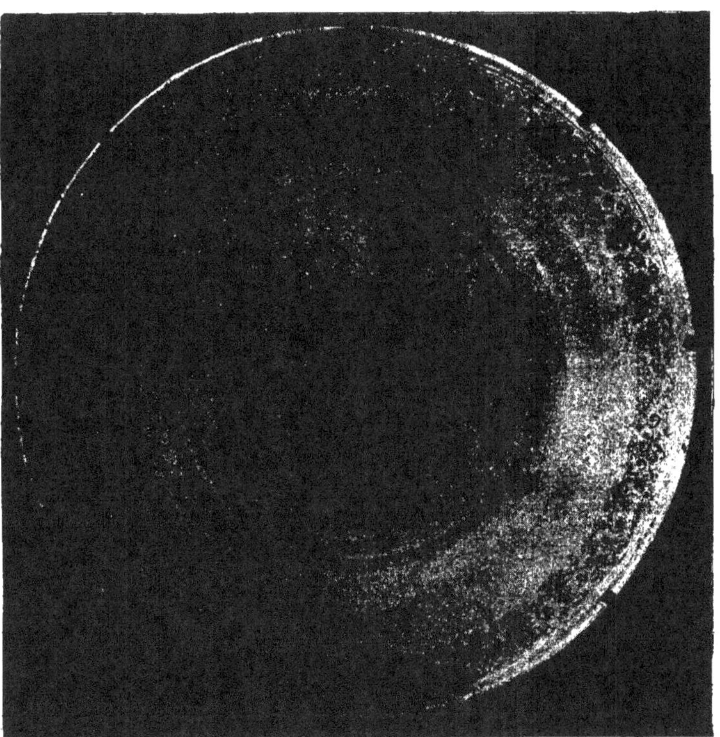

Fig 52. — Moustiers. — Décor en camaïeu bleu, d'après Tempesta (fin du XVIIe siècle).

associé plus tard avec son beau-frère Laugier, et dont la marque.

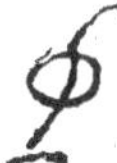

est bien connue, d'Achard et Mille, de Bondit, de Ferrat,
qui introduisit, vers la fin du siècle, la décoration au feu
de moufle sur émail cuit, de Féraud, etc.

Au début, les décorateurs de Moustiers copièrent en
camaïeu d'un beau bleu intense et d'une façon véritablement supérieure à tout ce qui avait été fait jusque-là en

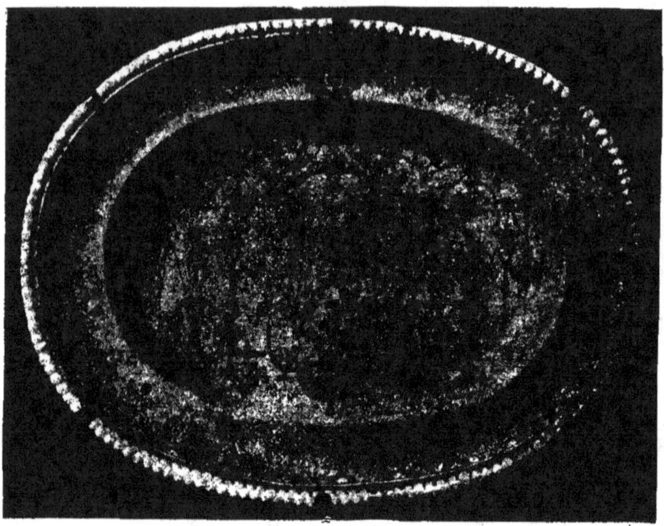

FIG. 53. — Moustiers. — Décor en camaïeu bleu imité de Bérain
(commencement du XVIIIe siècle).

France, des sujets empruntés à Frans Floris et, surtout,
à l'œuvre considérable de Tempesta, représentant des
chasses et des combats (fig. 52) ; c'est là la période véritablement artistique de la fabrication. Bientôt les sujets
disparaissent pour faire place à la décoration exclusivement ornementale, formée de gracieux entrelacs, de
baldaquins, de gaines et de cariatides au milieu desquels
se jouent des figures de nymphes, de satyres et d'amours.
Cette décoration imitée des compositions de Bérain, de

Boulle et, surtout, de Bernard Toro peut être considérée comme la caractéristique du genre de Moustiers (fig. 53).

La décoration en camaïeu bleu fut presque exclusivement employée à Moustiers jusqu'au jour où quelques-uns de ses artistes, Olerys notamment, qui avaient été appelés à Alcora par le comte d'Aranda, rapportèrent d'Espagne une décoration polychrome d'un genre particulier qui se traduisit surtout par la reproduction de petits sujets mythologiques ou religieux, copiés sans beaucoup de talent, généralement mal dessinés et assez confus, mais peints dans des médaillons accompagnés de guirlandes de fleurs d'une coloration harmonieuse et délicate.

Puis vinrent les faïences décorées de figures *grotesques* peintes en camaïeu jaune et vert, ou vert mélangé de noir et de manganèse, imitées de Callot ou dues à l'imagination ou au talent assez commun des peintres du pays. Ces faïences marquent une ère de décadence qui ira en s'accentuant jusqu'au jour où, à Moustiers comme à Rouen, on voulut, mais inutilement, lutter contre la porcelaine avec le décor sur émail cuit emprunté à Strasbourg.

Sauf les pièces décorées dans « le genre Bérain », les faïences de Moustiers sont souvent signées ou marquées. La marque que l'on rencontre le plus fréquemment est celle d'Olerys et de Laugier (l'O traversé d'un L) que nous avons reproduite plus haut.

Strasbourg. — Le quatrième centre de la fabrication de la faïence française, Strasbourg, peut être considéré comme un des plus importants, bien que son histoire se résume dans celle d'une seule manufacture, celle qui fut fondée vers 1709 par Charles Hannong et qui, jusqu'en 1780, appartint à ses descendants.

Les faïences de Strasbourg se distinguent de celles

que nous avons étudiées jusqu'à présent par l'application, sur l'émail stannifère, des procédés qui servaient à la décoration des porcelaines, c'est-à-dire par l'emploi, sur émail cuit, des couleurs mélangées de *fondants* qui les font adhérer à l'émail à une température moins élevée que celle où cet émail entre en fusion, procédés qui furent adoptés un peu partout, surtout en France et en Allemagne, et qui modifièrent complètement les conditions de la fabrication et de la décoration de la faïence jusqu'au moment où cette dernière fut définitivement remplacée par la faïence anglaise — *faïence fine* ou *terre de pipe* — et par la porcelaine.

Suivant toute apparence, c'est à Paul-Antoine Hannong qui, en 1732, avait succédé à son père, Charles Hannong, que l'on doit la première application de ce procédé. Tout en continuant la fabrication de la porcelaine, que son père avait établie à Strasbourg en association avec un transfuge de Meissen nommé Wackenfeld, il réserva une place considérable à la fabrication de la faïence, sur l'émail blanc de laquelle il parvint à appliquer des décorations en or dont il soumit les premiers spécimens à Louis XV, lors de son passage à Strasbourg en 1744. Malheureusement pour lui, sa porcelaine, dont la fabrication avait pris un assez grand développement et qui, faite d'après les procédés allemands, était, sous le rapport de l'application aux usages domestiques, de beaucoup supérieure à la porcelaine française, ou *porcelaine tendre*, porta ombrage à la manufacture privilégiée de Vincennes — plus tard manufacture de Sèvres, — et le pauvre fabricant, malgré la protection et les démarches du duc de Noailles, dut obéir à l'arrêt qui lui enjoignait de démolir, dans la quinzaine, ses fours à porcelaine. Il alla alors s'établir à Frankenthal, dans le Palatinat, où l'électeur Charles-Théodore, qui l'accueillit avec empressement, mit un vaste local à sa disposition et lui fit, sans intérêts, l'avance des premiers fonds nécessaires à son installation.

Hannong n'en conserva pas moins en activité sa manufacture de faïences de Strasbourg et celle moins importante que son père avait également fondée à Haguenau. Dirigées avec beaucoup d'intelligence par ses deux fils, Pierre-Antoine et Joseph, elles prospérèrent jusqu'au jour où la *ferme royale* voulut taxer leurs produits suivant l'ancien tarif applicable aux marchandises provenant des provinces « réputées étrangères ». Joseph Hannong resté seul par suite du départ de son frère, esprit inquiet et aventureux qui l'avait quitté pour venir chercher fortune à Paris, lutta courageusement contre ces prétentions exagérées et injustes, sans pouvoir obtenir une solution favorable. En 1779, après avoir vu sa fabrication et son commerce arrêtés pendant cinq années, en proie à des embarras financiers qui augmentaient tous les jours, traqué par des créanciers acharnés à sa perte, et mis même en prison par ordre du prince-évêque de Strasbourg, il dut s'avouer vaincu et s'enfuit précipitamment à Munich où il mourut bientôt dans la misère. Après son départ, la fabrication languit, et, malgré les tentatives faites pour lui rendre son ancienne prospérité, elle cessa complètement quelques années plus tard.

Les faïences de Strasbourg qui se distinguent par la beauté et la pureté de leur émail, par leurs formes élégantes et surtout par la franchise et la vivacité de leurs couleurs, notamment des pourpres et des carmins, ne procèdent en rien de ce qui avait été fait précédemment. Leur décoration, facilement reconnaissable, se compose presque exclusivement de bouquets de fleurs, principalement de roses, de pivoines, de jacinthes, d'œillets, de tulipes et de myosotis, d'une coloration fraîche, exécutés avec une grande habileté, tantôt au moyen de traits noirs qui forment un dessin dont l'intérieur est recouvert d'à-plats transparents, tantôt modelés avec une délicatesse et une précision qu'envieraient les meilleurs peintres sur porcelaine. Presque toujours, elles portent les monogrammes des Hannong, seuls ou accompagnés, surtout sous la direction de Joseph, de chiffres indiquant les numéros d'ordre de fabrication et de chiffres supplémentaires portant la date de la décoration.

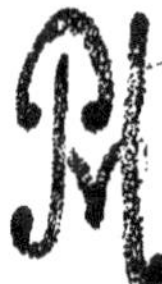 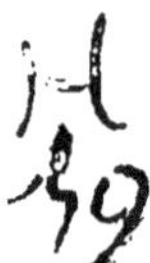

Fabriques secondaires. — Nevers, Rouen, Moustiers et Strasbourg, dont nous venons d'esquisser rapidement l'histoire et d'étudier les produits aux différentes époques de leur existence, peuvent être considérés comme les quatre principaux centres de la fabrication de la faïence française ; on pourrait même dire, si le mot n'était pas trop prétentieux, comme autant d'*écoles* dont la décoration offre des caractères si particuliers, si nettement tranchés, qu'à défaut d'autre désignation, on peut dire simplement genre *nivernais, rouennais*, de *Moustiers* ou de *Strasbourg* pour indiquer immédiatement tout un ensemble et tout un système d'ornementation.

Parmi les fabriques de moindre importance, nous citerons seulement les principales, en mentionnant d'abord celles qui procèdent plus ou moins directement de ces quatre grands centres de production et, ensuite, celles dont les faïences offrent des caractères particuliers facilement reconnaissables.

École de Nevers. — Au point de vue de l'art proprement dit, la fabrication de Nevers, bien qu'elle ait été une des plus importantes sous le rapport de la production, ne tient pas une grande place dans l'histoire de la céramique ; son influence a été presque nulle quoique son genre ait été imité dans beaucoup de fabriques très secondaires, telles que *Ancy-le-Franc, Auxerre, La Charité, Marans,* etc., dont les faïences, généralement très communes de fabrication et d'une décoration lourde et pénible, offrent peu d'intérêt.

École de Rouen. — Il n'en est pas de même de Rouen, et les merveilleux spécimens de cette fabrication bien véritablement française, même dans ses imitations des porcelaines orientales, montrent, non seulement quelle variété les céramistes normands ont apportée dans la décoration des faïences qui sortaient de leurs mains, mais encore quel parti les fabriques de second ordre ont su en tirer pour se les approprier sans les copier servilement. Parmi ces dernières, nous citerons :

Paris. — Une des plus anciennes faïences françaises et, certainement, des moins connues, est la faïence de Paris (1). Ce n'est guère que par analogie, et après un examen comparatif de plusieurs pièces dont la provenance parisienne ne fait aucun doute, que l'on peut indiquer quelques-uns des caractères de ces faïences dont le décor procède de Rouen tout en montrant, dans certains cas, une originalité qui leur assigne une place à part. Dans les faïences

---

(1) Un plat entré récemment au Musée de Sèvres porte la mention : *A Paris le 17e mars 1654.*

polychromes, le rouge si caractéristique de Rouen est
remplacé, comme à Nevers, par un ocre jaune d'un aspect
assez triste ; le violet de manganèse est employé avec
excès. Les lambrequins de Rouen servent de bordure,
mais ils sont maladroitement dessinés et, souvent, ne se
relient pas entre eux. Les vases bien connus fabriqués

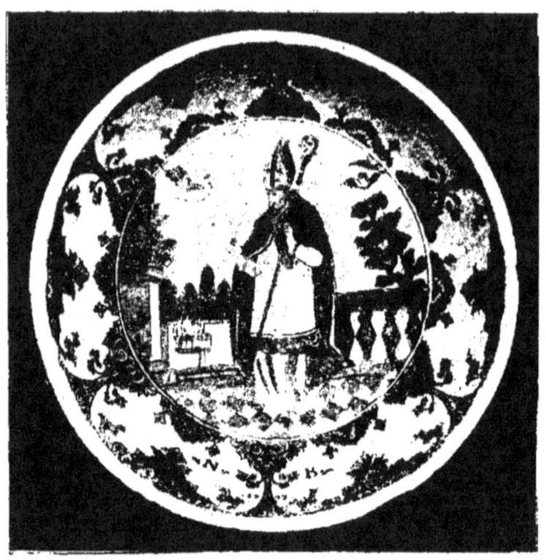

Fig. 54. — Paris. — Saladier à « vin chaud » (xviii° siècle).
(Coll. de Mme Paul Guérin.)

vers 1720 par Digne, rue de la Roquette, pour l'abbaye de
Chelles, dont Louise-Adélaïde d'Orléans, fille du Régent,
était abbesse, sont des types très caractérisés des faïences
de Paris dans la première moitié du xviii° siècle. Ollivier,
qui était établi également rue de la Roquette, possédait
une manufacture de poêles et de faïences d'usage courant assez importante. C'est lui qui fit don à la Convention nationale du curieux poêle reproduisant *la Bas-
tille*, conservé au musée de Sèvres. A en juger par les
nombreuses annonces publiées dans la dernière partie

du xviiie siècle, Paris aurait compté plusieurs fabriques de faïences décorées sur émail au feu de moufle, désignées sous le nom de *faïences japonnées*, mais leurs produits n'étant pas marqués, il est presque impossible de les identifier.

Saint-Cloud. — Saint-Cloud, Meudon et diverses localités des environs de Paris ont fabriqué également des

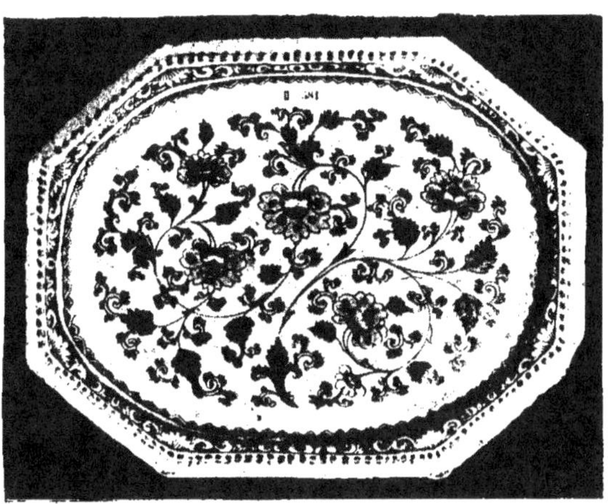

Fig. 55. — Saint-Cloud. — Décor en camaïeu bleu dessiné de noir (fin du xviie siècle).

faïences qui procèdent de Rouen et de Nevers, particulièrement des saladiers à vin chaud décorés assez librement en camaïeu bleu ou en couleurs et portant des attributs de métiers ou des inscriptions. Le musée de Sèvres possède une série très intéressante de ces faïences.

Les décors bleus de Saint-Cloud, presque toujours de style rouennais, au début sont cernés d'un trait noir très accentué; plus tard, on y ajouta des rinceaux de fleurs ornemanisées, d'un style élégant, peints en bleu légèrement ardoisé, et toujours dessinés d'un trait noir.

C'est de Saint-Cloud que sortaient les faïences destinées au service des résidences royales et qui portent, dans un cartouche timbré de la couronne de France, la lettre initiale du château auquel elles étaient destinées.

Sinceny. — Sinceny, ainsi que *Quimper*, est encore une des nombreuses fabriques qui procèdent directement de Rouen et dont les faïences peuvent le plus facilement être confondues avec celles de Rouen qu'elles égalent souvent. Du reste, cette manufacture, fondée vers 1733, par M. de Fayard, seigneur de Sinceny, fut pendant longtemps sous la direction d'un Rouennais, Pierre Pellevé, qui, lui-même, n'employa que des ouvriers et des décorateurs qu'il faisait venir de Rouen.

Vers 1775, la décoration se transforme; on appelle à Sinceny des peintres lorrains qui imitent, non sans un grand succès, les décors exécutés sur émail, dans le genre de Strasbourg.

Lille. — Lille, qui possédait, au commencement du xviiie siècle, deux fabriques importantes, a également copié Rouen ; ses faïences, cependant, sont d'un émail plus fin et moins opaque, et le décor y est plus soigneusement exécuté; on y trouve parfois des éléments empruntés à la décoration de Delft. Dans la décoration polychrome, les couleurs sont d'un ton un peu rabattu et se reconnaissent à leur vert, qui est un peu froid et qui creuse l'émail.

Les fabriques de *Rennes* et de *Bordeaux* ont commencé également par imiter Rouen, mais elles surent s'affranchir bientôt de cette imitation pour produire, la premièe, de belles faïences d'un émail blanc et laiteux à reliefs de rocailles, dans le décor desquelles domine surtout le violet de manganèse, et la seconde des faïences d'un décor assez particulier formé de draperies, de guirlandes et de bouquets de fruits et, surtout, de raisins.

École de Moustiers. — Presque toutes les fabriques du Midi et du Sud-Ouest ont imité les faïences de Moustiers sans arriver cependant à obtenir la finesse et la légèreté de la pâte, la pureté de l'émail et la délicatesse de la décoration. Quelques-unes, comme *Varages* et *Taverne*, en ont copié servilement le décor, d'autres en ont pris simplement le principe décoratif, le genre, et ont su produire des œuvres qui, si elles ne sont pas tout à fait originales, ne sont cependant pas des copies. Parmi ces dernières, nous citerons surtout les manufactures de *Goult*, d'*Avignon*, de *Clermont-Ferrand*, dont on connaît quelques belles pièces d'une fabrication qui semble n'avoir eu qu'une durée éphémère, et plusieurs ateliers du Quercy, *Montauban*, *Ardus*, etc.

École de Strasbourg. — Les procédés de décoration innovés à Strasbourg qui, comme nous l'avons vu plus haut, étaient ceux de la porcelaine, et qui avaient, du reste, pour objet de lutter contre elle, furent promptement employés partout. Certaines fabriques, d'un ordre très secondaire, *Marans*, entre autres, les appliquèrent à la copie servile des décors de Strasbourg; d'autres, plus importantes, surent, au bout de très peu de temps, se créer un genre à part. Parmi ces dernières, les plus considérables furent celles de *Niederwiller*, de *Lunéville*, d'*Aprey*, des *Islettes*, etc. Quelques ateliers déjà existants, notamment à *Rouen* celui de Levavasseur, à *Moustiers*, celui de Ferrat, et bien d'autres encore, transformèrent, eux aussi, leur procédé de décoration, essayant, mais inutilement, de prolonger leur existence en faisant le genre *porcelaine* ou, comme on disait alors, la *faïence japonnée*.

Niederwiller. — Fondée en 1754 par Jean-Louis de Beyerlé, directeur de la monnaie de Strasbourg, la fabrique de Niederwiller, petite commune des environs de Sarrebourg, eut d'abord comme ouvriers et décorateurs des praticiens sortis des ateliers de Hannong auxquels on adjoignit bientôt des peintres sur porcelaine venus d'Allemagne. La nouvelle entreprise prit alors un assez grand développement, et, en 1774, à la mort de Beyerlé, auquel succéda le comte de Custine, qui en confia la direction à François Lanfrey, un des industriels les plus remarquables de son temps, elle était en pleine prospérité. Après la mort tragique du général comte de Custine en 1793, Lanfrey, qui en devint seul propriétaire, sut la conduire avec assez d'habileté pour qu'elle pût résister à la crise commerciale qui ruina alors toutes les manufactures de faïences; mais elle perdit néanmoins peu à peu son caractère artistique et l'on n'y fit plus que des objets d'usage courant.

Les faïences de Niederwiller, d'une admirable fabrication et d'un bel émail blanc laiteux, sont généralement marquées, dans la première période, d'un B et d'un N

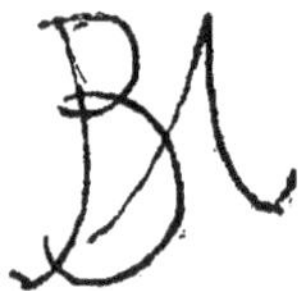

conjugués (Beyerlé-Niederwiller), et, dans la seconde, du chiffre du comte de Custine, deux C entrelacés. Les fleurs de Niederwiller, disposées toujours avec un goût parfait, sont facilement reconnaissables à un certain « déchiquetage » particulier aux peintres de cette fabrique; beaucoup portent la devise du comte de

Custine : *Fais ce que tu dois, arrive ce qui pourra*. C'est
à Niederwiller également que l'on doit un genre de décoration qui semble avoir eu beaucoup de succès et qui
consiste dans l'imitation d'un bois veiné sur lequel on
aurait fixé, au moyen d'une épingle, une feuille de papier
à grandes marges simulant une gravure représentant un
paysage en camaïeu rose.

Lunéville et Saint-Clément. — Ces deux manufactures,
fondées, en 1730, par Jacques Chambrette, ont fabriqué
des faïences à émail stannifère, de formes élégantes et
variées, décorées en couleurs, au feu de moufle, de fleurs
imitant le genre de Strasbourg, ou, simplement, en bleu
et or. Celle de Lunéville est surtout connue par ses
groupes et statuettes en terre blanche non émaillée,
connue sous le nom de *terre de Lorraine*, dont les modèles, pour la plupart, étaient dus au célèbre sculpteur
Cyfflé (voir page 253).

Aprey. — La manufacture d'Aprey, près Langres,
fondée, vers 1750, par Lallemant de Villehaut, baron
d'Aprey, est une des premières qui aient le mieux
réussi à imiter sur faïence, d'après les procédés de
Strasbourg, le genre de décoration appliquée alors à la
porcelaine. Ces faïences, dont les modèles et la décoration étaient le plus souvent empruntés aux porcelaines
allemandes, sont ornées d'oiseaux et de bouquets de
fleurs exécutés avec beaucoup de finesse et de talent
par un peintre nommé Jarry, auquel cette manufacture
doit en grande partie sa réputation. Elles sont généralement signées des deux lettres initiales d'Aprey

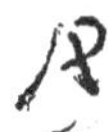

accompagnées le plus souvent d'une lettre. Un ouvrier

d'Aprey alla travailler à Rouen chez Le Vavasseur et y porta des poncifs empruntés à la manufacture lorraine ; des différences dans la coloration et dans les bordures permettent néanmoins de distinguer les produits des deux ateliers.

Les Islettes. — Bien qu'on la désigne sous le nom de manufacture des Islettes, cette petite fabrique était, en réalité, située au *Bois-d'Épense*, hameau contigu au village des Islettes dont il n'est séparé que par un cours d'eau. Les sujets qui décorent les faïences des Islettes étaient des plus variés ; ce qui a fait surtout leur grande vogue, au commencement de ce siècle, ce sont les sujets à personnages, scènes familières ou égrillardes, pochades militaires, types des différents soldats de la Grande Armée, etc., facilement reconnaissables à la franchise et à l'éclat de leurs couleurs soulignées par des traits bruns ou noirs fortement accentués.

Parmi les autres manufactures françaises les plus importantes et dont les produits méritent d'être cités, nous mentionnerons :

Saint-Amand-les-Eaux. — Fondée en 1740, par Pierre Fauquez, de Tournai, cette manufacture passa l'année suivante entre les mains de François Fauquez, son fils, praticien habile, qui connaissait tous les procédés et tous les genres de décoration employés de son temps et qui, de plus, chercha à en faire revivre qui étaient oubliés depuis plus d'un siècle. Tels sont, entre autres, le décor en blanc de rehaut sur fond d'émail légèrement teinté, rappelant le *bianco sopra bianco* des majoliques italiennes du xvie siècle, et le décor en blanc fixe sur fond bleu persan pratiqué à Nevers et imité plus tard à Rouen. Saint-Amand a produit également des faïences copiées franchement sur celles de Strasbourg, mais dessinées avec plus de lourdeur et peintes avec moins de sûreté et de fraîcheur dans la coloration. Beaucoup de ces faïences portent une marque dans laquelle on retrouve les initiales de Pierre Fauquez, deux P et deux F.

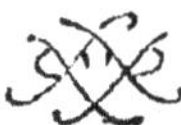

Marseille. — A la fin du xvııı siècle, Marseille possédaitdans un de ses faubourgs, à *Saint-Jean-du-Désert*, une manufacture dont on peut voir au musée de Sèvres un beau plat marqué en toutes lettres : *Marseille* 1681, et dont on connaît d'autres spécimens signés de Clérissy — que nous avons déjà rencontré à Moustiers — *A. Clérissy, à Saint-Jean-du-Désert, à Marseille,* 1697, qui montre, comme toutes les faïences attribuées à cette fabrique, l'emploi exclusif du bleu et du manganèse, ce dernier jouant un grand rôle dans la décoration.

Mais c'est surtout aux manufactures fondées dans le courant du xvııı siècle que Marseille doit sa réputation. Parmi ces dernières les plus importantes sont celles de Savy, qui, en 1777, après une visite que lui fit Monsieur, comte de Provence, frère de Louis XVI, obtint l'autorisation de donner à son établissement le titre de *Manufacture de Monsieur, frère du Roy,* et de marquer ses faïences d'une fleur de lis ; celle de la veuve Perrin, associée en 1785 avec Abellard et dont les produits sont marqués

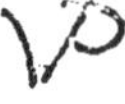

celle de Joseph Robert, qui fabriquait également de

la porcelaine, et qui signait soit en toutes lettres *Robert à Marseille*, soit, seulement, R, etc.

Les faïences de Marseille, décorées toutes sur émail cuit, sont remarquables par la richesse de leurs formes, la beauté de leur émail et la perfection de leur exécution. Quelques-unes sont décorées de paysages et de figures ;

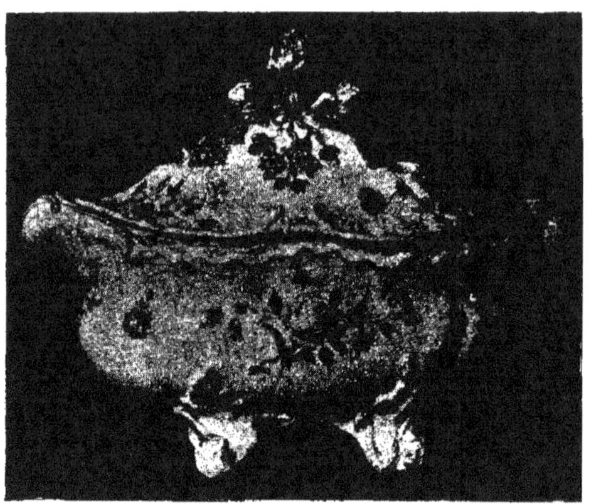

Fig. 56. — Marseille. — Décor polychrome *sur émail*
(xviiie siècle).

mais ce qui domine surtout, ce sont les poissons, les coquillages, les plantes marines, les insectes et les fleurs à longues tiges. Celles qui sont sorties des ateliers de Savy sont caractérisées par un beau vert de cuivre transparent employé *à plat* sur des pièces de fabrication courante dont le dessin et le modelé étaient indiqués en traits noirs assez accentués.

Sceaux. — Nous citerons également la manufacture de Sceaux fondée vers 1750 avec l'appui de la duchesse du Maine, et placée ensuite sous le patronage du duc de Penthièvre, grand amiral de France, dont les produits, d'un goût charmant et délicat, sont ceux qui, sans contredit, rappellent le mieux la porcelaine, aussi bien sous le rapport de la fabrication que par la perfection et la finesse de la décoration. Les faïences de Sceaux sont marquées des lettres S-P (Sceaux-Penthièvre) seules ou accompagnées de l'ancre de grand amiral de France ; plus tard, lorsque la fabrication, tout en restant toujours très soignée, fut limitée aux objets usuels, elles portent le mot *Sceaux,* avec ou sans l'ancre, imprimé « à la vignette ».

FAIENCES ÉTRANGÈRES. — *Allemagne.* — A la fabrication des poêles en terre vernissée, que nous avons signalée plus haut, avait succédé en Allemagne, et particulièrement à Nuremberg, celle des poêles de faïence décorés d'abord de reliefs colorés, et, plus tard, de plaques ornées de sujets peints à plat. Quant à la faïence usuelle, pendant longtemps, à *Nuremberg,* à *Bayreuth,* à *Anspach,* etc., elle paraît avoir été peinte surtout en camaïeu bleu ; on rencontre bien, il est vrai, des décorations polychromes, mais jusqu'au milieu du xviiie siècle elles sont peu usitées. Ce n'est qu'à partir du moment où les céramistes allemands emploient, sur la faïence, les procédés de décoration de la porcelaine que les manufactures se multiplient et produisent des œuvres qui, dans bien des cas, peuvent rivaliser avec la porcelaine. Parmi ces dernières, nous citerons celle de *Kunersberg,* en Souabe, de *Franken-*

thal, dont les faïences rappellent celles de Strasbourg, de *Stralsund,* en Poméranie, de *Kiel*, dans le duché de Holstein, et, surtout, de *Höchst-sur-le-Mein*, où l'on fabriquait également de la porcelaine et dont les faïences, très recherchées des amateurs, se rapprochent beaucoup, comme formes et comme décoration, des porcelaines qui ont acquis une si juste renommée à cette fabrique.

Hollande. — L'histoire de l'industrie de la faïence en Hollande se résume tout entière dans celle des fabriques de Delft, le foyer de production céramique le plus considérable de l'Europe pendant près de deux siècles. « Non seulement, dit M. Henry Havard, dans le beau livre qu'il a consacré à la faïence de Delft, la fabrication y a atteint des proportions inusitées, exceptionnelles, et dont on chercherait vainement autre part l'équivalent, mais encore la durée de cette fabrication, la persistance de cette belle industrie à se maintenir dans les murs de la petite cité hollandaise, est un fait très digne de remarque et qui peut seul expliquer la prodigieuse quantité de faïences delftoises que l'on rencontre encore de nos jours dans le commerce. Cette étonnante prospérité, Delft la dut en partie au développement extraordinaire du commerce hollandais. Il est clair qu'à une époque où les Provinces-Unies étaient devenues le trait d'union entre l'Europe et l'Asie, où les flottes de la compagnie des Indes couvraient les deux Océans, où de Ruyter et Tromp étaient les maîtres de la mer, l'industrie néerlandaise devait avoir des débouchés singulièrement plus vastes que d'autres nations sans marine et sans relations extérieures. »

Les potiers de Delft ont surtout cherché à copier les porcelaines de la Chine et du Japon dont les navires de la compagnie des Indes apportaient des quantités considérables en Hollande, mais il serait injuste de ne voir en eux que des copistes de l'art oriental, ils firent souvent preuve d'originalité et transformèrent parfois si bien les modèles dont ils s'inspiraient qu'ils surent, dans bien des cas, en faire un art à part dont l'influence se fit pendant longtemps sentir à l'étranger.

Comme les majolistes italiens du xvi° siècle, les po-

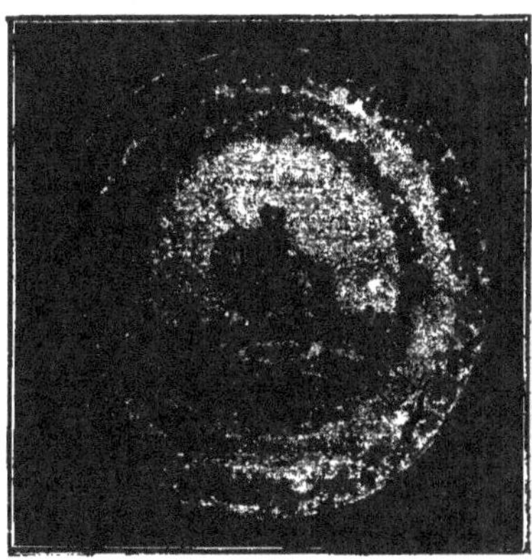

tiers de Delft avaient une technique particulière qui consistait, après la décoration, à recouvrir leurs faïences d'un sus-émail transparent qui donnait plus de brillant et d'éclat aux couleurs. Cette manière de procéder leur permettait de rendre la surface sur laquelle ils peignaient plus solide, moins farineuse, moins absorbante, et d'obtenir plus de finesse dans leur travail. C'est ainsi qu'ils ont pu produire, non seulement des faïences peintes et dorées qui approchent pour la finesse des porcelaines de Chine, mais aussi ces plaques étonnantes d'exécution dont les sujets empruntés aux compositions des meilleurs peintres hollandais, représentent des kermesses, des chasses, des paysages et des marines.

D'une habileté surprenante, les faïenciers de Delft ont fait une multitude d'objets usuels ou de fantaisie à la fabrication desquels la terre semblait ne pas pouvoir se prêter : dessus de brosses, cadres de miroirs, cages à

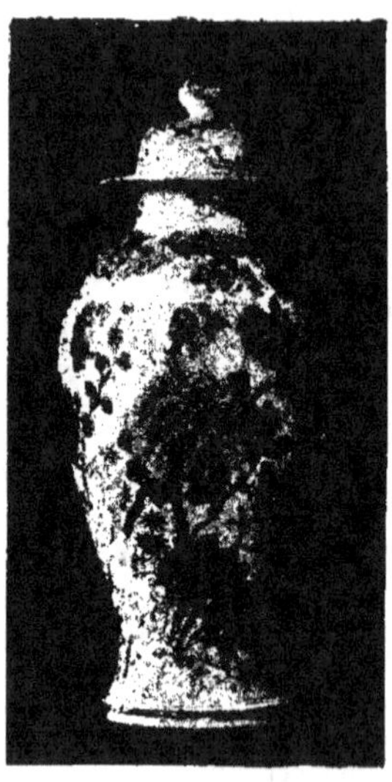

Fig. 58. — Delft. — Décor japonais polychrome et or
(XVIIIe siècle).

oiseaux avec leurs accessoires, porte-perruques, jouets d'enfants et jusqu'à des flûtes et des violons, véritables instruments ingénieusement et artistement décorés, aux sons un peu sourds, mais assez harmonieux.

Presque toujours, les faïences de Delft portent des marques ou monogrammes de fabricants ou de décorateurs. M. Henry Havard, dans le livre que nous avons cité plus haut, a pu donner les noms de plus de sept cent cinquante faïenciers en y joignant des renseignements bio-

graphiques et les nombreuses marques qu'il a rencon-
trées, ainsi que la désignation des enseignes de leurs
fabriques, enseignes dont les emblèmes, une *étoile,* une
hache, une *rose*, etc., se trouvent souvent reproduits sous
les pièces.

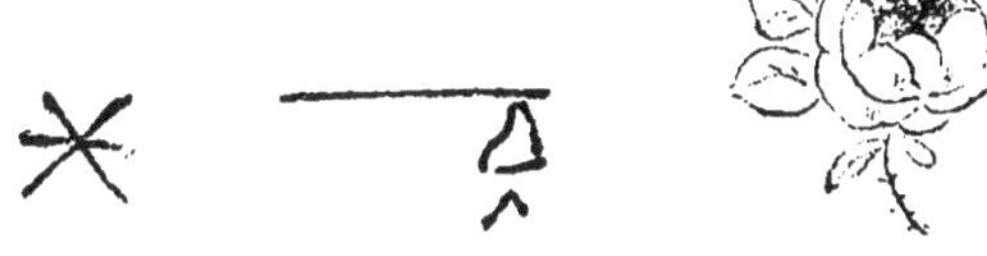

Ruinée, elle aussi, à la fin du siècle dernier par la
concurrence que lui fit la faïence anglaise, l'industrie de
Delft déclina rapidement, et cette ville, autrefois si florissante, qui, à un moment, ne comptait pas moins de
trente manufactures en pleine prospérité, ne posséda
bientôt plus que deux ou trois ateliers qui ne fabri-
quèrent que des objets d'usage domestique ne rappelant
en rien les belles faïences d'autrefois.

Espagne. — L'industrie de la faïence, que les Maures
avaient rendue si florissante pendant les xvᵉ et xviᵉ siècles,
semble avoir été à peu près complètement délaissée en
Espagne ou, tout au moins, réduite à la fabrication
des objets usuels les plus communs, jusqu'au jour où
le comte d'Aranda, vers 1727, fit venir à *Alcora,* village
de la province de Valence où il venait de fonder une
manufacture qui prit rapidement une assez grande importance, des décorateurs de Moustiers, en leur imposant
l'obligation d'avoir des élèves. Pendant une assez
longue période d'années, les faïences d'Alcora subirent
donc l'influence de Moustiers ; ce sont les mêmes procédés de fabrication et de décoration, les mêmes bordures « à dentelles » fines et légères tracées en bleu et

rehaussées d'un jaune orange d'un ton assez particulier, les ornements dans le genre de Bérain très peu modifiés ; devenus bientôt plus habiles que leurs maîtres, les décorateurs d'Alcora dessinent mieux les figures qui sont cependant abîmées par une exagération de bleu dans le modelé des chairs ; beaucoup de ces pièces, surtout celles qui sentent moins l'influence de Moustiers, portent les signatures des artistes d'Alcora : *Soliva, Grangel, Ferrer*, etc.

Vers 1749, le comte d'Aranda adjoignit la fabrication de la porcelaine à celle de la faïence qui perdit alors tout caractère d'art. Cette manufacture existait encore au commencement du siècle, mais on n'y faisait plus que des faïences et des porcelaines communes.

Parmi les autres fabriques espagnoles, nous mentionnerons également celles de :

Talavera-la-Reyna, petite ville des environs de Tolède dont les faïences étaient si renommées et si répandues au xviiie siècle que l'on disait communément en Espagne du « Talavera » comme on dit en Angleterre du « Delft » pour désigner la faïence à émail stannifiée, à quelque fabrique qu'elle appartienne. Les faïences de Talavera, plus communes que celles d'Alcora, sont généralement à décor polychrome assez accentué, dessiné de noir ou de manganèse.

Séville, dont les produits mal définis, et quelquefois marqués d'un S, sont confondus avec certaines faïences de Savone ou même de Naples.

Triana, près Séville, renommée pour ses épis de faîtage et surtout ses *azulejos* ou carreaux de revêtement ; et enfin :

Valence, de tout temps célèbre pour ses carreaux de revêtement dont la fabrication s'est continuée jusqu'à nos jours et qui forment souvent des panneaux représentant des saints, des sujets religieux ou des faits historiques. Le musée de Sèvres possède plusieurs de ces panneaux signés *De la R^l F^{ca} de Azulejos de Valencia*.

La Belgique, la Suisse, la Suède, la Hongrie, etc., ont possédé également des fabriques de faïences stannifères qui n'offrent aucun caractère particulier digne d'être mentionné. Nous signalerons cependant en Suisse la fabrication de ces grands poêles de faïence, véritables monuments qui donnaient leur nom à la pièce dans laquelle ils étaient placés (1) et dont les plaques quelquefois décorées de reliefs, mais le plus souvent planes, représentent des sujets avec légendes empruntés à l'Ancien Testament, à l'Histoire, et principalement à l'histoire de la Suisse, ou des allégories et des emblèmes copiés d'après les livres de l'époque. Les principaux centres de fabrication de ces poêles, dont la forme et la décoration étaient, pour ainsi dire, traditionnelles, étaient *Steckborn, Winterthur, Zurich* et *Berne*.

(1) Cf. page 164.

CHAPITRE IV

FAÏENCES FINES

Les *faïences fines*, communément appelées *terres de pipe*, caractérisées par une pâte blanche, opaque, à texture fine, dure et sonore, recouverte d'un vernis cristallin généralement plombifère, peuvent être divisées en trois catégories :

La *faïence fine française,* la *terre de pipe* proprement dite, qui est la plus ancienne et qui s'est faite principalement dans le nord-est de la France, notamment à Lunéville ; sa pâte renferme de la chaux et est additionnée de fritte alcaline, ce qui la rend plus ou moins fusible à une haute température.

La *faïence fine anglaise*, ou *cailloutage* (*earthern-ware*), qui n'est essentiellement composée que d'argile plastique et de silex ou de quartz ; elle est beaucoup plus dure que la précédente.

La *faïence fine dure* ou *feldspathique* dans la pâte de laquelle il entre du kaolin et qui, selon sa nature, est ou une sorte de grès (*stone-ware*), ou une sorte de porcelaine (*iron-stone*) plutôt qu'une faïence.

La plus ancienne des manufactures françaises est celle de Lunéville, fondée, ainsi que nous l'avons dit plus haut, vers 1730, par Jacques Chambrette. Elle est surtout connue par les œuvres du fameux sculpteur

Paul Cyfflé, l'auteur de ces délicieuses statuettes et de ces groupes, si recherchés aujourd'hui, reproduisant des types ou des scènes populaires dont nul ne saisit avec plus d'observation, de finesse et d'esprit, le côté pittoresque et réaliste, et qu'il modelait avec une science des formes, une vérité de détails, une habileté et une

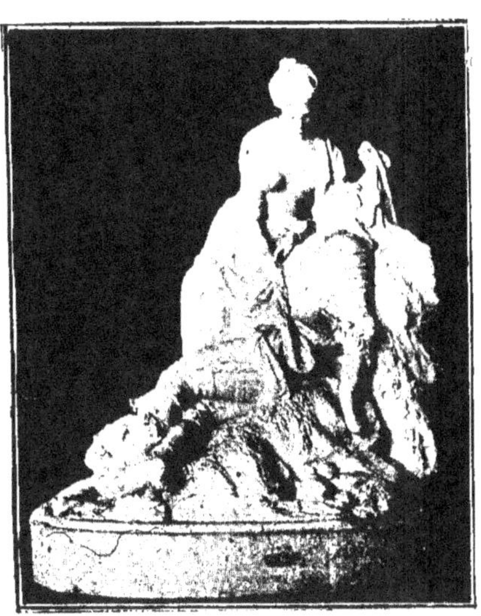

Fig. 59. — *Renaud et Armide*, terre de Lorraine (vers 1760).

délicatesse qui en font de véritables œuvres d'art. Les plus populaires parmi les statuettes de Cyfflé sont le *Savoyard ramoneur,* le *Savoyard jouant de la vielle,* la *Ravaudeuse,* le *Savetier sifflant son sansonnet,* etc., marquées au cachet : Terre de Lorraine ou Cyfflé a Lunéville. Plusieurs œuvres plus importantes, telles que les bustes si remarquables de *Louis XV* et de *Marie Leczinska,* de *Stanislas,* les groupes de *Renaud et Armide,* etc., sont également de Lunéville.

Une autre manufacture de la même région, celle de *Bellevue*, près Toul, a produit aussi des statuettes dont les modèles étaient en grande partie fournis également par Cyfflé, ainsi que des pièces de service marquées BELLEVUE (1).

Nous citerons aussi comme une des plus anciennes fabriques françaises celle dite « du Pont-au-Choux », à l'angle de la rue Saint-Sébastien, à Paris, fondée en 1740 et d'où sont sorties un grand nombre de faïences fines, d'un ton un peu jaunâtre, d'une grande élégance de formes et d'une exécution remarquable, généralement surmoulées d'après des pièces d'orfèvrerie. Cette manufacture, qui existait encore en 1772 et qui était désignée dans les recueils de cette époque sous le nom de *Manufacture Royale des terres de France à l'imitation de celles d'Angleterre*, fabriqua également des porcelaines assez estimées. Ses faïences ne portent aucune marque.

Mais c'est surtout vers la fin du siècle dernier que la fabrication de la faïence fine prit un grand développement et la manufacture de *Douai*, fondée en 1781, par deux Anglais, les frères Leigh, qui avaient dirigé dans le Staffordshire plusieurs ateliers importants, ne contribua pas peu à favoriser cette industrie. C'est de Douai, en effet, que partirent la plupart des ouvriers qui allèrent travailler aux manufactures de *Creil*, de *Montereau*, de *Sarreguemines*, etc., manufactures qui prirent une importance considérable surtout après l'application sur la

---

(1) C'est également de cette manufacture que sont sorties les grandes figures bien connues en terre cuite peinte que l'on voyait autrefois dans les jardins. Les plus recherchées étaient celles du *Jardinier appuyé sur sa bêche*, de la *Jardinière*, des *Savoyards*, et surtout de l'*Abbé assis lisant son bréviaire*. Ces statues, dont le prix était des plus modestes (12 livres), étaient très populaires à la fin du siècle dernier.

faïence des procédés de décoration par impression dont nous parlerons plus loin.

Orléans et *Sèvres* ont possédé également des ateliers de faïences fines. Celui qui fut créé à Sèvres par Lambert, à la fin du siècle dernier, a produit quelques très

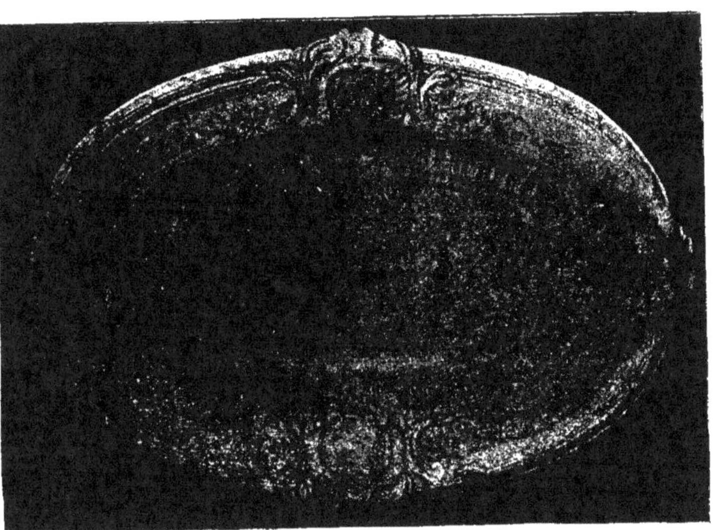

FIG. 60. — Fabrique dite du « Pont-aux-Choux ». — Paris (xviiiᵉ siècle).
Surmoulage d'une pièce d'orfèvrerie.

belles pièces grâce au concours de quelques ouvriers et décorateurs de la manufacture nationale ; beaucoup de ces pièces sont marquées *Sèvres*, ce qui crée souvent une confusion regrettable pour quelques amateurs qui ignorent que la manufacture n'a jamais fabriqué de faïences fines.

Faïences fines anglaises. — C'est à Burslem, dans le Staffordshire, que la pâte de faïence fine reçut, dans la première moitié du xviiiᵉ siècle, la qualité remarquable qu'elle tire de l'introduction du silex dans sa composition. Ce fut le point de départ de tous les perfectionnements apportés dans la fabrication de ces faïences qui peuvent recevoir tous les genres de décoration et qui, par leur nature même, se prêtent aux reliefs les plus fins et aux découpures les plus légères.

La plus célèbre des manufactures anglaises fut celle de *Burslem*, fondée, en 1759, par Josiah Wedgwood (1), qui y créa cette belle poterie couleur de crème, *cream colour*, qui devait commencer sa réputation et dont il présenta à la reine Charlotte des échantillons dont elle fut tellement charmée qu'elle voulut que la nouvelle poterie fût appelée Poterie de la Reine, *Queen's ware*. Ces poteries comprenaient surtout des pièces de table, des services à thé ou à café décorés de frises peintes en couleurs ou de dessins imprimés en noir ou en rouge par Sadler et Green, de Liverpool.

L'application de la gravure à la décoration des faïences, trouvée par John Sadler, ne contribua pas peu à donner une grande extension à cette industrie. Sadler, associé avec Guy Green, avait d'abord songé à demander un privilège lui garantissant la propriété exclusive de ce mode de décoration, mais il pensa qu'il était préférable de le tenir secret tout en se chargeant de la décoration des faïences fabriquées dans les manufactures des contrées environnantes, et Wedgwood, entre autres, lui envoyait à Liverpool des voitures entières de ses produits qui lui revenaient imprimés.

Une autre manufacture des plus importantes est celle de *Leeds*, fondée, en 1760, par les frères Green qui s'associèrent ensuite avec William Hartley. Cette manufac-

____

(1) Né à Burslem en 1730, mort le 3 janvier 1795.

ture a surtout produit des faïences d'un ton un peu jaunâtre, décorées de reliefs et d'ornements délicatement modelés ou découpés à jour ; ses produits étaient vendus dans toute l'Europe, particulièrement en France, en Allemagne et surtout en Russie, où elle avait établi des dépôts dont le débit était considérable.

Pendant longtemps, cependant, nos manufactures

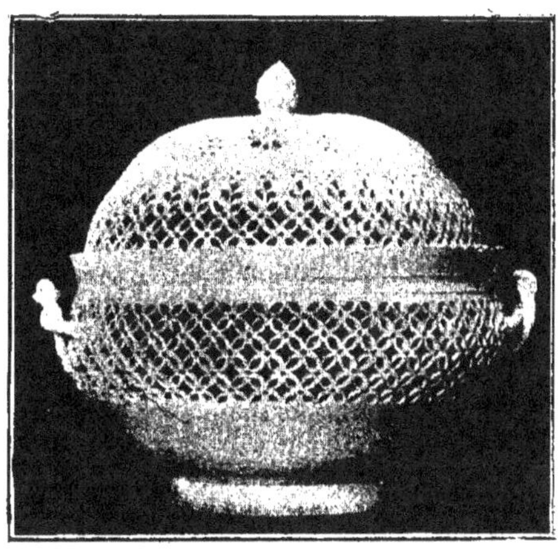

Fig. 61. — Leeds. — Faïence fine, dite « terre de pipe »
(xviii° siècle).

françaises n'eurent pas trop à se plaindre de ces dépôts de « Terres d'Angleterre », comme on les appelait alors, ces poteries devant payer un droit de 3o francs le cent pesant, ce qui en augmentait singulièrement le prix ; mais bientôt, malheureusement pour notre industrie, un événement inattendu vint lui porter un coup fatal. Le 20 septembre 1786, M. Girard de Rayneval et sir William Eden signèrent à Versailles un « Traité de Commerce » dont les conséquences devaient être aussi désastreuses pour la France qu'avantageuses pour l'Angleterre qui, moins d'un an après, importait en France deux fois plus de marchandises qu'elle n'en tirait. Les manufactures de faïences, surtout, eurent, plus que les autres, à souffrir de la concurrence que firent à leurs produits les poteries anglaises et, si, quelques-unes purent résister, ce ne fut, comme nous l'avons vu souvent, dans les pages qui précèdent, qu'à la condition de se renfermer dans la fabrication des objets usuels les plus communs.

La troisième sorte des poteries anglaises est due surtout à Wedgwood, qui fabriqua ainsi cette nombreuse série de faïences et de grès de différentes couleurs, si recherchés aujourd'hui des amateurs, avec lesquels il imitait les camées antiques, les basaltes, les jaspes, etc. Il copia surtout les beaux vases antiques trouvés dans l'Italie méridionale vers le milieu du xviiie siècle, dont Hamilton avait formé une collection qu'il mit tout entière à sa disposition. Le célèbre sculpteur Flaxman dessinait les modèles des formes et sculptait les bas-reliefs d'un goût si pur et d'un dessin si correct et si sévère, ornés de scènes antiques où les figures s'enlèvent en blanc sur un fond coloré le plus souvent en bleu. Il faisait également des médaillons et des bustes dont la plupart étaient de véritables chefs-d'œuvre d'art et de fabrication dont la vogue fut si considérable qu'il était impossible de suffire aux demandes qui affluaient de toutes parts.

Les différents produits de Wedgwood sont marqués d'un cachet imprimé en creux et portant son nom seul ou accompagné de celui de son associé, WEDGWOOD et BENTLEY.

CHAPITRE V

PORCELAINES

Porcelaines orientales. — *Chine*. — Il est impossible de dire à quelle époque remonte la fabrication de la porcelaine en Chine. Quelques annalistes du Céleste Empire lui assignent une antiquité fantastique, deux mille ans au moins avant l'ère chrétienne ; d'autres, plus modestes, la font contemporaine de la dynastie des Han (206 av. J.-C.); d'autres, enfin, la placent seulement au ive ou ve siècle ; quoi qu'il en soit, l'absence de pièces auxquelles on puisse assigner une date aussi reculée ne permet pas de rien affirmer à cet égard et c'est seulement à partir de la dynastie des Ming (1368-1644) — et surtout pendant la période de Tching-hoa (1465-1488), la plus belle époque de la fabrication — que l'on trouve des documents certains, fournis par des pièces datées. A la suite des dissensions intestines qui désolèrent l'empire sous les derniers souverains de cette dynastie et des guerres continuelles avec les Tatars, l'industrie de la porcelaine, comme toutes les industries, du reste, tomba pour ne plus se relever que sous Kang-hy, second empereur de la dynastie tatare des Tsing, qui régna soixante et un ans (1661-1722). Sous Kien-long (1736-1795), la fabrication prend un développement considérable, et les vaisseaux de la Compagnie des Indes transportent en Europe des quantités énormes de porcelaines ; mais les anciennes traditions se perdent bientôt. la décadence arrive rapidement, et il ne reste plus qu'une production courante qui

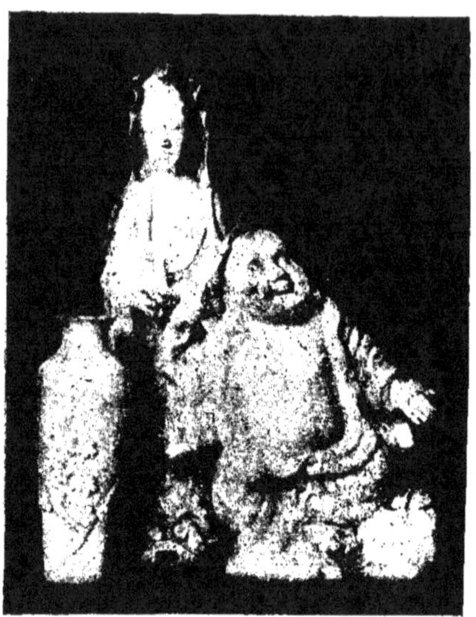

Fig. 62. — Porcelaines en « blanc de Chine ».

ne rappelle en rien les merveilles du temps passé.

Suivant le P. Dentrecolles, missionnaire français (1), qui le premier a donné des renseignements à peu près positifs sur la fabrication de la porcelaine chinoise, cette industrie était répandue sur presque toute la surface du territoire, puisque treize provinces sur dix-huit possédaient des manufactures, mais les plus renommées étaient celles de la province de Keang-se, parmi les-

(1) Né à Lyon en 1664, mort à Pékin le 2 juillet 1741.

quelles se trouvait la fabrique célèbre de *King-te-tchin*, la ville aux trois mille fours, qui, seule, avait le privilège de fournir les porcelaines destinées à l'empereur et aux personnes de sa famille.

Il est bien difficile d'établir une classification absolument rigoureuse des porcelaines chinoises ; leur variété est infinie et l'on ne peut guère se baser que sur la nature même des couvertes et des émaux qui les décorent, en commençant par les porcelaines blanches, dans lesquelles on rencontre des brûle-parfums, des vases sacrés, des pièces d'apparat et surtout des quantités de statuettes de dieux et de déesses, notamment celles de *Kouan-in*, la Vierge bouddhique (fig. 62) dont les représentations sont innombrables. Plus rares sont celles des Empereurs et des Impératrices ramenées presque toutes au même type. Toutes ces statuettes sont émaillées et ne portent jamais aucune marque. Une série assez particulière des porcelaines blanches est celle des porcelaines minces unies ou décorées d'un émail blanc gravé à la pointe, et celles, assez rares, qui ont reçu une décoration gravée en creux dans la pâte et émaillée ensuite. Ces porcelaines sont souvent marquées.

Viennent ensuite les couvertes unies, de colorations variées, depuis le vert céladon, d'un aspect doux et tendre, le jaune réservé généralement aux empereurs, le brun clair, à couleur chatoyante et à reflets métallisés, appelé « feuille morte », les rouges de cuivre qui donnent les « flammés » aux colorations veinées d'une intensité remarquable, jusqu'au noir le plus pur, presque toujours décoré en or de fleurs symboliques ou d'inscriptions. La série des bleus est des plus variées : le bleu turquoise, doux et nacré, le bleu « trempé », le « bleu fouetté » avec des réserves qui attendent une décoration supplémentaire et, enfin, les beaux violets dans lesquels les Chinois n'ont jamais eu de rivaux. Beaucoup de ces fonds sont *craquelés*, c'est-à-dire recouverts d'un émail fendillé plus ou moins régulièrement, soit sur la pièce entière, soit par zones parallèles

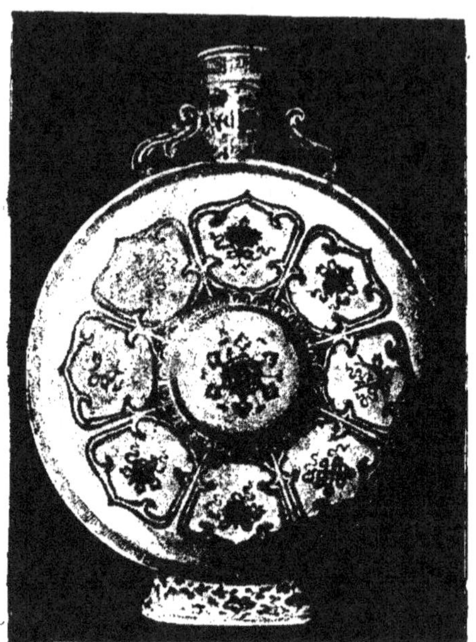

Fig. 63. — Chine. — Décor en camaïeu bleu.

offrant des craquelures variées, larges, moyennes ou très fines ; dans ce dernier cas, le craquelé est désigné sous le nom de « truité ». Parfois une partie est réservée au blanc uni rehaussé de bleu sous couverte, alors que tout le reste est craquelé.

La série la plus intéressante, celle qui fournit les plus beaux et les plus intéressants spécimens de l'art chinois, sur lesquels on trouve les dates les plus anciennes, est celle des porcelaines décorées en bleu sous couverte, qui, suivant la tradition, étaient primitivement réservées aux empereurs et aux grands personnages. Leur décoration, des plus variées, représente des scènes empruntées aux poèmes et aux légendes, des personnages de l'Olympe bouddhique, — notamment les « Huit Immortels », — des animaux symboliques sacrés, etc. ; dans ce cas, elles portent des inscriptions formulant des souhaits, tels que : « longévité, — bonheur, — richesse, — dix mille années, etc. » Beaucoup sont intéressantes en ce qu'elles ont été en Europe, particulièrement à Delft et à Rouen, le point de départ d'une décoration qui, après s'être bornée dans le principe à une copie servile, s'est, peu à peu, transformée pour produire des œuvres originales. Le décor bleu est, quelquefois, rehaussé d'une note éclatante d'un rouge de cuivre au beau ton purpurin posé également sous couverte; souvent aussi, ce rouge est employé seul sur la panse des vases.

C'est également dans cette série des décors bleus que sont exécutées les pièces dites *réticulées*, c'est-à-dire à double paroi, dans lesquelles l'enveloppe extérieure, reliée à la paroi interne par le bord supérieur, est finement découpée à jour.

Les porcelaines à décoration polychrome sont innombrables; dans les pièces d'ancienne fabrication, les motifs modelés en relief sont souvent recouverts de couleurs éclatantes, mais c'est généralement le décor à plat qui domine, reproduisant des sujets puisés dans les légendes sacrées ou empruntés aux grandes épopées guerrières, des animaux ou des plantes symboliques, le dragon des empereurs ou des princes, le Fong-hoang des impératrices, le kilin, le chien de Fô, le pêcher en fleurs, le nelumbo, etc.

Puis viennent les spécimens les plus variés de la flore

orientale, surtout les pivoines et les chrysanthèmes, les insectes et les papillons aux ailes éclatantes, les oiseaux aux riches plumages et les poissons aux écailles dorées. Dans cette variété de couleurs éblouissantes, deux tons surtout dominent : le vert de cuivre, aux reflets chatoyants, et le rouge d'or, d'un rose tout particulier qui semble avoir été réservé aux pièces de fabrication parfaite, à celles dont la texture est tellement mince qu'elles ont été très justement désignées sous le nom de *coquille d'œuf*.

C'est là la belle période de la décoration. A dater du milieu du XVIIIe siècle, sous Kien-long, les porcelaines reçoivent des émaux opaques mis un peu en épaisseur et cernés d'un trait noir. Malgré la richesse de la composition et l'habileté avec laquelle ils sont exécutés, ces décors aux couleurs parfois un peu violentes et souvent peu harmonieuses sont loin d'égaler ceux des époques précédentes. C'est la décadence qui commence et qui ira toujours en s'accentuant.

Cette revue rapide serait incomplète, si nous ne signalions pas en terminant toute une classe de porcelaines qui, pour nous, offre un intérêt considérable, puisqu'elle renferme la série si nombreuse des pièces fabriquées pour l'Europe et qui sont désignées sous le nom de porcelaines de la *Compagnie des Indes*.

Pendant tout le XVIIIe siècle, ce fut la mode, en France, en Angleterre, et surtout en Hollande, de posséder des services de porcelaine fabriqués en Chine ou au Japon, et le commerce que l'on en faisait était si considérable qu'en une seule année il en arriva en Hollande plus de quarante-cinq mille pièces. Ces services entiers, exécutés d'après des modèles européens, étaient généralement décorés d'emblèmes, d'attributs et surtout d'armoiries reproduites d'une façon un peu fantaisiste et où la science héraldique était étrangement violée. Souvent aussi, on expédiait en Chine des gravures qui étaient copiées au trait, généralement à l'encre de Chine, avec une patience prodigieuse, mais sans aucun caractère d'art. On faisait même exécuter ainsi des statuettes représentant des personnages européens interprétés parfois d'une façon assez grotesque. Souvent aussi, la Compagnie des Indes importait en Europe des porcelaines blanches ou décorées en bleu, qui recevaient à Venise, à Chelsea ou à Delft des « surdécorations » qui n'avaient rien d'oriental.

A l'exception de cette dernière série de pièces fabriquées pour le commerce européen, les porcelaines chinoises, surtout à partir de la dynastie des Ming, c'est-à-dire vers 1368, portent presque toujours des marques, ayant une signification réelle ou symbolique.

Les premières se composent de six caractères disposés sur une ligne verticale, qui se lisent du haut en bas en commençant par la droite et qui indiquent sous quelle dynastie et pendant quelle période la pièce a été fabriquée. Avec un peu d'étude et d'attention, ces marques sont faciles à déterminer. Il n'en est pas de même de celles qui sont disposées en cachet carré, imprimé en creux ou peint en bleu ou en rouge, et qui ont été adoptées à partir du xviiie siècle. Leur signification est la même que celle des marques qui les ont précédées, mais les caractères sont beaucoup plus difficiles à lire et, parmi les lettrés chinois, il n'y a guère que ceux qui ont fait une étude spéciale de la paléographie qui puissent les déchiffrer.

Quant aux marques symboliques ou figuratives, elles

se composent généralement du caractère *yu* (jade),

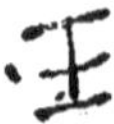

qui entraîne la signification de préciosité, le jade étant regardé comme la pierre la plus précieuse et la plus estimée. Puis viennent la *perle,* emblème du talent, la *pierre sonore*, qui marque les objets réservés aux usages religieux, la *feuille*, emblème de bon augure, les *poissons,* symbole de la félicité domestique, et le *lièvre*, qui signifie longévité.

Très souvent ces marques ont été contrefaites en Europe sur des porcelaines de qualité inférieure. Il est facile de les reconnaître en ce qu'elles sont assez maladroitement posées *sur émail*, alors que les anciennes porcelaines chinoises sont toujours marquées au grand feu, c'est-à-dire *sous émail.*

Porcelaines du Japon. — L'industrie de la terre remonte au Japon à la plus haute antiquité et l'on sait que, dès l'année 660 avant notre ère, des fabriques de poteries étaient établies dans la province de Yamato ; cependant la fabrication de la porcelaine ne daterait, suivant les savants japonais, que du XVIᵉ siècle, vers 1510 à peu près, époque à laquelle un potier nommé Gorodayu Shonsiu, de Isé, s'étant rendu en Chine, y apprit les procédés et les secrets de la porcelaine et, de retour au Japon, s'établit dans la province de Hizen qui, aujourd'hui encore, possède des manufactures renommées. Un siècle plus tard, un habitant d'Imari, également dans la province de Hizen, apprit, sous la direction d'un Chinois, établi à Nagasaki, l'art de peindre et de décorer en couleurs variées et en or des porcelaines qui furent expédiées en Europe par l'entremise de la Compagnie des Indes. Ce sont ces porcelaines, désignées par les amateurs sous le nom de « porcelaines archaïques d'Imari », qui furent copiées tout d'abord à Meissen, ainsi que nous le verrons plus loin.

Les porcelaines japonaises dérivent donc des porcelaines chinoises dont elles portent souvent les marques et qu'elles imitent parfois de façon à pouvoir être confondues avec elles. Il est facile, cependant, de reconnaître les porcelaines qui sont particulières au Japon ; les figures y sont d'un dessin plus correct et plus élégant, les plantes, les animaux, surtout les oiseaux et les poissons, y sont peints avec plus de vérité et un soin plus grand de se rapprocher de la nature, les formes sont plus variées, les ors et les rouges plus intenses et plus brillants.

Contrairement à ce qui s'est passé en Chine, la fabrication japonaise a été toujours en augmentant ; elle a pris aujourd'hui une extension considérable, tout en conservant dans chaque province un cachet bien particulier. Nous nous bornerons à citer les porcelaines de *Hizen* aux décors polychromes mélangés de bleu sous couverte, aux fleurs éclatantes entourant des médaillons dans lesquels sont représentés des scènes guerrières ou des sujets familiers ; celles d'*Owari* aux décors bleus finement exécutés et dont nos grands magasins vendent des quantités considérables à un bon marché incroyable ; de *Kaga*, rouges et or et brillant, d'une fabrication parfaite, etc.

La place nous manque pour parler des grès et des faïences du Japon et nous devons seulement mentionner les noms des principales fabriques : celles de *Seto*,

qui dès le ixᵉ siècle comptait des poteries renommées;
de *Banko*, dans la province d'Isé; de *Kioto*, de *Karat-
sou*, de *Satsuma*, etc., dont les produits, justement recherchés par les amateurs, sont aussi remarquables au
point de vue céramique que sous le rapport de l'art.

Porcelaines européennes. — *Florence* (xvıᵉ siècle). —

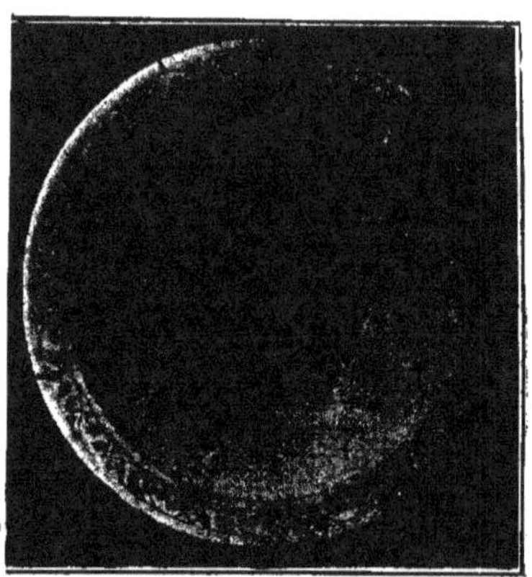

Fig. 64. — Florence. — Porcelaine dite « des Médicis »
(fin du xvıᵉ siècle).

Les porcelaines chinoises, connues en Europe et particulièrement en Italie dès le xıvᵉ siècle, y excitaient
l'admiration générale, mais, comme pour tout ce qui venait
d'Orient à cette époque, elles passaient pour être des
produits en quelque sorte surnaturels et on leur prêtait
des vertus magiques, celle entre autres de se briser
d'elles-mêmes si on y versait du poison. Quant à leur
composition, elle était absolument inconnue et les fables
les plus absurdes à ce sujet trouvaient créance même
auprès des gens les plus instruits. On était bien loin
de se douter qu'elles étaient simplement fabriquées avec

une terre, d'une nature particulière, il est vrai, à laquelle on faisait subir, comme à toutes les terres employées en céramique, les opérations du broyage, du lavage, etc. C'est évidemment à cette croyance au surnaturel qu'il faut attribuer le peu de succès des tentatives faites à plusieurs reprises en Europe pour fabriquer la porcelaine, tentatives qui n'ont abouti qu'à la fin du XVIIe siècle.

Cependant, dès 1519, à Venise, et, plus tard, à Ferrare, vers 1575, des essais avaient été faits dont il ne nous reste aucun spécimen connu, et ce n'est qu'en 1580, à *Florence*, que des chimistes, on pourrait presque dire des alchimistes, attachés à la cour du grand-duc François de Médicis, réussirent à produire une certaine quantité de poteries translucides, à couverte vitreuse, décorées en camaïeu bleu rehaussé parfois de manganèse, de *grotesques,* de fleurs ou d'ornements empruntés à l'art oriental, qui étaient certainement supérieures à tout ce qui se faisait en céramique à cette époque, mais qui, sous le rapport de la blancheur et de la finesse de la pâte, étaient loin d'égaler les porcelaines qu'elles voulaient imiter. Ces « porcelaines des Médicis », dont nos musées et nos grandes collections ne possèdent que de rares spécimens, étaient toutes marquées au dôme de Sainte-Marie-des-Fleurs accompagné de la lettre F. (Florence).

Cette tentative, bientôt abandonnée, n'exerça aucune influence sur les progrès de la céramique, et ce n'est qu'un siècle plus tard que l'industrie de la porcelaine commença à s'implanter définitivement en Europe.

Rouen. — En 1673, un faïencier de Rouen, dont nous avons déjà eu l'occasion de citer le nom, Louis Poterat, avait demandé et obtenu un privilège pour établir au faubourg de Saint-Sever une manufacture dans laquelle il pourrait fabriquer « la véritable porcelaine de Chine dont il avoit trouvé le secret, ainsi que celuy de la fayence d'Hollande ». Il est probable cependant que Poterat, tout entier à la production des bellesf aïences qui ont placé Rouen à la tête de l'industrie française, n'a pas exploité pendant bien longtemps le privilège qui lui avait été concédé, car on connaît très peu de pièces qui puissent, avec certitude, être attribuées à la fabrica-

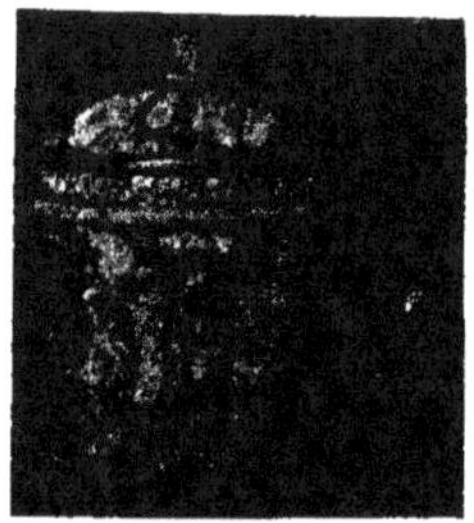

FIG. 65. — Rouen. - Porcelaine tendre (vers 1765).

tion rouennaise, et ce n'est qu'à la fin du siècle que l'on trouve, en pleine activité, une manufacture de porcelaine, établie à Saint-Cloud.

Saint-Cloud. — Les débuts de cette industrie à Saint-Cloud sont entourés d'une assez grande obscurité, mais ce qui est certain, c'est que, en 1698, la fabrication devait avoir pris une assez grande importance, puisque dans la relation de son voyage à Paris — *Account of Paris, or a Journey to Paris in the year* 1698 — le savant docteur anglais, Martin Lister, signale les-porcelaines de Saint-Cloud «qui égalent, si même elles ne les surpassent, celles des Chinois dans leur plus bel art », et que, en 1700, le *Mercure galant* annonce que

« Mme la duchesse de Bourgogne, passant à Saint-Cloud, avait fait arrêter son carrosse à la porte de la maison où MM. Chicanaux ont établi depuis quelques années une manufacture de porcelaines fines qui, sans contredit, n'a point de semblable dans toute l'Europe... » Ces éloges étaient certainement bien mérités. La porcelaine de Saint-Cloud, en effet, d'un beau blanc laiteux, très transparente, et décorée avec beaucoup de goût, de fleurs et d'ornements en relief, de lambrequins et d'arabesques en bleu de style bien français ou de sujets en couleurs dans le genre pseudo-chinois alors à la mode, étaient véritablement remarquables pour l'époque. On fabriquait à Saint-Cloud des jardinières, des seaux à rafraîchir, des tasses, des théières, des boîtes de toilette, etc., mais il semble que l'on n'ait jamais pu y réussir une assiette, du moins n'en rencontre-t-on jamais d ans la quantité très variée d'objets divers qui sont conservés dans nos musées et nos collections.

C'était là, du reste, un des défauts de la porcelaine *française*, — désignée depuis sous le nom de *porcelaine tendre*, à cause de la fusibilité de sa couverte, — de manquer de plasticité. Aussi, malgré le succès qui l'accueillit à ses débuts, malgré les fabriques qui, à l'imitation de celle de Saint-Cloud, furent fondées à différents endroits, notamment à *Paris*, par Haüy, à *Lille*, en 1711, par Barthélemy Dorez et Pierre Pelissier, plus tard en 1725, à *Chantilly*, par Ciquaire Cirou, et en 1735, à *Mennecy*, cette porcelaine française fut-elle vite détrônée par celle de *Meissen*, en Saxe, qui, elle, était de la véritable porcelaine, à base de kaolin.

Meissen. — C'est en 1709 que la première découverte du kaolin fut faite en Allemagne par Bœttger, né en 1685, à Schlaiz, en Voigtland. D'abord élève en pharmacie à Berlin, Bœttger était assez chimiste pour suivre la recherche de la transmutation des métaux et assez crédule pour avoir l'espoir d'arriver à faire de l'or (1). Ayant appris que le roi de Prusse, Frédéric-Guillaume, informé de ses travaux et de ses espérances, voulait lui arracher ses secrets, il prit la fuite et se réfugia en Saxe. Poursuivi par ordre du roi, il fut arrêté, mais Frédéric-Auguste Ier, électeur de Saxe, voulant garder pour lui ce *fabricant d'or*, comme on le nommait, refusa de le livrer, à la condition qu'il continuerait ses recherches secrètement et sous une surveillance active, égale à une véritable captivité. Ce fut dans le laboratoire d'un savant minéralogiste, Tchirnhaus, que Bœttger fit ses premiers essais et ce fut ce compagnon d'études qui, pour la fabrication des creusets de fusion dont il avait besoin, lui indiqua l'argile rouge d'Okrilla, près Meissen, argile extrêmement fine, d'un ton superbe, avec laquelle il fit, non seulement des creusets, mais, surtout, de charmants grès, d'une texture dense et serrée, d'une fabrication parfaite, qui imitaient à s'y méprendre les poteries chinoises, dites *boccaros*, très recherchées alors en Europe. On nomma cette nouvelle poterie *porcelaine rouge* et elle devint bientôt si fort à la mode qu'à la seule foire de Leipsick, en 1710, il en fut vendu pour des sommes considérables.

Cela valait certainement mieux que de chercher à faire de l'or ; aussi Bœttger, encouragé par ce premier succès, se livrait-il entièrement à la fabrication de ses grès, lorsque le hasard, qui lui avait déjà été si favorable,

____

(1) *Dieudonné Thiébault*, dans ses *Souvenirs de vingt ans de séjour à Berlin*, rapporte une légende assez mystérieuse qui a eu cours pendant longtemps en Allemagne, mais qu'il serait trop long de rapporter ici.

vint le servir mieux encore. Il remarqua un jour que la
« poudre » avec laquelle son valet de chambre avait
poudré sa perruque avait un poids anormal et était
d'une nature terreuse ; il s'en procura une certaine quantité, l'essaya et, à sa grande joie, acquit la certitude que
c'était là la matière depuis si longtemps désirée, avec
laquelle les Chinois fabriquaient la porcelaine, c'est-à-
dire le kaolin (1).

C'était là une découverte tellement importante et une
source de revenus si considérable que l'on établit immédiatement, dans le château fort de Meissen, des ateliers
dont tous les ouvriers, depuis le premier jusqu'au dernier, devaient, par un serment solennel et sous peine
d'être détenus pour la vie dans la forteresse de Kœnigs-
berg, s'engager à conserver, jusqu'à la mort, les secrets
de fabrication. L'exportation de la terre de Schnorr
était défendue sous les peines les plus sévères et cette
terre était apportée à Meissen dans des tonnes scellées,
sous la garde de conducteurs assermentés.

On fit d'abord à Meissen des porcelaines copiées sur
les plus belles pièces de la riche collection formée en
grande partie par Auguste le Fort, collection connue
aujourd'hui sous le nom de « musée japonais », puis,
après la mort de Bœttger, arrivée en 1719, la fabrication
prit bientôt une direction plus originale et plus artistique. C'est alors que l'on vit, sur tous les marchés de
l'Europe, et particulièrement en France, ces mille petits
objets d'un art si coquet et si maniéré, ces vases sur-
chargés de fleurs en relief, ces candélabres et ces lustres
à guirlandes et à ornements de rocailles, ces statuettes

____

(1) Ce kaolin avait été découvert à Auë, près Schneeberg, par un
maître de forges, nommé Jean Schnorr.

si fines et si gracieuses qui excitèrent partout un engouement considérable.

Il y avait là, pour la France, qui jusqu'alors avait marché à la tête des autres nations pour toutce qui touchait aux objets de luxe, un état d'infériorité considérable et la nouvelle porcelaine allemande laissait bien loin derrière elle tout ce qui s'était fait jusqu'alors à Saint-Cloud et dans les fabriques que nous avons citées plus haut. Aussi s'en émut-on fort dans l'entourage du roi, et des courtisans jaloux de faire leur cour au monarque s'ingénièrent-ils à donner à l'industrie de la porcelaine une perfection qui lui permît de lutter contre les importations de Meissen.

Vincennes. — Le plus heureux fut le marquis Orry de Fulvy, qui, grâce à l'appui de son frère Orry de Vignori, contrôleur général des finances, obtint facilement du roi l'abandon de l'ancien manège du château de Vincennes pour y installer des ateliers à la tête desquels il mit deux anciens ouvriers des manufactures de Saint-Cloud et de Chantilly, les frères Dubois, qui étaient venus lui offrir un concours qu'il avait accueilli avec trop de facilité. En effet, après quatre années d'essais longs et coûteux, dont l'insuccès était dû en grande partie à leur mauvaise conduite et, surtout, à leur incapacité, les frères Dubois durent quitter Vincennes après avoir dépensé en pure perte, non seulement tout l'argent que M. de Fulvy avait mis dans l'entreprise, mais encore une somme de dix mille livres que le roi avait avancée à titre d'encouragement. Découragé par cette tentative infructueuse, Orry de Fulvy songeait à abandonner la partie, lorsque Gravant, ouvrier honnête, intelligent et dévoué, qui avait suivi les frères Dubois dans leurs essais, lui proposa de continuer les recherches, se faisant fort de réussir là où ils avaient échoué. Cette fois, le succès couronna leurs efforts, et, dès le commencement de l'année 1745, Orry de Fulvy se crut assez sûr de l'avenir pour fonder une société dans laquelle, grâce à sa situation et à celle de son frère, il fit entrer des gens de finance, fermiers généraux ou intendants. Un arrêt du Conseil d'État, en date du 24 juillet, accorda à cette société, au nom de

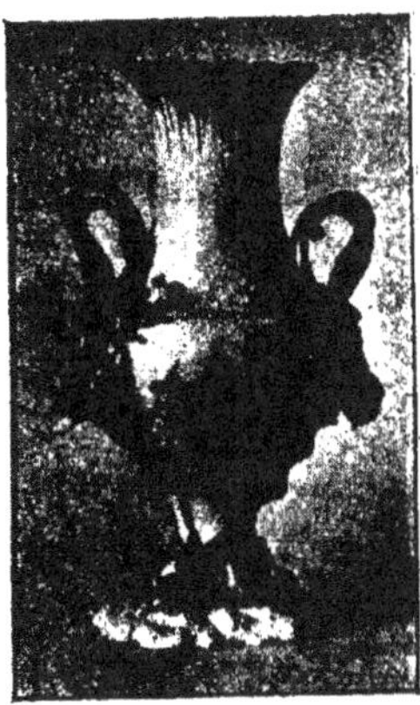

Fig. 66. — Vincennes. — Porcelaine tendre
avec fleurs en relief (vers 1750).

Charles-Adam, personnage fictif ou tout au moins simple prête-nom, un privilège pour « l'établissement de la manufacture de porcelaine, façon de Saxe, au château de Vincennes ». Le fonds social, fixé dans le principe à 90.000 livres et divisé en vingt et une parts, fut successivement augmenté et porté à 250.000 livres.

Outre l'abandon qu'il fit de la somme avancée aux frères Dubois, Louis XV donna à la Société, en 1747, 40.000 livres ; en 1748, 30.000 ; et, en 1749, encore 30.000 livres. Le succès, en effet, était loin de répondre aux espérances que l'on avait fondées, et les ventes, relativement aux chiffres prévus, étaient insignifiantes.

Heureusement pour l'industrie française, la manufacture, dont l'existence était alors fortement compromise, trouva un protecteur dévoué et doué d'un grand sens pratique dans le comte Machault d'Arnouville, qui, à la mort d'Orry de Vignori, avait été, en 1745, nommé contrôleur général des finances. Grâce à son intelli-

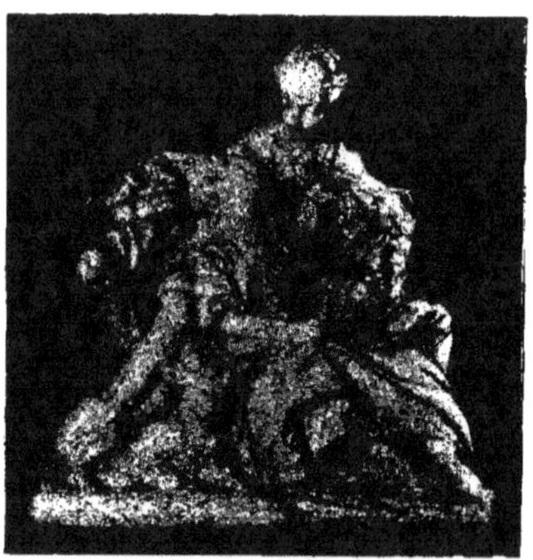

Fig. 67. — Vincennes. — Groupe en biscuit de porcelaine tendre
(d'après Boucher).

gente initiative, le savant directeur de l'Académie des sciences, Hellot, fut spécialement chargé de tout ce qui avait rapport à la préparation des pâtes et des couleurs; Duplessis, orfèvre du roi, donna les modèles des formes dont il surveilla l'exécution, et la décoration fut mise sous la direction de Mathieu, peintre en émail assez renommé auquel on adjoignit bientôt Bachelier, l'habile artiste qui a rendu à l'art français de la dernière moitié du xviiiᵉ siècle de si nombreux services ; Fr. Boucher fournissait les dessins d'après lesquels on exécutait en sculpture les délicieux biscuits qui devinrent si promptement à la mode (fig. 67). Dès ce moment, le succès de l'entreprise fut assuré. Machault d'Arnouville se sentait d'autant plus fort pour la protéger qu'il avait derrière lui la marquise de Pompadour dont la passion pour tout ce qui touchait aux arts est bien connue et qui s'intéressa à la manufacture d'une façon tellement efficace qu'il est permis de dire que c'est elle qui l'a définitivement fondée. Orry de Fulvy étant mort en 1751, le privilège qui lui avait été concédé sous le nom de Charles-Adam, à lui et à ses associés, fut révoqué par un arrêt du Conseil d'État en date du 8 octobre 1752, et l'on forma une société dont les actionnaires étaient tous, ou presque tous, des financiers de l'entourage de la marquise.

Un second arrêt du Conseil d'État, daté du 19 août 1753, accorda définitivement à la nouvelle société un privilège de douze ans et trois mois au nom d'Eloy Brichard, et le roi, qui s'était rendu acquéreur du matériel, des pâtes et des marchandises, entra nominativement pour un tiers dans l'exploitation. De plus, il autorisa la manufacture à prendre le titre de *Manufacture royale des porcelaines de France* et à marquer de son chiffre les pièces qu'elle fabriquerait dorénavant.

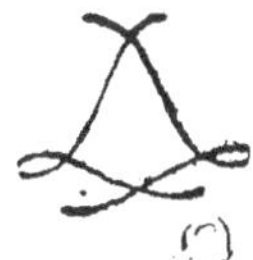

Le local dont on pouvait disposer à Vincennes devenant insuffisant, la Compagnie, poussée en outre par le désir de rapprocher la manufacture du séjour habituel du roi, chercha un nouvel emplacement et choisit Sèvres dont la situation entre Paris et Versailles répondait au but préposé. Les travaux furent menés avec une grande activité, et, en 1756, la nouvelle manufacture y fut solennellement installée. La fabrication, qui avait pris à Vincennes un développement considérable, non pas tant sous le rapport du nombre des porcelaines fabriquées que sous celui de la grande variété des formes et des modèles, fut encore augmentée à Sèvres sans, pour cela,

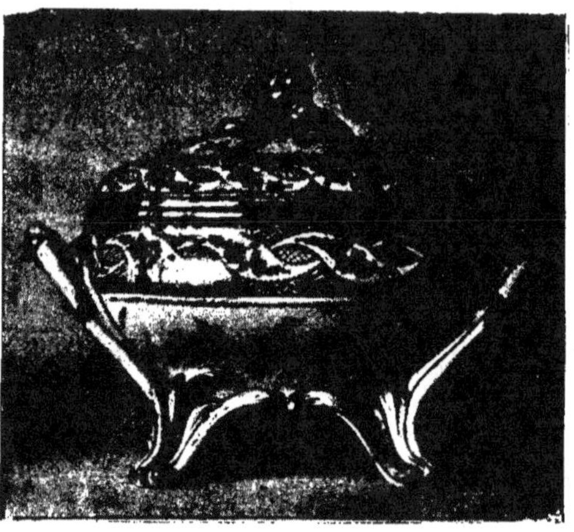

Fig. 68 — Sèvres. — Porcelaine tendre à décor polychrome et or, datée de 1773.

produire des bénéfices en rapport avec les sommes que l'entreprise avait englouties. Peu satisfaits des résultats financiers de l'exploitation, les associés, pour lesquels la question d'art était absolument secondaire, élevèrent la prétention de se mêler d'une façon active à la gestion de la manufacture à laquelle ils voulaient imprimer une direction plus commerciale. Pour y couper court, le roi, conseillé par Mme de Pompadour, et après avoir pris l'avis de son Conseil, ordonna de leur rembourser leurs parts et devint ainsi seul propriétaire de l'établissement auquel il alloua sur le trésor royal une subvention annuelle de 96.000 livres.

Le but que l'on poursuivait depuis si longtemps n'avait pas cependant été atteint. A la vérité, la *porcelaine de France*, ainsi qu'on l'appelait alors, était, sous le rapport de l'art, de beaucoup supérieure à la porcelaine allemande ; il était évidemment impossible de trouver une matière plus belle, recevant mieux les couleurs et leur communiquant plus de richesse, d'éclat et de transparence, mais elle avait deux défauts : d'abord, ainsi que nous l'avons vu plus haut à propos de la porcelaine de Saint-Cloud, elle était difficile à façonner, ensuite, et surtout, elle ne pouvait résister à un long usage ; son émail se rayait trop facilement, était trop *tendre*, ce qui lui a valu, du reste, le nom sous lequel elle est désignée depuis un siècle et demi. On s'était bien vite rendu compte de cette infériorité relative, mais, comme le secret de la fabrication de la porcelaine de Saxe avait été bien gardé, au moins vis-à-vis de la France, on ne savait trop, au début, à quoi l'attribuer. En 1753, Hannong, de Strasbourg, était venu à Vincennes offrir de vendre, moyennant une somme assez considérable, les procédés de cette fabrication qu'il connaissait bien, mais la connaissance de ces procédés ne pouvait servir à rien, la matière première, le kaolin, faisant absolument défaut.

Bientôt, cependant, on sut que cette porcelaine que l'on fabriquait un peu partout maintenant, à Vienne, à Berlin, à Nymphenburg, à Mayence, à Strasbourg même, aussi bien qu'à Meissen, était faite avec une matière dont on trouvait assez communément des gisements en Allemagne, et on agita la question de savoir s'il ne serait pas avantageux pour la manufacture de faire venir d'Allemagne cette précieuse matière. Le directeur de Sèvres, Boileau, fit à cet effet un voyage à Munich et à Frankenthal, et on acheta fort cher à Pierre Hannong, le fils de celui qui était venu en 1753, le secret de fabriquer la porcelaine avec cette matière, ainsi que le plan d'un four que l'on fit construire, mais sans pouvoir l'utiliser. On reconnut bientôt, en effet, dit Darcet, dans un de ses *Mémoires*, que « ce serait une spéculation absurde d'établir ainsi une fabrication qui ne pouvait s'alimenter qu'à grands frais, autant par le prix du transport que par le prix arbitraire des matières, et qui serait en cas de culbuter tout à fait au premier bruit de guerre ».

D'autre part, aussi, on s'était dit, non sans raison, que, si l'on trouvait des gisements de kaolin en Allemagne, il n'était pas impossible d'en trouver également en France et que le tout était de les y chercher. Le duc d'Orléans, qui s'intéressait beaucoup aux sciences naturelles, engagea plusieurs savants à s'occuper de cette question, et bientôt Guettard, qui était attaché à sa maison, signala à l'Académie des sciences, le 13 novembre 1765, une carrière des environs d'Alençon où il avait reconnu et d'où il avait extrait de la *terre à porcelaine* semblable au kaolin de la Chine et avec laquelle il avait fait à Bagnolet, dans le laboratoire du duc d'Orléans, des essais qui avaient donné des porcelaines un peu grossières et beaucoup moins blanches que celles de la Saxe, mais qui n'en étaient pas moins de véritables porcelaines. Presque en même temps, le comte de Brancas-Lauraguais faisait la même déclaration et réclamait pour lui, en termes assez vifs, la priorité de la découverte (1).

____

(1) Le musée de Sèvres possède plusieurs spécimens de ces porcelaines.

De son côté, à la demande du directeur de Sèvres, le ministre Bertin, par l'entremise de M. Trudaine, avait donné ordre aux ingénieurs des ponts et chaussées des différentes généralités de rechercher la précieuse matière, et, d'après des indications qui arrivèrent de plusieurs points du territoire, Macquer, le chimiste attaché à la manufacture après la mort de Hellot, put enfin, après plusieurs voyages inutiles, reconnaître les magnifiques gisements de kaolin de Saint-Yrieix, près Limoges, dont la découverte fortuite était due à la femme d'un pauvre chirurgien du pays nommé Darnet. On conserve au musée de Sèvres une petite figurine émaillée représentant Bacchus enfant, que Macquer fit faire avec le premier échantillon que lui avait envoyé l'archevêque de Bordeaux, ainsi qu'un fragment de ce même kaolin.

La manufacture avait enfin atteint le but de sa suprême ambition ; mais son habile directeur, Boileau, qui l'avait conduite avec tant d'intelligence, ne devait pas bénéficier longtemps du fruit de cette découverte ; il mourut en 1773, laissant en caisse 300.000 livres comptant, et une valeur égale en marchandises, en créances diverses et en provisions de toute espèce que son successeur Parent dissipa en moins de six années par des dépenses irréfléchies et, surtout, par une gestion infidèle qui aboutit pour lui à la prison.

Par un arrêt en date du 20 décembre 1778, le roi nomma, à la place du directeur révoqué, Régnier, qui avait occupé les fonctions de sous-directeur et dont les capacités et, surtout, l'intégrité lui étaient connues. C'est sous sa direction que furent exécutés les travaux un peu importants exécutés en porcelaine dure, notamment les magnifiques vases qui ornaient autrefois le palais de Saint-Cloud et ceux que l'on admire dans les galeries du Louvre ; c'est également de cette époque que datent la première application des émaux sur la porcelaine tendre et les copies des tableaux de maîtres sur des plaques de porcelaine.

La manufacture royale, cependant, ne tarda pas à avoir des rivales. Elle avait bien acheté à Saint-Yrieix une importante carrière de kaolin, mais il en existait d'autres dont la mise en exploitation fut des plus promptes et, bientôt, une manufacture fut fondée par de La Borde, premier valet de chambre du roi, Hocquart de Courboin et Pierre Hannong, celui qui était venu à Sèvres pour y montrer les procédés de fabrication de la porcelaine allemande. Cette manufacture, établie dans le faubourg Saint-Denis, à Paris, fut patronnée plus tard par le comte d'Artois.

L'élan était donné et bientôt Paris compta plusieurs fabriques dont quelques-unes avaient pour directeurs ou chefs des travaux des artistes et des ouvriers qui avaient quitté Sèvres, alléchés par l'appât d'un gain plus élevé. Bientôt, il s'en établit également sur plusieurs points du royaume, à *Limoges* d'abord, à cause du voisinage des carrières de Saint-Yrieix, à *La Seinie*, à *Orléans*, à *Boissette*, à *Caen*, à *Lille*, à *Marseille*, etc.

La manufacture royale, voulant se défendre contre la concurrence que lui faisaient ces nombreuses fabriques, chercha à faire observer dans toute leur rigueur les prescriptions des arrêtés pris en sa faveur — entre autres celui du 15 février 1766 — qui interdisaient aux manufactures de porcelaine de faire autre chose que de la peinture en camaïeu, d'appliquer de l'or et de mettre des fonds de couleur, mais ce fut inutilement ; les fabricants demandèrent aux membres de la famille royale, à Marie-

Antoinette elle-même, de prendre sous leur haute protection les établissements qu'ils fondaient, et, comme tout ce qui touchait à la porcelaine était à l'ordre du jour et que cela, d'ailleurs, flattait leur vanité, ils acceptèrent tous, et l'on eut bientôt, outre la *Manufacture du Roi*, c'est-à-dire Sèvres, la *Manufacture de la Reine*, celle du *comte de Provence*, du *comte d'Artois*, du *duc d'Orléans*, du *duc d'Angoulême*, du *duc de Penthièvre*, etc.

Alors commença entre ces différentes manufactures et les directeurs de Sèvres une lutte acharnée dans laquelle ces derniers eurent toujours le dessous et qui, quoi qu'ils aient pu faire, réduisit si bien ses privilèges à l'état de lettre morte que la Révolution, qui devait détruire tous les privilèges, trouva encore à Paris, en pleine activité, toutes les manufactures qu'ils avaient cherché, sinon à faire supprimer, au moins à amoindrir.

Au commencement de 1789, les embarras financiers du trésor, la difficulté de faire rentrer dans ses caisses l'argent qui lui était dû, ainsi que la concurrence que lui faisait l'industrie privée, rendirent sa position critique et menacèrent si sérieusement son existence, que l'année suivante il fut question de la vendre afin de pouvoir payer ses dettes et alléger d'autant les charges de la couronne. Cependant, sur le rapport que lui fit le directeur des bâtiments royaux, représentant au roi que la vente serait désavantageuse et que, du reste, on n'en pourrait jamais réaliser le montant dans les circonstances difficiles où l'on se trouvait, Louis XVI se décida à la conserver en recommandant que l'on réduisît le plus possible les dépenses.

L'Assemblée nationale, l'année suivante, jugea que la manufacture de Sèvres, non plus que celle des Gobelins, du reste, ne devaient être « ni confondues, ni aliénées avec les biens dits nationaux », et, par son décret du 26 mai 1791, elle les comprit parmi les domaines laissés à la disposition du roi et à la charge de sa liste civile.

La Convention, à son tour, sur le rapport du ministre Roland, décida que la manufacture de Sèvres, étant « une des gloires de la France », serait conservée comme établissement national et rattachée au département de l'intérieur, division de l'agriculture et des arts. Pendant la période révolutionnaire, néanmoins, le vide qui se fit dans sa caisse fut si complet à un moment que l'administration, se voyant dans l'impossibilité d'accorder le plus mince numéraire, la plus légère rémunération aux artistes et aux ouvriers qu'elle avait pu conserver, fut obligée de solliciter du gouvernement qu'il leur fût fait des distributions *en nature* de grains et de denrées provenant des magasins de l'État, de viande de boucherie et même de souliers, ainsi que la permission de mettre des porcelaines en loterie afin de leur procurer quelque argent.

Sous le Directoire, elle fut administrée par un triumvirat composé de Salmon, Hettlinger et Meyer, qui restèrent en fonctions jusqu'au 25 floréal an VIII (14 mai 1800), époque à laquelle Alexandre Brongniart, à peine âgé de trente ans, en fut, sur les indications du savant Berthollet, nommé directeur.

Dès le début, Brongniart se rendit compte des nombreuses réformes qu'il allait être forcé d'apporter dans une organisation déjà vieille d'un demi-siècle et, donnant, le premier, l'exemple du désintéressement, il fit réduire son traitement de 6.000 à 3.000 francs, jusqu'au jour où il put arriver à soutenir la manufacture avec les seules ressources qu'elle tirait du produit de ses ventes. Eu 1804, elle fut rattachée à la couronne et administrée au moyen de budgets annuels. Cet usage s'est maintenu sans discontinuer sous tous les régimes qui se sont succédé depuis lors, malgré les tentatives qui, à plusieurs reprises, furent faites pour en obtenir la suppression.

Pendant quarante-sept ans, Brongniart resta à la tête de la manufacture qui, sous sa direction savante, ferme et éclairée, atteignit son plus haut degré de prospérité, de même que la fabrication de la porcelaine y arriva à une perfection qui n'a jamais été dépassée depuis ; c'est de cette époque surtout que datent les plus grands perfectionnements apportés à la fabrication de la porcelaine dure en France et en Europe, perfectionnements qui eurent presque tous leur point de départ à la manufacture de Sèvres, pour aller ensuite aider l'industrie privée.

C'est également à Brongniart que l'on doit la création du musée de Sèvres, le plus riche et certainement le plus complet de tous les musées céramiques de l'Europe, dans lequel se trouvent représentées toutes les manifestations de l'art de la terre, depuis les poteries primitives les plus humbles et les plus grossières, jusqu'aux produits les plus merveilleux des plus célèbres artistes et des manufactures les plus renommées.

Ebelmen, que, dès 1845, Brongniart avait fait nommer administrateur-adjoint, lui succéda, à sa mort, en 1847, et sa direction promettait à la manufacture une nouvelle ère de gloire et de prospérité, lorsqu'une mort prématurée l'enleva à la science le 31 mars 1852. Il fut remplacé par Victor Regnault, membre de l'Institut, qui resta à la tête de l'établissement jusqu'au début de la guerre de 1870; forcé à ce moment par l'état de sa santé de se retirer dans ses propriétés du Jura, frappé bientôt après dans ses plus chères affections par la mort de son jeune et déjà illustre fils, Henri Regnault, tué glorieusement à Montretout, il résigna définitivement ses fonctions en faveur de Louis Robert, chef des ateliers de peinture, auquel il avait, en partant, confié la direction de la manufacture. En mars 1879, ce dernier eut pour successeur M. Charles Lauth qui donna sa démission au mois de juillet 1887 et fut remplacé par Théodore Deck, le maître céramiste bien connu. Après la mort de ce dernier, en 1891, un arrêté ministériel réorganisa l'administration de la manufacture qui est actuellement dirigée par un administrateur proprement dit, un directeur des travaux d'art et un chef des travaux techniques.

Le budget de la manufacture de Sèvres s'élève annuellement à 584.450 francs, desquels il convient de déduire 100 à 110.000 francs provenant des ventes faites aux particuliers et qui retournent au Trésor. La plupart de ses produits sont employés en présents diplomatiques, en dons faits aux préfectures, aux hôtels de ville et aux musées de province, en allocations aux savants, aux artistes et aux fonctionnaires dont l'État reconnaît ainsi des services qu'il ne pourrait payer en argent, en attributions à des œuvres de bienfaisance, ventes et loteries de charité, concours régionaux, etc. Sèvres fournit également les palais nationaux, l'Élysée, les ambassades et les ministères. Les plus belles pièces qui sortent de ses ateliers sont immobilisées au profit de son musée.

Dans le budget sont comprises les sommes affectées à l'accroissement des collections de ce musée—5.000 francs par an seulement — et celles qui servent aux dépenses et à l'entretien de l'École de céramique établie en 1894. Cette École, dont les élèves, recrutés par voie de concours, reçoivent une pension annuelle de 800 à 1.200 francs, est divisée en deux sections, section d'art et section technique. Destinée à fournir des artistes et des contremaîtres habiles et expérimentés, elle est appelée à continuer la mission à laquelle la manufacture n'a jamais failli, quoi qu'on en ait dit, mission qui a surtout pour but de venir en aide à l'industrie française.

L'histoire de la fabrication de la porcelaine à la manufacture de Sèvres résume l'histoire tout entière de la porcelaine française, et l'on peut affirmer, sans crainte d'être démenti, que c'est de Sèvres que sont partis la plupart des progrès réalisés dans l'industrie de la céramique. C'est la manufacture de Sèvres qui, la première en France, a fabriqué la porcelaine kaolinique, et si elle n'a pas inventé la porcelaine française, ou porcelaine tendre, elle l'a du moins si bien transformée, elle en a tellement amélioré la composition et les procédés de fabrication que les manufactures qui l'avaient devancée ou qui l'ont imitée depuis s'effacent et disparaissent devant elle.

A partir de la direction de Brongniart, en 1800, on ne fit plus exclusivement que de la porcelaine dure; les formes raides et sévères de cette époque ne convenaient pas à la porcelaine tendre et le discrédit dans lequel elle était alors tombée était si grand que toutes les pièces restées en blanc à la manufacture furent vendues à vil prix à la criée et achetées par des brocanteurs ou des chambrelans (1) qui, après les avoir décorées, en

____

(1) On nommait ainsi les décorateurs sur porcelaine qui travaillaient en *chambre* pour les fabricants ou les marchands au détail.

transportèrent des quantités considérables à l'étranger, en Angleterre surtout, où l'engouement pour la porcelaine tendre française n'avait pas diminué, bien au contraire, et où ils les revendaient à des prix excessifs comme étant de l'*ancien Sèvres*.

Sous la savante direction de Brongniart, les procédés de fabrication arrivèrent à un degré de perfection extraordinaire ; on fit alors des vases qui n'avaient pas moins de 2^m,40 de hauteur, des plaques rectangulaires de 1 mètre et même 1^m,25 de longueur, sur lesquelles des peintres d'une habileté sans égale exécutèrent, d'après les maîtres, ces copies que le public admire tant aujourd'hui au musée de Sèvres, de grands surtouts de table composés de monuments égyptiens, de colonnes, de chars de triomphe, etc., œuvres d'un goût et d'un art bien démodés actuellement, mais dont l'exécution est au-dessus de tout éloge, des tables, des guéridons, des armoires et des coffrets à bijoux et même des pendules.

Comprenant que la manufacture de Sèvres avait pour mission de venir en aide à toutes les industries du feu et qu'elle ne devait pas se borner seulement à la fabrication de la porcelaine, Brongniart obtint, dans sa longue carrière administrative, l'autorisation de faire plusieurs tentatives qui furent couronnées de succès ; c'est ainsi qu'afin de lutter contre la concurrence anglaise on fit, sous sa direction, des essais qui amenèrent des progrès considérables dans la fabrication des faïences fines ; qu'en 1827 il créa un atelier de peinture sur verre où l'on exécuta de merveilleux vitraux dont les cartons étaient dessinés par Ingres, Delacroix, Flandrin, etc., et que, en 1846, presque à la veille de sa mort, il institua un atelier d'émaillage qui, plus tard, avec l'éminent artiste Gobert, devait produire les chefs-d'œuvre que l'on admire aujourd'hui dans une des plus précieuses vitrines du musée de Sèvres. Tous les progrès introduits par lui dans les procédés de fabrication furent libéralement communiqués aux industriels qui en faisaient la demande, et rendus publics ensuite par la publication de son savant *Traité des arts céramiques*. C'est là, du reste, le but des manufactures nationales et particulièrement de Sèvres, et nous ne craignons pas d'être démenti en affirmant que c'est de son laboratoire ou de ses ateliers que sont partis presque tous les perfectionnements apportés depuis le commencement du siècle dans l'industrie de la céramique.

MARQUES DE SÈVRES

MARQUES. — La place nous manque pour indiquer ici toutes les marques qui ont été, aux différentes époques de son histoire, employées à Sèvres et nous devons nous borner à mentionner celles qui sont en usage aujourd'hui. Toutes les pièces qui sortent de ses fours portent un cachet ovale *sous couverte*, et, par conséquent, indélébile, imprimé en vert de chrome et indiquant l'année de la fabrication

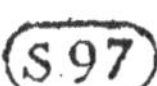

(c'est-à-dire *Sèvres* 1897), et, quand une pièce a été dorée ou décorée, on y ajoute une marque circulaire imprimée et cuite au feu de moufle, portant la mention *doré* ou *décoré à Sèvres* avec le chiffre R. F. et la date.

Il n'est pas rare de rencontrer une pièce décorée plusieurs années après sa fabrication et portant ainsi des dates assez éloignées l'une de l'autre : S. 54 et *décoré à Sèvres* 1895. Les pièces sorties du four avec des défauts de fabrication sont cassées ou mises au rebut et envoyées dans les hôpitaux. Dans ce cas, le cachet ovale reçoit un *coup de roue* qui, en enlevant l'émail, laisse une trace ou un sillon bien visible.

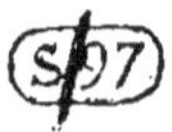

Aucune pièce ne sort des magasins sans avoir été décorée ou tout au moins dorée et porte, par conséquent, les deux marques.

Ainsi que nous l'avons vu plus haut, toutes les manufactures françaises de porcelaine procèdent plus ou moins directement de Sèvres, de même que celles qui furent fondées un peu partout en Europe, à partir de 1729 à peu près, furent créées par des transfuges de Meissen ou d'après leurs indications. Nous allons les passer rapidement en revue en commençant par les manufactures françaises, et en suivant autant que possible l'ordre chronologique.

MANUFACTURES FRANÇAISES DE PORCELAINES

PORCELAINE TENDRE. — *Chantilly.* — Cette manufacture, fondée en 1725 sous le patronage de Louis-Henri, prince de Condé, prit rapidement une assez grande importance. Dans le principe, on y imita surtout les décors archaïques japonais si fort à la mode à Meissen ; plus tard, on y adopta, mais avec moins de succès, les fleurs de Sèvres pour arriver bientôt aux simples décorations courantes en camaïeu bleu.

Les porcelaines de Chantilly sont presque toujours marquées d'un cor de chasse, seul ou accompagné d'une

Fig. 69. — Porcelaine tendre de Chantilly.

lettre indiquant, soit le nom du décorateur, soit une série.

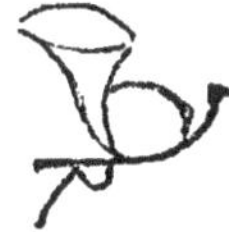

Mennecy-Villeroy. — La manufacture de Mennecy (Seine-et-Oise), établie en 1735 sur le domaine du duc de Villeroy, a produit de belles porcelaines décorées de fleurs polychromes, de paysages et d'ornements, exécutés avec beaucoup de goût et de talent ; on y a fabriqué beaucoup de statuettes et surtout de ces mille petits objets si fort à la mode au siècle dernier, bonbonnières, boîtes à mouches, pommes de cannes, manches de couteaux, etc. Presque toujours, ces porcelaines sont marquées au pinceau ou en creux des lettres D. V (Duché de Villeroy). — En 1773, elle fut transférée à Bourg-la-Reine.

Sceaux. — A la fabrication des belles faïences que nous avons signalées plus haut, Sceaux a joint celle de porcelaines qui ne leur cèdent en rien, et qui, comme elles, portent les mêmes marques, les lettres S x (*Sceaux*) ou l'ancre du duc de Penthièvre, grand amiral de France.

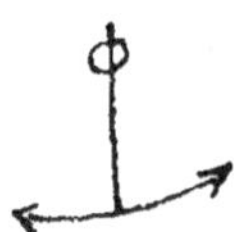

Orléans. — Il y a peu de pièces de porcelaine tendre que l'on puisse avec certitude attribuer aux manufactures d'Orléans, en dehors de celles, assez médiocres, qui portent comme marque le lambel peint

ou gravé dans la pâte.

Arras. — Les porcelaines tendres d'Arras, généralement décorées de fleurettes en bleu, sont assez communes. Elles sont presque toujours marquées des deux lettres initiales du nom de la ville A R. — On rencontre quelquefois ces deux lettres accompagnées en toutes lettres du nom des propriétaires *Delemer*. Une assiette qui porte ce nom et la date de 1771 prouve que cette fabrique avait été fondée bien avant 1784, comme l'ont, à tort, indiqué quelques auteurs.

Bourg-la-Reine. — Cette manufacture, qui est la continuation de celle de Mennecy, n'a fabriqué de la porcelaine que pendant assez peu de temps, et l'on n'y fit bientôt plus que de la faïence assez commune. Les porcelaines de Bourg-la-Reine sont marquées en creux des lettres B R.

Il a existé certainement plusieurs autres fabriques, mais, en l'absence de marques, leurs produits sont difficiles à identifier et ne se distinguent, du reste, par aucune particularité remarquable.

PORCELAINE DURE. — *Paris.* — *Manufacture du Faubourg Saint-Lazare.* — Nous avons déjà signalé l'existence de cette fabrique, dirigée par Pierre Hannong, de Strasbourg. Patronnée par le comte d'Artois, frère de Louis XVI, elle produisit des œuvres généralement assez soignées et d'un goût bien français, marquées d'abord d'un H (Hannong) et ensuite des initiales du comte d'Artois, surmontées de la couronne de prince du sang.

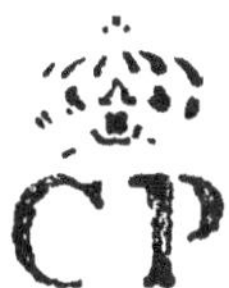

Fabrique de la Courtille. — Cette manufacture, fondée vers 1773 par Jean-Baptiste Locré, était située rue Fontaine-au-Roi : elle chercha d'abord à imiter les porcelaines allemandes et adopta même une marque qui ressemblait à celle de Meissen, deux épis ou flambeaux croisés.

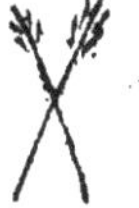

Ses produits assez nombreux sont souvent d'une exécution très remarquable.

Fabrique de Clignancourt. — Créée en 1775 par

Pierre Deruelle, la fabrique de Clignancourt, protégée par Monsieur, frère du Roi, est une de celles qui a produit, en dehors de Sèvres, les porcelaines les plus parfaites de cette époque. Dans le principe, on y avait adopté comme marque un moulin, allusion aux moulins qui étaient alors assez nombreux sur les hauteurs de Clignancourt.

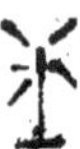

Plus tard, quand le comte de Provence lui eut accordé son patronage, on marqua de son chiffre composé des trois lettres entrelacées L. S. X. (Louis-Stanislas-Xavier), ou simplement d'un M avec la couronne de prince.

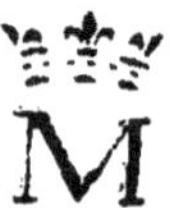

Fabrique de porcelaines « A LA REINE ». — Cette fabrique, établie en 1778, rue Thiroux, est également une de celles qui ont produit les porcelaines les plus remarquables. Patronnée par Marie-Antoinette, la manufacture de la rue Thiroux devint bientôt à la mode; on y avait adopté surtout un genre de décoration qui eut beaucoup de succès à cette époque, le décor dit *à barbeaux* qui consiste en un semé de bluets (barbeaux) délicatement et finement peints. Les porcelaines *à la reine* sont marquées d'un A avec ou sans la couronne royale.

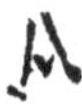

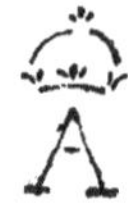

Manufacture du duc d'Angoulême. — Une des plus importantes de Paris, cette manufacture, fondée par Guérhard et Dihl, rue de Bondy, se maintint pendant long-temps en activité, grâce à la beauté de ses porcelaines. Avant la Révolution, elle marquait ses produits d'un cachet ovale contenant le chiffre du duc d'Angoulême, surmonté de la couronne de prince.

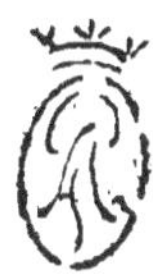

Plus tard, on substitua à cette marque celle qui porte la raison sociale en toutes lettres

M^f DE

GUERHARD

ET DIHL

qui, à la Restauration, fut remplacée par la marque suivante

MANUFAC

DE Mgr LE DUC

D'ANGOULÊME

A PARIS

Manufacture du duc 'd'Orléans. — D'abord établie au faubourg Saint-Antoine, vers 1784, cette fabrique fut bientôt transférée rue Amelot, au Pont-aux-Choux, et placée sous la protection de Louis-Philippe-Joseph, duc d'Orléans, qui l'autorisa à marquer ses porcelaines de son monogramme.

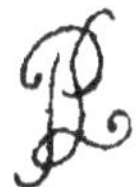

Avec la manufacture de Nast, fondée d'abord rue Popincourt, puis transférée plus tard rue des Amandiers et dont les porcelaines sont marquées en rouge à la vignette

NAST

et celle de *Potter*, rue de Crussol, ce sont là les seules manufactures établies à Paris à la fin du siècle dernier, celles qui portaient tant d'ombrage à l'établissement royal.

La province, de son côté, n'était pas restée en arrière et plusieurs fabriques, dont quelques-unes assez importantes, s'étaient fondées sur plusieurs points du territoire. Parmi ces dernières, nous nous bornerons à citer les suivantes :

Limoges. — Cette ville, qui est aujourd'hui le grand centre de production de l'industrie céramique, ne possédait au siècle dernier qu'une manufacture fondée en 1779 et acquise en 1784 par la manufacture de Sèvres à laquelle elle devait servir de succursale, mais qui la revendit bientôt après ; ses porcelaines, peu remarquables, sont marquées

C D

Niederwiller, dont nous avons parlé plus haut à propos des faïences, fabriqua à partir de 1768, avec des kaolins allemands, des porcelaines dans lesquelles on retrouve toutes les qualités d'exécution qui distinguent ses faïences. Pendant la période de Beyerlé, ses porcelaines sont marquées d'un N et quelquefois, sur les pièces exceptionnelles, du chiffre du propriétaire

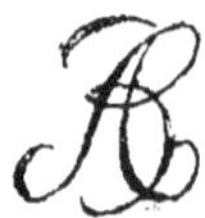

plus tard, sous la direction de Custine, de deux C croisés surmontés quelquefois d'une couronne

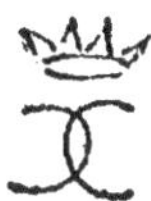

et, enfin, sous celle de Lanfrey, de son chiffre posé à la
vignette

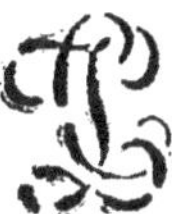

c'est la période de décadence.

Lille. — C'est à Lille que furent fabriquées par
Leperre-Durot, en 1785, les premières porcelaines cuites
au charbon de terre. Cette manufacture, dont les produits sont généralement décorés avec soin, fut placée
par M. de Calonne, intendant des Flandres, sous la protection du dauphin et marqua ses porcelaines d'un
dauphin couronné

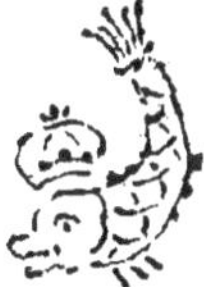

et quelquefois aussi de la lettre $\mathcal{L}$.

Valenciennes et *Orléans* possédaient également des
manufactures importantes et dont les produits sont
recherchés. Les porcelaines de Valenciennes sont marquées en toutes lettres ou de l'initiale de son directeur,
Lamoninary, accolé à un V (*Valenciennes*) couché

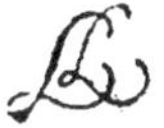

celles d'Orléans, du lambel, avec ou sans fleurs de lis,

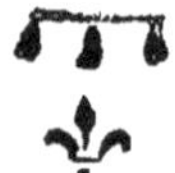

plus tard, du mot *Orléans*, en toutes lettres, ou de la

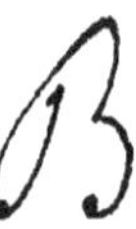

lettre initiale de Bourdon-Sauzaye qui prit la direction de la fabrique en 1795.

Marseille, *Caen*, *Lorient*, *Choisy-le-Roi*, *Boissette*, près Melun, ont également possédé des manufactures de porcelaines, mais leurs produits n'ont rien de remarquable et nous nous bornerons à mentionner leurs noms.

MANUFACTURES ÉTRANGÈRES

Porcelaine tendre. — *Tournai.* — De toutes les manufactures de porcelaine tendre établies en dehors de la France, la fabrique de Tournai, fondée vers 1750, est celle dont les produits, d'une exécution absolument remarquable, décorés et, surtout, dorés avec le plus grand soin, méritent le plus d'être signalés. Beaucoup de porcelaines de Tournai, surtout dans les pièces de service, pourraient même être confondues avec celle de Sèvres, si on ne les reconnaissait à leur marque composée de deux épées en croix cantonnées de croisillons

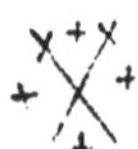

accompagnées ou non d'une tour en or sur les pièces

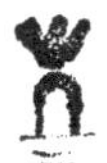

de choix ; sur celles de fabrication courante on ne trouve que l'une ou l'autre de ces marques en bleu.

Capo-di-Monte, près de Naples, et *Buen-Retiro*, près de Madrid, fondées toutes les deux par Charles III, ont produit également des porcelaines tendres d'une bonne fabrication, mais d'un style rocaille un peu trop surchargé et, dans bien des cas, de mauvais goût.

En Suède la manufacture de *Marieberg* a fait aussi pendant un certain temps des porcelaines tendres, mais, à en juger par la rareté des pièces de ce genre, cette fabrication n'a dû y être qu'accidentelle ou, tout au moins, sans aucune importance.

Porcelaine dure. — Malgré toutes les précautions prises pour conserver à la Saxe le monopole exclusif de la porcelaine, malgré les serments exigés des ouvriers et les menaces de châtiments sévères contre ceux qui divulgueraient les secrets de sa fabrication, Meissen ne devait pas tarder à voir s'élever des manufactures rivales fondées avec l'aide d'ouvriers en qui Bœttger avait mis toute sa confiance.

Vienne. — C'est ainsi que, dès 1718, un chef d'atelier, nommé Samuel Stenzel, qui s'était enfui de Meissen, vint à Vienne, où il fonda, sous le patronage de l'empereur Charles VI, une manufacture que Marie-Thérèse racheta en 1744 et qui prit alors le titre de manufacture royale. Les porcelaines de Vienne, remarquables par la blancheur et la pureté de leur pâte, autant que par le soin avec lequel elles étaient fabriquées et décorées, sont

généralement marquées en bleu ou, au trait, en creux,
de l'écu impérial

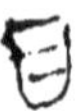

Mais la trahison de Stenzel devait être le signal d'autres
défections, et bientôt sur tous les points de l'Allemagne
des fabriques s'élevèrent comme par enchantement. Les
plus importantes sont celles de :

Höchst-sur-le-Mein, patronnée par l'archevêque de
Mayence, aux armoiries de laquelle elle a emprunté la
roue qui lui sert de marque

ses porcelaines, surtout les statuettes dues au talent de
l'habile sculpteur Melchior, sont très remarquables.

Fürstenberg, fondée sous le patronage du duc de
Brunswick par un transfuge de Höchst ; très blanche
et décorée avec soin, la porcelaine de Fürstenberg est
marquée d'un F tracé en bleu au pinceau.

Ludwigsburg, dans le duché de Wurtemberg. Cette
manufacture, une des plus importantes de l'Allemagne,
est aussi une de celles dont les produits sont le plus
artistiques. Elle avait pour marque deux C entrelacés,
surmontés d'une couronne fermée.

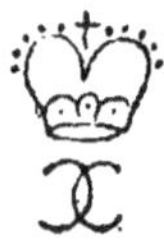

Frankenthal, autrefois dans le Palatinat, fondée par
Paul Hannong, de Strasbourg, dont nous avons parlé
plus haut. Les porcelaines de Frankenthal sont remar-

quables par le bon goût de leurs formes et de leur décoration, autant que par leur parfaite fabrication. Le fils
de Paul Hannong, Joseph-Adam, vendit sa manufacture à l'électeur Charles-Théodore, qui avait aidé son
père à ses débuts et lui avait facilité les moyens de
s'établir. C'est à partir de ce moment que les porcelaines de Frankenthal, qui primitivement portaient
comme marque le lion rampant du Palatinat,

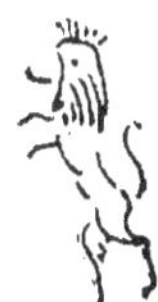

furent marquées du chiffre de l'électeur surmonté d'une
couronne.

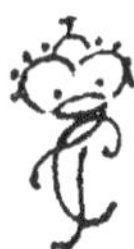

Nymphenburg, près Munich. — Établie en 1734, cette
manufacture, dont les porcelaines sont très estimées, a
produit de charmantes statuettes en porcelaine blanche,
très délicatement modelées, et des services de table décorés avec beaucoup d'art. Au début, ses porcelaines
étaient marquées d'une étoile formée par deux triangles
superposés ayant à chacune de leurs pointes des chiffres
ou des lettres

Plus tard, cette marque fut remplacée par l'écusson de
Bavière, peint en bleu ou estampé en creux.

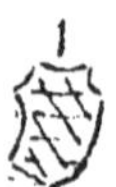

Berlin. — Une autre manufacture des plus considérables, autant par son importance commerciale que par
la finesse et la perfection de ses décorations, exécutées
avec des couleurs d'une glaçure étonnante, est celle de
Berlin fondée vers 1750 par Gaspard Wegeli et vendue
en 1763 à Frédéric II qui l'autorisa à prendre le titre
de *Manufacture royale de Prusse* et à marquer ses porcelaines du sceptre royal

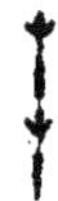

accompagné souvent, surtout sous les pièces fabriquées
à partir de 1830, des lettres K P M (*Königlich Porzellan
Manufactur*).

Le mouvement qui s'était ainsi manifesté en Allemagne ne tarda pas à s'étendre au dehors.

En Italie, outre la manufacture de Capo-di-Monte
dont nous avons parlé plus haut, en mentionnant ses
porcelaines tendres auxquelles vint bientôt s'ajouter la
fabrication des porcelaines dures, décorées dans le style
des fresques d'Herculanum, nous trouvons d'abord :

Venise, dont les porcelaines, marquées comme les
faïences, d'une ancre

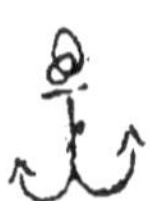

ou du nom de la ville en abrégé VEN^a, et décorées avec un soin et un goût parfaits, sont remarquables par l'éclat de l'or qui les rehausse.

Vineuf, près Turin, qui avait adopté comme marque un V seul ou surmonté de la croix de Savoie.

Trévise, qui n'a guère produit que des porcelaines assez communes, marquées en toutes lettres du nom de la ville, *Treviso*, accompagné des initiales des deux propriétaires de la fabrique G.A.F.F., Giovanni et Andrea Fontebasso ; et enfin

Doccia, près Florence, fondée par le marquis de Ginori en 1735 et qui, depuis cette époque, est restée dans la famille de son fondateur. Cette belle manufacture, la plus importante de l'Italie, et qui a produit des porcelaines extrêmement remarquables, avait adopté comme marque l'étoile à six rayons en rouge ou en or, tirée des armoiries de la famille Ginori.

En Espagne, nous citerons la manufacture de *Buen-Retiro*, détruite en 1812, qui a produit d'abord des porcelaines tendres et, plus tard, des porcelaines dures, décorées avec beaucoup de goût, et marquées dans le principe, comme celles de Naples, d'une fleur de lis, et ensuite de deux C entrelacés, marque qu'il ne faut pas confondre avec celle de Niederwiller

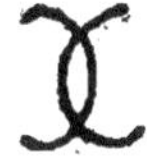

et celle d'*Alcora*, fondée par le comte d'Aranda, mais dont les produits n'offrent aucun intérêt.

En Hollande, nous trouvons deux manufactures : la plus ancienne est celle de *Wesp*, fondée avec l'aide d'ouvriers de Meissen, et qui fut plus tard transportée d'abord à *Oude-Loodstrecht*, près d'Amsterdam, et ensuite à *Amstel ;* ses porcelaines, décorées avec beaucoup de soin et de finesse, sont marquées, au commencement, des deux épées de Saxe cantonnées de points

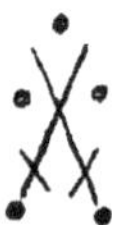

puis des lettres M.O.L. (*Manufactur Oude Loodstrecht*), et, enfin, du nom de la ville en toutes lettres : *Amstel*.

La seconde est celle de *La Haye*, qui a produit de très belles porcelaines, d'une pâte fine et blanche, bien décorées et marquées d'une cigogne tenant dans son bec une vipère, symbole héraldique de la ville de La Haye.

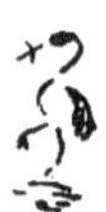

La Suisse eut deux manufactures :

Zurich, fondée par un Allemand venu de Höchst, et *Nyon*, sur les bords du lac de Genève, fondée ou, tout au moins, dirigée au début par un Français, nommé *Maubrée*, qui s'efforça surtout d'imiter les fleurettes et, particulièrement, les « barbeaux » ou bluets des porcelaines de Sèvres et de la fabrique dite « à la Reine ». —

La première marquait d'un Z, *Zurich,* et la seconde
d'un poisson en bleu sous couverte.

Nous terminerons enfin cette rapide revue en mentionnant les manufactures de *Copenhague* dont les produits,
marqués de trois traits ondulés figurant les flots de la
Baltique, ont toujours été fort estimés, et ont acquis, surtout dans ces derniers temps, une célébrité justement méritée, et de *Saint-Pétersbourg*, fondée par des Français
sous le patronage de Catherine II ; ses porcelaines, souvent très remarquables, portaient au début le chiffre de
la grande impératrice.

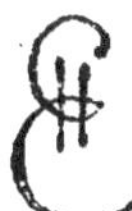

PORCELAINES ANGLAISES. — Nous avons cru devoir
réserver un chapitre spécial aux porcelaines anglaises
que leur composition toute particulière ferait rentrer
dans la classe des porcelaines tendres, bien qu'elle
diffère essentiellement de celle de la véritable porcelaine tendre ou « porcelaine française », comme on
l'appelait au siècle dernier : en réalité, c'est un mélange
d'argile blanche et de sable auquel on ajoute une certaine quantité de fritte vitreuse (*flint glass*), qui lui
donne une semi-transparence ; la glaçure est à base
de plomb et cuit à une température assez basse.

La plus ancienne manufacture anglaise est celle de
Chelsea, dont les porcelaines, généralement surchargées
d'ornements, sont décorées avec une richesse inouïe et

une perfection remarquable. On a fabriqué également
à Chelsea des quantités considérables de statuettes de
fantaisie ou représentant des personnages historiques
d'une excellente exécution, mais gâtées malheureusement par une profusion de couleurs et d'or qui était le
grand défaut de cette manufacture. Les porcelaines de
Chelsea sont marquées d'une petite ancre en or ou en
couleurs.

En 1769, la manufacture de Chelsea, dont la prospérité semble n'avoir pas excédé une période de plus de
quinze à vingt ans, fut jointe à celle de *Derby* qui
avait été fondée en 1751 par William Duesbury, et
qui, à partir de ce moment, prit une très grande importance. Quatre ans plus tard, en 1773, Duesbury obtint
de placer sa manufacture sous le patronage du roi et de
prendre comme marque de fabrique un D surmonté de
la couronne royale.

Bien que les produits de la manufacture de Derby
soient inférieurs à ceux de Chelsea, ils n'en sont pas
moins remarquables cependant, surtout ceux de la
seconde période, désignés en Angleterre sous le nom de
Crown-Derby (Derby à la couronne) ; ils se distinguent
par un beau bleu foncé, limpide, rehaussé de filets et
de fleurettes d'or.

Nous mentionnerons rapidement les manufactures de
Bow, réunie également en 1775 à celle de Derby, de

Plymouth, dont la porcelaine, faite avec des kaolins de la Cornouailles ou du Devonshire, différait par sa composition des autres porcelaines anglaises, et de *Bristol,* dont l'existence fut de courte durée, pour arriver à la plus importante des manufactures anglaises, celle de *Worcester,* fondée en 1751 par le Dr Wall, habile chimiste qui, le premier, appliqua sur la porcelaine les procédés de décoration par impression. Georges III, qui la visita en 1788, autorisa ses directeurs à lui donner le titre de *Manufacture Royale de porcelaines de Worcester*, titre qu'elle a conservé jusqu'à nos jours. Les marques des produits de cette importante manufacture ont beaucoup varié ; au début, elles se composaient d'un croissant, qui, un peu plus tard, prit la forme d'un C terminé par deux ancres

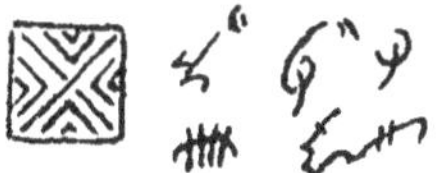

et enfin d'un cachet ou de signes qui imitaient d'une façon très lointaine les marques chinoises ou japonaises.

On a fait, du reste, à Worcester, énormément de porcelaines à décor bleu, par impression, copié sur les décors chinois.

La dernière manufacture anglaise que nous avons à signaler est la très considérable manufacture de *Stoke-upon-Trent* fondée par Thomas Minton en 1770 et qui appartient encore aujourd'hui à ses descendants. Ses produits, très variés, sont connus dans le monde entier et jouissent d'une réputation justement méritée que justifient la beauté de la matière, la perfection de la fabrication et le soin apporté à leur décoration.

Nous arrêterons ici, à la fin du xviii° siècle, cette rapide esquisse de l'histoire de la céramique. Ce n'est pas à dire pour cela que la période qui suit n'offre pas d'intérêt, bien au contraire, mais elle nous entraînerait beaucoup au delà des limites qui nous ont été fixées.

Pendant la première moitié du siècle, l'industrie de la céramique, dans son ensemble, du moins, est à peu près restée stationnaire. La terre vernissée, le grès et la faïence émaillée s'étaient cantonnés exclusivement dans la fabrication des produits usuels ; seule, la faïence fine ou « terre de pipe » avec les manufactures de Creil, de Montereau, de Bordeaux, etc., avait pris de l'extension grâce, surtout, aux progrès qu'avait faits l'application des procédés de décoration par impression. La porcelaine kaolinique — porcelaine « dure » — régnait en souveraine, remplaçant la porcelaine « tendre », qui avait été complètement abandonnée après avoir brillé d'un si vif éclat pendant tout le siècle précédent et nous avoir laissé ces merveilles de grâce et d'élégance qui avaient porté si haut dans l'Europe entière le renom de la porcelaine française.

Sur la porcelaine dure, les procédés de décoration étaient restés toujours les mêmes ; on peignait avec plus ou moins de soin et de talent des sujets de figures, des paysages, des fleurs ou des ornements, à l'aide de couleurs additionnées de fondants, qui ne faisaient pas corps avec la couverte et qui ressemblaient plus à de la miniature qu'à de la décoration véritablement céramique.

Vers 1845, une sorte de renaissance de l'art de la faïence, bornée dans le principe à la copie des œuvres de Bernard Palissy, commença à se faire sentir avec Avisseau, de Tours, en même temps que les amateurs, s'éprenant des reliques du passé, se mirent à rechercher et à montrer en place d'honneur, dans leurs collections, les anciennes faïences de Nevers, de Rouen, de Moustiers ou de Strasbourg, pendant si longtemps dédaignées. Bientôt Avisseau eut des rivaux qui ne se contentèrent pas d'imiter servilement les faïences de leurs devanciers, mais qui cherchèrent à produire des œuvres originales tout en s'appliquant à faire revivre les procédés d'autrefois. Les noms de ces novateurs, les Pull, les Barbizet, les Jean, les Parvillée et tant d'autres sont à retenir. Puis vint le maître Théodore Deck, le praticien enthousiaste et convaincu en qui semble s'être incarné le génie de la céramique, qui sut, à force de recherches et de persévérance, retrouver la technique des merveilleux potiers de la Perse, en même temps qu'il étudiait avec succès les belles couvertes des « flammés » chinois et japonais. Avec lui, la céramique fit des progrès considérables, et l'on peut avancer, sans crainte d'être démenti, que c'est sous son influence que s'affirma d'une façon si éclatante à l'Exposition de 1889 le grand mouvement de rénovation artistique qui avait commencé à se manifester timidement en 1878, avec l'emploi des couleurs au grand feu se substituant dans une large mesure aux couleurs de feu de moufle.

Le grès participa à son tour à cette renaissance, et des artistes, attirés par les ressources que leur offrait cette matière incomparable, fine et solide tout à la fois, dont

la merveilleuse plasticité se prête à toutes les expres-
sions, et qui peut recevoir les plus riches couleurs aussi
bien que les patines chaudes ou bronzées tout en conservant la délicatesse du modelé le plus patiemment
étudié ou la saveur et la vie de l'exécution la plus fou-
gueuse, portèrent cet art, oublié depuis le XVIIᵉ siècle,
à un degré de perfection inconnu jusqu'alors en céramique.

La porcelaine, elle aussi, ne resta pas en arrière. Pendant la première moitié du siècle, on n'avait jamais songé,
ainsi que nous l'avons dit plus haut, à modifier les procédés de décoration employés partout en Europe, c'est-
à-dire la peinture *sur émail*, et jamais on n'avait pensé
que l'on pouvait trouver dans la matière elle-même,
dans la nature même de sa pâte et de sa couverte,
modifiées par l'addition d'oxydes colorants, de puissants
éléments décoratifs.

Le savant Ebelmen, qui, en 1847, à la mort de Brongniart, avait été nommé directeur de la manufacture de
Sèvres, est le premier qui comprit combien était fausse
la voie dans laquelle on était resté pendant si longtemps.
Après avoir étudié avec la plus grande attention la riche
collection de porcelaines de Chine et de matières premières employées à leur fabrication et à leur décoration,
qui avait été envoyée à son prédécesseur peu de temps
avant sa mort, il se rendit compte des modifications qui
devaient être apportées aux procédés usités jusqu'alors
et fit, avec l'aide de Salvetat, chimiste de la manufacture, des analyses et des essais qui lui prouvèrent que
la couverte de la porcelaine de Chine était sensiblement
plus fusible que celle de France et notamment de Sèvres,
et permettait, par cela même, l'emploi d'émaux et de
couleurs qui n'auraient pas pu résister à la haute tempé-

rature du feu de four. Une mort prématurée l'enleva à
ses travaux, mais l'élan était donné, et il avait, par ses
recherches, affranchi la décoration des limites étroites
dans lesquelles elle avait été enfermée avant lui. Les
praticiens et les savants encouragés par son exemple se
mirent à l'œuvre, et c'est alors que furent découverts
plusieurs procédés, dont un, entre autres, celui des
pâtes d'application, dû à M. Louis Robert, qui devint
plus tard administrateur de Sèvres, devait amener de
nouveaux perfec- tionnements en même temps qu'il permettait aux artistes de donner plus d'essor et d'originalité à leurs compositions décoratives.

Ce fut là le point de départ des progrès considérables
qui ont été réalisés depuis et qui ont amené cette transformation presque radicale dans le mode de décoration
de la porcelaine qui a été si fort apprécié dans les
dernières expositions, notamment au Champ de Mars
en 1897, et que nous verrons certainement dans tout
son épanouissement à l'Exposition de 1900.

FIN

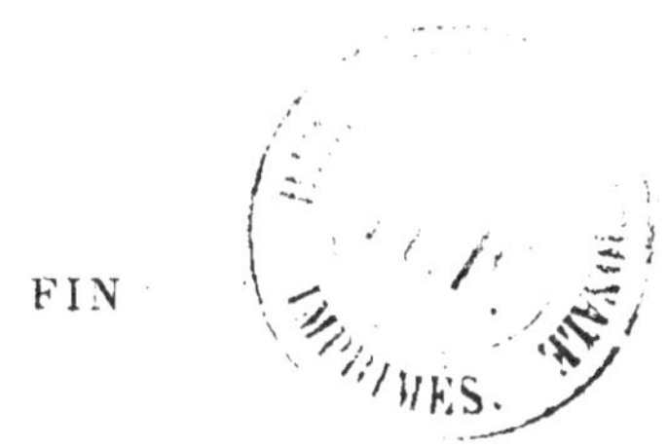

TABLE DES MATIÈRES

BIBLIOTHÈQUE SCIENTIFIQUE
INTERNATIONALE
Publiée sous la direction de M. Emile ALGLAVE

La *Bibliothèque scientifique internationale* est une œuvre dirigée par les auteurs mêmes, en vue des intérêts de la science, pour la populariser sous toutes ses formes, et faire connaître immédiatement dans le monde entier les idées originales, les directions nouvelles, les découvertes importantes qui se font chaque jour dans tous les pays. Chaque savant expose les idées qu'il a introduites dans la science et condense pour ainsi dire ses doctrines les plus originales.

On peut ainsi, sans quitter la France, assister et participer au mouvement des esprits en Angleterre, en Allemagne, en Amérique, en Italie, tout aussi bien que les savants mêmes de chacun de ces pays.

La *Bibliothèque scientifique internationale* ne comprend pas seulement des ouvrages consacrés aux sciences physiques et naturelles ; elle aborde aussi les sciences morales, comme la philosophie, l'histoire, la politique et l'économie sociale, la haute législation, etc. ; mais les livres traitant des sujets de ce genre se rattachent encore aux sciences naturelles, en leur empruntant les méthodes d'observation et d'expérience qui les ont rendues si fécondes depuis deux siècles.

Les titres marqués d'un astérisque * sont adoptés par le *Ministère de l'Instruction publique* pour les Bibliothèques des lycées et des collèges.

Cette collection paraît à la fois en français et en anglais : à Paris, chez Félix Alcan ; à Londres, chez C. Kegan, Paul et Cie ; à New-York, chez Appleton.

LISTE DES OUVRAGES PAR ORDRE D'APPARITION
91 VOLUMES IN-8, CARTONNÉS À L'ANGLAISE. CHAQUE VOLUME : 6 FRANCS

1. J. TYNDALL. *Les Glaciers et les Transformations de l'eau**, avec figures. 1 vol. in-8. 6e édition.	6 fr.
2. BAGEHOT. *Lois scientifiques du développement des nations.** 1 vol. in-8. 5e édition.	6 fr.
3. MAREY. *La Machine animale**, locomotion terrestre et aérienne, avec de nombreuses fig. 1 vol. in-8. 5e édit. augmentée.	6 fr.
4. BAIN. *L'Esprit et le Corps.** 1 vol. in-8. 6e édition.	6 fr.
5. PETTIGREW. *La Locomotion chez les animaux**, marche, natation. 1 vol. in-8, avec figures. 2e édit.	6 fr.
6. HERBERT SPENCER. *La Science sociale.** 1 v. in-8. 12e édit.	6 fr.
7. SCHMIDT (O.) *La Descendance de l'homme et le Darwinisme.** 1 vol. in-8, avec fig. 6e édition.	6 fr.
8. MAUDSLEY. *Le Crime et la Folie.** 1 vol. in-8. 6e édit.	6 fr.
9. VAN BENEDEN. *Les Commensaux et les Parasites dans le règne animal.** 1 vol. in-8, avec figures. 3e édit.	6 fr.
10. BALFOUR STEWART. *La Conservation de l'énergie**, avec figures. 1 vol. in-8, 5e édttion.	6 fr.
11. DRAPER. **Les Conflits de la science et de la religion.** 1 vol. in-8. 9e édition.	6 fr.
12. L. DUMONT. *Théorie scientifique de la sensibilité.** 1 vol. in-8. 4e édition.	6 fr.
13. SCHUTZENBERGER. *Les Fermentations.** 1 vol. in-8, avec fig. 6e édition.	6 fr.
14. WHITNEY. *La Vie du langage.** 1 vol. in-8. 4e édit.	6 fr.
15. COOKE et BERKELEY. *Les Champignons.** 1 vol. in-8, avec figures. 4e édition.	6 fr.
16. BERNSTEIN. *Les Sens.** 1 vol. in-8, avec 91 fig. 5e édit.	6 fr.
17. BERTHELOT. *La Synthèse chimique.** 1 vol. in-8. 8e édit.	6 fr.
18. NIEWENGLOWSKI (H.). * **La photographie et la photochimie.** 1 vol. in-8, avec gravures et une planche hors texte.	6 fr.

19. LUYS. * **Le Cerveau et ses fonctions**, avec figures. 1 vol. in-8. 7e édition. 6 fr.

20. STANLEY JEVONS. * **La Monnaie et le Mécanisme de l'échange**. 1 vol. in-8. 3e édition. 6 fr.

21. FUCHS. * **Les Volcans et les Tremblements de terre**. 1 vol. in-8, avec figures et une carte en couleur. 5e édition. 6 fr.

22. GÉNÉRAL BRIALMONT. * **Les Camps retranchés et leur rôle dans la défense des États**, avec fig. dans le texte et 2 planches hors texte, 3e édit. (*Epuisé.*

23. DE QUATREFAGES. * **L'Espèce humaine**. 1 v. in-8. 12e édit. 6 fr.

24. BLASERNA et HELMHOLTZ. * **Le Son et la Musique**. 1 vol. in-8. avec figures. 5e édition. 6 fr,

25. ROSENTHAL. * **Les Nerfs et les Muscles**. 1 vol. in-8, avec 75 figures. 3e édition. (*Epuisé.*)

26. BRUCKE et HELMHOLTZ. * **Principes scientifiques des beaux-arts**. 1 vol. in-8, avec 39 figures. 4e édition. 6 fr.

27. WURTZ. * **La Théorie atomique**. 1 vol. in-8. 8e édition. 6 fr.

28-29. SECCHI (le Père). * **Les Etoiles**. 2 vol. in-8, avec 63 figures dans le texte et 17 pl. en noir et en couleur hors texte. 3e édit. 12 fr.

30. JOLY. * **L'Homme avant les métaux**. 1 vol. in-8, avec figures, 4e édition. 6 fr.

31. A. BAIN. * **La Science de l'éducation**. 1 vol. in-8. 8e édit. 6 fr.

32-33. THURSTON (R.). * **Histoire de la machine à vapeur**, précédée d'une introduction par M. Hirsch. 2 vol. in-8, avec 140 figures dans le texte et 16 planches hors texte. 3e édition. 12 fr.

34. HARTMANN (R.). * **Les Peuples de l'Afrique**. 1 vol. in-8, avec figures. 2e édition. 6 fr.

35. HERBERT SPENCER. * **Les Bases de la morale évolutionniste**. 1 vol. in-8. 5e édition. 6 fr.

36. HUXLEY. * **L'Écrevisse**, introduction à l'étude de zoologie. 1 vol. in-8, avec figures. 2e édition. 6 fr.

37. DE ROBERTY. * **De la Sociologie**. 1 vol. in-8. 3e édition. 6 fr.

38. ROOD. * **Théorie scientifique des couleurs**. 1 vol. in-8, avec figures et une planche en couleur hors texte. 2e édition. 6 fr.

39. DE SAPORTA et MARION. * **L'Evolution du règne végétal** (les Cryptogames). 1 vol. in-8, avec figures. 6 fr.

40-41. CHARLTON BASTIAN. * **Le Cerveau, organe de la pensée chez l'homme et chez les animaux**. 2 vol. in-8 avec figures, 2e éd. 12 fr.

42. JAMES SULLY. * **Les illusions des sens et de l'esprit**. 1 vol. in-8, avec figures. 2e édit. 6 fr.

43. YOUNG. * **Le Soleil**. 1 vol. in-8, avec figures. 6 fr.

44. DE CANDOLLE. * **L'Origine des plantes cultivées**. 4e édition. 1 vol. in-8. 6 fr.

45-46. SIR JOHN LUBBOCK. * **Fourmis, abeilles et guêpes**. Études expérimentales sur l'organisation et les mœurs des sociétés d'insectes hyménoptères. 2 vol. in-8, avec 65 figures dans le texte et 13 planches hors texte, dont 5 coloriées. 12 fr.

47. PERRIER (Edm.). **La Philosophie zoologique avant Darwin**. 1 vol. in-8. 3e édition. 6 fr,

48. STALLO. * **La Matière et la Physique moderne**. 1 vol. in-8. 2e éd.. précédé d'une introduction par Ch. Friedel. 6 fr.

49. MANTEGAZZA. **La Physionomie et l'Expression des sentiments**. 1 vol. in-8. 3e édit., avec huit planches hors texte. 6 fr.

50. DE MEYER. * **Les Organes de la parole et leur emploi pour la formation des sons du langage**. 1 vol. in-8, avec 51 figures, précédé d'une introd. par M. O. Claveau. 6fr.

51. DE LANESSAN. * **Introduction à l'Étude de la botanique** (le Sapin). 1 vol. in-8, 2e édit., avec 143 figures dans le texte. 6 fr.

52-53. DE SAPORTA et MARION. * **L'Évolution du règne végétal** (les Phanérogames). 2 vol. in-8, avec 136 figures. 12 fr.

54. TROUESSART. * **Les Microbes, les Ferments et les Moisissures.** 1 vol. in-8, 2e édit., avec 107 figures dans le texte.   6 fr.
55. HARTMANN (R.). * **Les Singes anthropoïdes et leur organisation comparée à celle de l'homme.** 1 vol. in-8, avec figures.   6 fr.
56. SCHMIDT (O.). * **Les Mammifères dans leurs rapports avec leurs ancêtres géologiques.** 1 vol. in-8, avec 51 figures.   6 fr.
57. BINET et FÉRÉ. **Le Magnétisme animal.** 1 vol. in-8, 4e édit.   6 fr.
58-59. ROMANES. * **L'Intelligence des animaux.** 2 v. in-8. 2e édit.   12 fr.
60. F. LAGRANGE. **Physiologie des exercices du corps.** 1 vol. in-8. 7e édition.   6 fr.
61. DREYFUS. * **Évolution des mondes et des sociétés.** 1 vol. in-8. 3e édit.   6 fr.
62. DAUBRÉE. * **Les Régions invisibles du globe et des espaces célestes.** 1 vol. in-8 avec 84 fig. dans le texte. 2e édit.   6 fr.
63-64. SIR JOHN LUBBOCK. * **L'Homme préhistorique.** 2 vol. in-8, avec 228 figures dans le texte. 4e édit.   12 fr.
65. RICHET (Ch.). **La Chaleur animale.** 1 vol. in-8, avec figures.   5 fr.
66. FALSAN (A.). * **La Période glaciaire principalement en France et en Suisse.** 1 vol. in-8, avec 105 figures et 2 cartes.   6 fr.
67. BEAUNIS (H.). **Les Sensations internes.** 1 vol. in-8.   6 fr.
68. CARTAILHAC (E.). **La France préhistorique,** d'après les sépultures et les monuments. 1 vol. in-8, avec 162 figures. 2e édit.   6 fr.
69. BERTHELOT. * **La Révolution chimique, Lavoisier.** 1 vol. in-8.   6 fr.
70. SIR JOHN LUBBOCK. * **Les Sens et l'instinct chez les animaux,** principalement chez les insectes. 1 vol. in-8, avec 150 figures.   6 fr.
71. STARCKE. * **La Famille primitive.** 1 vol. in-8.   6 fr.
72. ARLOING. * **Les Virus.** 1 vol. in-8, avec figures.   6 fr.
73. TOPINARD. * **L'Homme dans la Nature.** 1 vol. in-8, avec fig.   6 fr.
74. BINET (Alf.). * **Les Altérations de la personnalité.** 1 vol. in-8 avec figures.   6 fr.
75. DE QUATREFAGES (A.). * **Darwin et ses précurseurs français.** 1 vol. in-8. 2e édition refondue.   6 fr.
76. LEFÈVRE (A.). * **Les Races et les Langues.** 1 vol. in-8.   6 fr.
77-78. DE QUATREFAGES. * **Les Emules de Darwin.** 2 vol. in-8, avec préfaces de MM. E. Perrier et Hamy.   12 fr.
79. BRUNACHE (P.). * **Le Centre de l'Afrique. Autour du Tchad.** 1 vol. in-8, avec figures.   6 fr.
80. ANGOT (A.). * **Les Aurores polaires.** 1 vol. in-8, avec figures.   6 fr.
81. JACCARD. **Le Pétrole, le Bitume et l'Asphalte** au point de vue géologique. 1 vol. in-8 avec figures.   6 fr.
82. MEUNIER (Stan.). **La Géologie comparée.** 1 vol. in-8, avec fig.   6 fr.
83. LE DANTEC. **Théorie nouvelle de la vie.** 1 vol. in-8, avec fig.   6 fr.
84. DE LANESSAN. **Principes de colonisation.** 1 vol. in-8.   6 fr.
85. DEMOOR, MASSART et VANDERVELDE. **L'Evolution régressive en biologie et en sociologie.** 1 vol. in-8, avec gravures.   6 fr.
86. MORTILLET (G. de). **Formation de la Nation française.** 1 vol. in-8, avec 150 gravures et 18 cartes.   6 fr.
87. ROCHÉ (G.). **La Culture des Mers** (piscifacture, pisciculture, ostréiculture). 1 vol. in-8, avec 81 gravures.   6 fr.
88. COSTANTIN (J.). **Les Végétaux et les Milieux cosmiques** (adaptation, évolution). 1 vol. in-8, avec 171 gravures.   6 fr.
89. LE DANTEC. **L'Evolution individuelle et l'hérédité.** 1 vol. in-8. 6 fr.
90. GUIGNET et GARNIER. **La Céramique ancienne et moderne.** 1 vol. in-8, avec grav.   6 fr.
91. GELLÉ (E.-M.). **L'Audition et ses organes.** 1 vol. in-8, avec grav. 6 fr.

15-4-8. — Tours, imp. E. Arrault et Cie.